| **新时代审计理论与实务操作案例分析丛书**
丛书主编：高雅青 李三喜

审计整合框架与操作案例分析

高雅青 李三喜 于维严／著

中国市场出版社
·北京·

图书在版编目（CIP）数据

审计整合框架与操作案例分析／高雅青，李三喜，于维严著．—北京：中国市场出版社，2018.5

（新时代审计理论与实务操作案例分析丛书）

ISBN 978－7－5092－1668－2

Ⅰ.①审… Ⅱ.①高… ②李… ③于… Ⅲ.①审计学–案例 Ⅳ.①F239.0

中国版本图书馆 CIP 数据核字（2018）第 062830 号

审计整合框架与操作案例分析
SHENJI ZHENGHE KUANGJIA YU CAOZUO ANLI FENXI

著　　者：	高雅青　李三喜　于维严
责任编辑：	许　慧
邮　　箱：	xu_hui1985@126.com
出版发行：	中国市场出版社 China Market Press
地　　址：	北京市西城区月坛北小街 2 号院 3 号楼（100837）
电　　话：	编辑部（010）68012468　读者服务部（010）68022950
	发行部（010）68021338　68020340　68053489
	68024335　68033577　68033539
经　　销：	新华书店
印　　刷：	河北鑫兆源印刷有限公司
规　　格：	170 毫米×240 毫米　1/16　19.50 印张　360 千字
版　　本：	2018 年 5 月第 1 版
印　　次：	2018 年 5 月第 1 次印刷
书　　号：	ISBN 978－7－5092－1668－2
定　　价：	65.00 元

版权所有　　侵权必究　　印装差错　　负责调换

丛书序

新时代，审计监督工作肩负着新的使命。为适应新时代社会经济发展对审计监督的需要，提升审计人员执业水平，我们在2014年完成的"现代内部审计操作案例分析丛书"的基础上，组织编写了"新时代审计理论与实务操作案例分析丛书"。下面就本丛书的写作背景、丛书体系、丛书特色等向广大读者做个简单的介绍。

一、写作背景

自1982年宪法明确确定实行审计监督制度以来，中国审计事业已经经历30多年的发展，在不断壮大发展的过程中，积累了丰富的实践经验。

中天恒自1995年成立以来，一直致力于审计理论研究与审计实践，活跃在专业领域研究探索的第一线，创建了中天恒3C框架理论，完成了30多份专业研究报告，公开发表了100多篇专业论文，推出了"审计理论与实务系列图书""独立审计案例分析丛书""内部审计精要与案例分析丛书""经济责任审计精要与案例丛书""现代内部审计操作案例分析丛书"等系列专业丛书，共计70多本，与同行分享专业经验。

为全方面系统地总结、提炼、分享中国特色审计实践经验以及汇集中天恒的审计理论研究成果和实践经验，进一步规范新时代审计服务工作，全面提升审计服务质量，更好地履行新的使命，我们对中国特色审计理论与实务分专题进行了系统的整理、分析、挖掘和研究，推出了一系列研究成果。在此基础上删繁就简，完成了这套"新时代审计理论与实务操作案例分析丛书"。

二、丛书体系

本套丛书包括《审计整合框架与操作案例分析》《审计管理操作案例分析》《内部控制审计操作案例分析》《经济责任审计操作案例分析》《建设项目审计操作案例分析》《管理审计操作案例分析》6本。各本图书的内容和侧重点如下：

《审计整合框架与操作案例分析》。本书包括审计整合框架和操作案例分析两大版块内容。审计整合框架部分包括审计定义集合、审计业务整合、审计目标体系、审计原则体系、审计规范体系、审计工作程序、审计方法体系、审计证据获取、审计底稿编制、审计报告撰写、审计管理融合等审计理论精要板块内容；操作案例分析部分包括销售与收款循环审计案例分析、采购与付款循环审计案例分析、生产与存货循环审计案例分析、投资与筹资循环审计案例分析、工薪与人事循环审计案例分析、固定资产循环审计案例分析、货币资金循环审计案例分析。本书对现代审计理论与实务进行全面的总结和探索，在该套丛书中起基础性作用。

《审计管理操作案例分析》。审计管理对提高审计效率至关重要，本书通过大量的审计管理案例和最佳实践，重点分析审计战略管理、审计计划管理、审计人员管理、审计项目管理、审计质量管理、审计绩效管理等，具有原创性。

《内部控制审计操作案例分析》。内部控制审计到底如何操作，本书系统总结中天恒20多年的研究成果和内部控制审计实务操作的丰富实践经验，充分借鉴国内外内部控制审计的最佳实践，通过大量的案例，系统地诠释内部控制审计的实务操作。

《经济责任审计操作案例分析》。经济责任审计一直是审计机构的日常工作，也是中国特色审计的体现之一。本书依据国家最新颁布的经济责任审计实施办法和内部审计经济责任审计指南，对经济责任审计进行全面系统的案例分析。

《建设项目审计操作案例分析》。建设项目审计是现代审计的重要内容，本书对建设项目审计操作流程、投资立项审计、设计（勘察）管理审计、招投标审计、合同管理审计、设备和材料采购审计、工程管理审计、工程造价审计、竣工验收审计、财务管理审计、后评价审计、征地拆迁审计等操作进行了全面系统的案例分析。

《管理审计操作案例分析》。管理审计自问世以来，学术界、实务界至今众说纷纭、莫衷一是，到底如何操作更是难以落地。本书明确了管理审计内涵，界定了管理审计范围，探索了管理审计落地实施的路径，重点对业务经营管理审计、人力资源管理审计、设备管理审计、新产品开发管理审计、固定资产投资管理审计、资本运作管理审计等操作实务进行案例分析。

三、丛书特色

本套丛书严格遵循中国审计准则等有关规范，充分借鉴了国内外内部审计的最佳实践，具有以下特点：

一是创新性。本套丛书对现代审计理论与实务进行了全面的总结和探索，对内部控制审计、管理审计等新的审计类型进行了全面介绍，力求体现创新性。不论是内部控制审计还是管理审计等，都是新的审计类型，本身就具有开拓性，如何操作更是审计工作的难点。本套丛书对审计管理操作的案例分析具有原创性和创新性。

二是操作性。本套丛书突出审计操作，并用丰富的真实案例进行系统分析，力求体现可操作性。本套丛书针对不同审计类型的特点，通过案例的形式，全面分析了审计方案、审计工作底稿、审计报告等的编写等实务操作，便于审计人员在实践中即学即套用。本套丛书重点总结了长期以来在审计中发现的主要问题及管理建议，对审计人员如何查问题、如何提管理建议等有所启示。

三是针对性。本套丛书专为审计人员及广大读者培训和自学而编写，是审计人员进行业务培训和开展审计工作的工具书，力求体现针对性的特点。本套丛书对高管人员、财务人员也具有很强的借鉴意义。

虽然本套丛书关于现代审计理论与实践的探索是多方面的，并力求做到自主创新、简单实用、可操作性强，但因我们的水平有限，难免存在疏漏之处，恳请批评指正。希望广大读者在阅读本套丛书时，将遇到的问题与改进意见反馈给我们，以便再版时修订。

联系电话：88579517　88571159　邮箱：lsx3c@163.com

李三喜

前　言

自1982年宪法明确确定实行审计监督制度，中国审计事业已经经历30多年的发展，在不断壮大发展的过程中积累了丰富的实践经验。

随着我国市场经济体制的建立，内部审计成为我国企事业单位提升管理的内在需要。社会主义市场经济是法治经济，需要每一个市场主体守法诚信、充满活力、公平竞争。只有每一个市场主体的细胞是健康的，市场经济才能降低出问题的风险。在我国，审计对象涵盖所有党政机关和国有企事业单位，每个单位又下辖若干层级，只有每个层级都健康、依法、诚信，才能有效抵抗风险。

适应社会经济发展，内部审计正在转型。新修订的《审计署关于内部审计工作的规定》的颁布与实施，标志着新时代内部审计工作开启了新征程。

新时代，审计监督工作肩负着新的使命。为全方面系统地总结、提炼、分享30多年的中国特色审计实践经验，进一步规范新时代审计服务工作，全面提升审计服务质量，更好地履行新的使命，我们倾全力对中国特色审计理论与实务分专题进行了系统的整理、分析、挖掘和研究，推出了一系列的研究成果。在此基础上经过删繁就简，终成《审计整合框架与操作案例分析》一书。本书主要包括以下两大版块内容：

审计整合框架 这部分内容是在《中天恒3C基于实践的审计实务整合框架》（简称《审计实务整合框架》）基础上精炼而成，基于精进实务必备的现代审计基础理论支撑的角度，总结梳理了审计定义集合、审计业务整合、审计目标体系、审计原则体系、审计规范体系、审计工作程序、审计方法体系、审计证据获取、审计底稿编制、审计报告撰写、审计管理融合等理论精要版块内容。与市场同类审计理论书籍相比，本书最大的创新之处在于：提出了审计定义集合新思路；整合了审计业务类型；搭建了审计作业操作规程；构建了审计管理融合体系；同时，汇集各类审计经典案例，提供全套自有知识产权的审计实务操作常用工具图表。

操作案例分析 这部分内容选自《中天恒审计经典系列案例库》中精选的基于业务循环的审计案例，具体包括销售与收款循环审计案例分析、采购与付款循环审计案例分析、生产与存货循环审计案例分析、投资与筹资循环审计案例分析、工薪与人事循环审计案例分析、固定资产循环审计案例分析、货币资金循环审计案例分析。

本书是对我国现代审计理论与操作实务的全面总结，力求突出创新性和实用性，但囿于我们的认识水平和实践经验，错误在所难免，希望广大读者不吝指正，以便我们在今后工作中以及本书再版时进一步完善和修订。

高雅青　李三喜　于维严
2018年3月

目 录

上篇　审计整合框架

第1章　审计定义集合 ··· 3
- 1.1　广义审计定义 ··· 4
- 1.2　不同主体审计定义 ·· 7
- 1.3　不同业务类型审计定义 ·· 9
- 附录　图表工具 ·· 10
  - 中天恒3C框架审计定义集合图 ·· 10
  - 中天恒3C框架审计定义集合表 ·· 10
  - 国家审计、社会审计、内部审计比较表 ··· 11
  - 不同内部审计定义比较表 ·· 11
  - 内部审计概念演变表 ·· 12

第2章　审计业务整合 ·· 13
- 2.1　财务审计业务 ··· 14
- 2.2　管理审计业务 ··· 14
- 2.3　工程项目审计业务 ··· 16
- 2.4　经济责任审计业务 ··· 16
- 2.5　其他审计业务 ··· 16

附录　图表工具 ··· 17
　　　　中天恒 3C 框架审计业务类型图 ··· 17
　　　　中天恒 3C 框架审计业务类型表 ··· 18
　　　　某央企开展内部审计业务的主要类型及数量调查图表 ·········· 18

第 3 章　审计目标体系 ··· 19

　3.1　审计目标定义 ··· 19
　3.2　审计目标意义 ··· 19
　3.3　审计目标演变 ··· 20
　3.4　审计目标定位 ··· 21
　3.5　审计目标体系 ··· 22
　3.6　审计目标合理保证 ··· 25
　　附录　图表工具 ··· 25
　　　　中天恒 3C 框架审计目标体系图 ··· 25
　　　　中天恒 3C 框架审计目标体系表 ··· 26
　　　　国家审计目标体系（按权威观点）····································· 26
　　　　社会审计目标体系（以报表审计为例）······························ 27
　　　　内部审计目标体系（现代内部审计）································· 27
　　　　中天恒 3C 框架工程项目审计目标体系（整体版）··············· 28

第 4 章　审计原则体系 ··· 29

　4.1　审计原则定义 ··· 29
　4.2　审计原则意义 ··· 29
　4.3　审计原则体系 ··· 29
　4.4　审计原则整合 ··· 31
　4.5　审计原则发展 ··· 31
　　附录　图表工具 ··· 32
　　　　中天恒 3C 框架审计工作基本原则表 ··································· 32

第5章 审计规范体系 33

5.1 审计规范定义 33
5.2 审计规范分类 33
5.3 审计规范体系 34
附录 图表工具 36
中天恒 3C 框架审计规范体系结构图 36
中天恒 3C 框架审计规范体系表 37
国际内部审计专业实务框架（IPPF）表 38

第6章 审计工作程序 39

6.1 审计工作程序定义 39
6.2 审计程序划分 40
6.3 审计准备阶段 41
6.4 审计实施阶段 44
6.5 审计评价阶段 47
6.6 审计终结阶段 52
6.7 后续审计阶段 53
附录 图表工具 53
中天恒 3C 框架审计程序图 53
中天恒 3C 框架审计程序表 54
审计风险策略模型表 55
审计通知书（通用格式） 56
财务审计承诺书的内容及格式 56
本审计期间测试某项控制的决策图 57
经济业务循环与主要会计账户 57

第7章 审计方法体系 58

7.1 审计方法定义 58

7.2 审计方法的意义 ……………………………………………… 58

7.3 审计方法体系 ……………………………………………… 58

7.4 一般审计方法 ……………………………………………… 60

7.5 分析性复核 ………………………………………………… 60

7.6 审计抽样 …………………………………………………… 62

7.7 审计新技术、新方法 ……………………………………… 63

附录 图表工具 ……………………………………………… 65

  中天恒3C框架审计方法体系图 …………………………… 65

  中天恒3C框架审计方法体系表 …………………………… 65

第8章 审计证据获取 …………………………………………… 66

8.1 审计证据的定义 …………………………………………… 66

8.2 审计证据的作用 …………………………………………… 66

8.3 审计证据分类 ……………………………………………… 67

8.4 审计证据的特性 …………………………………………… 69

8.5 审计证据获取 ……………………………………………… 71

8.6 审计证据处理 ……………………………………………… 75

附录 图表工具 ……………………………………………… 77

  中天恒3C框架审计证据类型图 …………………………… 77

  中天恒3C框架审计证据类型表 …………………………… 78

  审计证据获取应考虑的基本因素表 ………………………… 78

  审计证据获取模式表 ………………………………………… 79

  审计证据获取程序或方法表 ………………………………… 79

  审计证据整理分析方法表 …………………………………… 80

第9章 审计底稿编制 …………………………………………… 81

9.1 审计底稿的定义 …………………………………………… 81

9.2 审计底稿的作用 …………………………………………… 81

9.3 审计底稿的要求 ··· 82

9.4 审计底稿的范围 ··· 84

9.5 审计底稿的要素 ··· 84

9.6 审计底稿的类型 ··· 85

9.7 审计底稿复核 ··· 86

9.8 审计底稿归档与保管 ··· 87

附录 图表工具 ··· 88

  中天恒 3C 框架审计底稿类型图 ······························· 88

  中天恒 3C 框架审计工作底稿（参考格式） ····················· 89

  中天恒 3C 框架审计证明材料（参考格式） ····················· 89

  审计底稿基本要求表 ··· 90

  审计底稿基本要素表 ··· 90

  中天恒 3C 框架审计底稿类型表 ······························· 91

  中天恒 3C 框架业务类审计底稿类型表 ························· 91

第 10 章 审计报告撰写 ·· 92

10.1 审计报告的定义 ·· 92

10.2 审计报告的类型 ·· 93

10.3 审计报告要素 ·· 94

10.4 审计报告撰写 ·· 95

10.5 审计报告复核 ·· 96

10.6 审计报告分发 ·· 97

10.7 审计结果运用 ·· 98

附录 图表工具 ·· 99

  中天恒 3C 框架审计报告类型图 ······························ 99

  中天恒 3C 框架审计报告类型表 ······························ 99

  审计发现问题汇总表 ·· 100

  审计差异调整表 ·· 101

与被审计单位交换意见记录 ······ 101

审计方案执行情况核对表 ······ 102

审计工作小结 ······ 103

审计报告流转控制表 ······ 103

第11章 审计管理融合 ······ 104

11.1 审计管理定义 ······ 104

11.2 审计管理的对象 ······ 105

11.3 审计管理体系 ······ 106

11.4 审计管理职能 ······ 107

11.5 审计管理目标 ······ 108

11.6 审计管理原则 ······ 108

11.7 审计管理方法 ······ 109

11.8 审计管理融合 ······ 110

附录 图表工具 ······ 110

中天恒3C基于实践的审计管理整合框架图 ······ 110

中天恒3C基于实践的审计管理整合框架表 ······ 111

下篇 操作案例分析

第12章 销售与收款循环审计案例分析 ······ 115

12.1 了解伍德股份公司主要产品 ······ 115

12.2 了解与销售和收款相关的内部控制制度 ······ 115

12.3 穿行测试 ······ 117

12.4 符合性测试 ······ 117

12.5 计划实质性测试程序 ······ 121

12.6 实质性测试程序 ······ 122

12.7　与被审计单位沟通 ································· 152

第13章　采购与付款循环审计案例分析 ················· 155
　　　13.1　了解伍德股份公司生产有关情况 ············· 155
　　　13.2　了解与采购和付款相关的内部控制制度 ········ 155
　　　13.3　穿行测试 ································· 157
　　　13.4　符合性测试 ······························· 157
　　　13.5　实质性测试总体思路与策略 ··················· 160
　　　13.6　实质性测试程序 ··························· 161

第14章　生产与存货循环审计案例分析 ················· 185
　　　14.1　了解伍德股份公司生产有关情况 ············· 185
　　　14.2　了解与生产和存货循环相关的内部控制制度 ···· 186
　　　14.3　穿行测试 ································· 189
　　　14.4　符合性测试 ······························· 190
　　　14.5　存货审计的总体思路 ························ 191
　　　14.6　实质性测试程序 ··························· 194

第15章　投资与筹资循环审计案例分析 ················· 216
　　　15.1　了解与筹资和投资循环的内部控制制度 ········ 216
　　　15.2　穿行测试及符合性测试 ······················ 218
　　　15.3　实质性测试程序 ··························· 218

第16章　工薪与人事循环审计案例分析 ················· 232
　　　16.1　了解与工薪和人事循环相关的内部控制制度 ···· 232
　　　16.2　穿行测试 ································· 234
　　　16.3　符合性测试 ······························· 235
　　　16.4　实质性测试程序 ··························· 237

第17章　在建工程与固定资产循环审计案例分析 ········· 247

  17.1 了解与在建工程和固定资产循环相关的内部控制制度……247
  17.2 实质性测试程序……252

第18章 货币资金循环审计案例分析 …… 272

  18.1 了解与货币资金循环相关的内部控制制度……272
  18.2 穿行测试……276
  18.3 符合性测试……276
  18.4 实质性测试程序……276

上篇　审计整合框架

审计定义集合

审计业务整合

审计目标体系

审计原则体系

审计规范体系

审计工作程序

审计方法体系

审计证据获取

审计底稿编制

审计报告撰写

审计管理融合

第1章
审计定义集合

关于审计定义,理论界有不同表述,实务界有很多种说法,现实中审计形态也多种多样。从审计主体看,审计有国家审计(政府审计)、社会审计(民间审计、独立审计、注册会计师审计)和内部审计(部门和单位审计)。从审计客体看,审计对象有企业、行政事业单位等。从审计内容看,审计业务类型有财务审计、管理审计(效益审计)等。从法律义务看,有法定审计和自愿审计。审计形态不一而足。

对如此众多的审计形态如何定义,确实是一件不容易的事情。中天恒3C框架课题组在认真学习研究各种审计定义观点的基础上,总结中天恒20多年审计实践经验,构建了一套审计定义集合,即由广义审计定义、不同主体审计定义、不同业务类型审计定义构成的审计定义集合。

该定义集合突出了简单化、通俗化和实用化的特点,目的是易于审计人员及相关人员理解和掌握,从而形成一个统一的审计定义体系。

知识分享

审计定义的不同观点

关于审计定义,理论界虽没有像会计定义那样吸引无数专家无休止地讨论,但也有不同表述。简单归纳起来主要有以下几种观点:

- 查账论,认为审计就是查账。
- 账户论,认为审计就是审账户。
- 行为论,认为审计是一种行为。
- 过程论,认为审计是一种的过程。
- 活动论,认为审计是一种活动(监督活动)。

- 工作论，认为审计是一种工作。
- 工具论，认为审计是一种工具。
- 手段论，认为审计是一种手段（控制手段）。
- 方法论，认为审计是一种方法。
- 监督论，认为审计是经济监督。
- 评价论，认为审计是评价活动。
- 保证咨询论，认为审计是保证和咨询活动。
- 控制论，认为审计就是控制。
- 风险管理论，认为审计就是风险管理。
- 免疫系统论，认为审计就是免疫系统。
- 治理论，认为审计是治理的基石和重要保障。
- 科学论，认为审计是一门科学（艺术）。

1.1　广义审计定义

　　审计定义集合的第一层次是广义审计定义。广义审计定义，即一般的审计定义，是对审计本质的一个基本定义，其他不同审计类型的定义都可从这个基本定义延伸出来。从审计实践来看，一定时期有一个相对稳定、比较权威、能被大多数认可的一般的审计定义是非常重要的，至少可以使人们相互沟通时没有语言上的障碍。广义审计定义的重要性不言而喻，现在的问题是如何确定广义的审计定义。简单地说，广义审计定义一定要能够涵盖审计的本质和发展问题，应当是对审计理论和实践高度精炼的概括，并力争通俗易懂，便于更多的人理解和支持审计。

　　首先，审计定义要揭示审计的本质。本质即事物的根本属性，是一事物区别于其他事物的根本性质。审计本质是审计所特有的一种属性，即审计本身所固有的、相对稳定的、决定其面貌和发展的根本属性，是区别于其他事物的基本特征。那么审计的本质到底是什么，人们的认识是随着审计实践发展变化的，概括起来，对审计本质的认识主要有：

- 查账论，认为审计的本质就是查账。
- 经济监督论，认为审计的本质是经济监督。
- 经济控制论，认为审计的本质是经济控制。
- 权力制约论，认为审计的本质是权力制约的工具。
- 民主法治论，认为审计是推动民主与法治的工具。

- 免疫系统论，认为审计的本质是"免疫系统"。

等等。

上述这些观点多大是从审计职能角度来论述审计本质的，其中权力制约论、民主法治论及免疫系统论的观点主要是从国家审计视角来认识的，带有明显国家审计的色彩。的确，审计界有一种权威的观点就认为审计职能是审计的本质属性，是不受人们的意志支配的。它是客观地内在于审计工作之中的功能，是审计能够适应社会经济生活的需要所具备的能力。审计的任务和作用从属于审计的职能，是从职能里派生出来的。审计具有经济监督、评价和鉴证的职能。

长期以来，至少在我国审计界，审计的本质属性是独立性的观点很有影响，认为独立性是审计区别于其他经济监督的特有属性，没有独立的审计就不能成为为审计。独立性是审计的灵魂，它要求审计在确定活动范围、实施审计及报告审计时不应受到任何干扰。

尽管长期以来人们对什么是审计这个问题的确切解释和说法不一，但对其本质性内涵应具有共性。尽管随着国内外政治、经济、社会、文化等环境的改变，人们对审计的认识也处于动态的变化和发展之中，但审计本质基本特性应该是相对固定的，不可能因增加了一项业务、范围扩大了，入手方法有所改变，审计的本质就变化了。那么审计这个固有特有属性到底是什么，结合审计本质是独立性和审计本质是审计职能这两种很有影响的观点，可将审计本质简单表述为：独立的监督、鉴证、评价（国家审计重在监督；社会审计重在鉴证；内部审计重在评价）。

其次，审计定义要适应不断发展的审计实践。理论来源于实践。人们对审计的认识也是随着审计实践的发展而逐步完善的。在审计产生和发展的初期，从查账、经济监督、经济控制、免疫系统等角度去认识审计和表述审计定义，符合当时的审计实践。但随着审计的发展，人们对审计的重视程度越来越高，对审计要求或期望也不断提高，审计业务在不断增加，审计功能在不断拓展，审计方法在不断改进。审计机构及其人员不仅仍要对财政财务收支进行审计监督，还要对经营管理进行审计评价。肯定地说，将会有越来越多的事项需要进行审计监督或鉴证或评价。审计定义的表述应全面反映这些发展了的审计实践和内容。

最后，审计定义应简单明了，便于交流使用。一般认为，作为一个完整意义的审计定义应揭示出这样一些内容：一是主体，即明确由谁审计的问题。国内外审计实践表明，政府审计机关、社会审计组织和内部审计机构或专职从事审计工作的人员应成为审计主体。这一点，在针对审计定义的论述中基本是一致的。二是客体，即确定的审计对象和审计范围。审计工作的核心无疑是审核检查。审计对象指审核检查的客体。把审计作为一个整体来考察，概括地说，审计对象为经济活动。但并非社会上一切经济活动都是审计的对象。审计定义中最本质的差异就通过这个内容表现出来，集中反映为：审计财务会计活动；审计经济管理活动；审计财务收支及其他经济活动。审计的对象因审计主体不同而不同，不能一概而论。对于国家审计而言，其审计的客体应是国家的经济活动；对于社会审计而言，审计客体应是委托者所委托的经济性、非经济性或经营性、非经营性业务，它充满着不确定性；对于内部审计来说，更多地表现为本机构的经营性或非经营性活动，具有个性特征。国家审计的对象和范畴通过国家法律、法规明确，社会审计范畴通过委托协议加以规范，内部审计范畴则通过组织内部授权确定。三是目标，审计基本目标是真实性、合法性和效益性，这得到审计界的普遍认可，具体的审计目标因审计主体和审计事项的不同而不同。四是职能，审计职能是客观地内在于审计工作之中的功能，是审计能够适应社会经济生活的需要所具备的能力。审计具有经济监督或鉴证或评价的职能。

从上述分析可以得出，审计产生于财产所有权与经营管理权的分离而形成的受托经济责任关系，审计主体必然是独立的机构和人员；审计的客体（对象）是财政财务收支及其经营管理活动；审计的基本方式是检查会计账表、凭证及相关资料；审计的目标是保证财政财务收支的真实、合法、效益，监督受托经济责任的严格履行。说审计要对被审计单位（事项）的真实性、合法性、合规性、合理性、经济性、效率性、效果性、环境性、科学性、有效性等诸多性进行审计，这在理论上没有问题，也可以区分，但在实践中要把这些多性短时间内分清楚是件非常不容易的事。真实性比较明确，容易理解。合法性、合规性也容易理解，规章制度应依法制定并必须符合法律要求，审计应强调依法审计，可将合法性和合规性简单归纳为合法性。当然，把两者分开也没有关系。合理性、经济性、效率性、效果性、环境性、科学性、有效性等，实践中确实难以区分，可统称为效益性或有效性。

作为学术上的审计定义，理应包括上述所有内容，也可以更复杂些，可以就审计定义出本专著。但作为实务中的审计定义一定要应简单明了、便于交流使用，不一定要把上述要素都说全了，能够揭示审计的本质特征，能告诉人们审计的功能作用是什么就足够了。至于审计目标、审计内容、审计方法及其程序等确实是一两句话说不清楚的，也是经常变化的，就不一定都要涵盖在审计定义的表述之中。

当然，广义审计定义应当适用于国家审计、社会审计、内部审计等诸多的审计概念。否则，如果仅仅侧重于某一审计种类（如或国家审计或社会审计或内部审计等），而忽略其他审计种类去表述审计定义，则不妥当。至于审计是活动、行为、过程，还是工具、手段，都说的是审计工作，且说法无法统一，从审计实务的视角，可简单说是工作。

综上所述，广义的审计定义是：由专业机构和人员对被审单位（事项）的真实性、合法性、效益性独立进行的审查、鉴证和评价工作。

1.2 不同主体审计定义

审计定义集合的第二层次是界定不同类型主体的审计定义。不同类型主体审计定义是广义审计定义的子集，理应与广义的审计在本质上保持一致，在形式上也应相衔接。当然，不同类型主体审计在实施主体、审计目标、审计内容、审计要求等方面肯定存在着差异，因此，不同类型主体审计定义，要在广义审计定义的基础上突出不同主体审计的特点。不同类型主体审计的活动范围、内容、手段等肯定不完全一样。至于需要界定多少类型主体的审计定义，理论上讲，这可根据主体类型的不同无限分割下去，至少可定义国家审计、社会审计和内部审计这三大类型主体的审计定义。

国家审计 从事的主要工作包括财政审计、金融审计、企业审计、经济责任审计、工程项目审计（固定资产投资审计或公共投资审计）和外资审计等多种类型。对国家审计定义，有查账论、经济监督论、经济控制论、权力制约论、民主法治论、免疫系统论等多种说。其中，权力制约论、民主法治论、免疫系统论更多体现在国家审计领域，对社会审计、内部审计的定义影响不大。

社会审计 早期的时候，所有从事审计活动的人，都毫无例外地埋头于账册的检查、核对。将这共有的现象归纳为审计，即查账，似乎能表现审计活动的主要特征。这种表象化的定义，很难反映审计的本质，没有反映出审计的手段、目的和它所起的真正作用。从20世纪50年代起，人们开始尝试对审计做出新的定义，其中较有影响的有信息论、代理论、保险论。

内部审计 人们的认识是随着内部审计的发展而不断发展变化的。在国外，国际内部审计师协会（IIA）自1941年成立以来，先后对内部审计做过7次定义，不断引领着内部审计的发展方向。中国内部审计协会在其发布的《第1101号——内部审计基本准则》中将内部审计定义为：内部审计是一种独立、客观的确认和咨询活动，它通过运用系统、规范的方法，审查和评价组织的业务活动、内部控制和风险管理的适当性和有效性，以促进组织完善治理、增加价值和实现目标。2018年审计署发布的《审计署关于内部审计工作的规定》（审计署11号令）所称内部审计，是指对本单位及所属单位财政财务收支、经济活动、内部控制、风险管理实施独立、客观的监督、评价和建议，以促进单位完善治理、实现目标的活动。与原定义相较，增加了"建议"职能，将监督范围拓展至内部控制、风险管理领域，将目标定位为"促进单位完善治理、实现目标"。

上述人们关于国家审计、社会审计、内部审计的定义一定程度上反映了国家审计、社会审计、内部审计的发展和变化。根据构建审计定义集合的思路，确定第二层次不同主体的审计定义的思路和路径包括：

首先，要满足广义的审计定义，可从广义审计定义衍生出来。不论是国家审计、社会审计，还是内部审计，都是审计，具有审计的特性。

其次，要体现国家审计、社会审计和内部审计的不同特色。国家审计、社会审计和内部审计之间的差异主要体现为：

- 主体不同。国家审计主体是审计机关及其人员，社会审计主体是社会审计机构及其人员，内部审计主体是内部审计机构及其人员。
- 独立性不同。一般认为国家审计独立性最强，社会审计次之，内部审计再次之，内部审计的独立性相对较弱应该是不争的事实。
- 职能侧重点不同。一般认为国家审计职能是监督、评价，社会审计职能是鉴证、评价，内部审计职能是确认、咨询。不论国家审计、社会审计还是内部审计，其职能并不限于财务收支状况的审查监督，已经从以监督为主转向以服务为主。这点应该没有疑义，但需要进一步明确咨询不应为内部审计的主要职能。咨询是内部审计机构承担的相关业务，而非审计业务。内部审计确认职能不太符合国人的习惯，还是说监督、评价更好理解些。
- 审计对象不同。国家审计对象主要是财政收支、公共资金收支和运用情况，社会审计对象主要是财务报表，内部审计对象主要是业务活动、内部控制、风险管理和治理情况等。事实上，不论国家审计、社会审计还是内部审计，其审计范围在不断扩展，也在不断发展变化，怎么说也都说不全。内部控制、风险管理和治理结构是现代审计的重要内容，但不能说内部审计就是内部控制审计或风险管理审计或治理审计。

当然，还可以列出其他差异来。

基于上述认识，第二层次不同主体审计定义包括：

- 国家审计定义：由国家审计机构和人员对被审单位（事项）的真实性、合法性、效益性独立进行的监督、评价工作。

- 社会审计定义：由社会审计机构和人员对被审单位（事项）的真实性、合法性、效益性独立进行的鉴证、评价工作。
- 内部审计定义：由内部审计机构和人员对被审单位（事项）的真实性、合法性、效益性独立进行的监督和评价工作。

1.3　不同业务类型审计定义

现实中不同业务类型审计种类繁多，争论更是难以弥合。简单地可主要界定财务审计、管理审计（效益审计）、工程项目审计、经济责任审计等主要业务类型审计的定义。具体界定如下：

- 财务审计定义：由专业机构和人员对被审计单位（事项）财务情况的真实性、合法性、效益性独立进行的审查与评价工作。

  财务审计，实践中有财务报表审计和财务收支审计两种说法，其审计范围、内容、时期因审计主体、审计目标的不同而略有不同，但基本内容均是对被审计单位财务情况的真实、合法、效益进行的审计。

知识分享

财务审计定义

财务报表审计，俗称"查账"，是指审计机关按照审计法赋予的权限和审计准则规定的程序和方法，对企业资产、负债、损益的真实和合法性进行监督，揭露企业会计信息中存在的问题，对企业会计信息做出客观公正的评价，维护国家利益。

——摘自《企业审计读本》

财务审计，是指审计机构对被审计单位财务收支及有关经济活动的真实性、合法性、效益性进行的审计监督活动。

——摘自《中天恒3C财务审计实务框架研究报告》

- 管理审计定义：由专业机构和人员对被审计单位（事项）经营管理情况的真实性、合法性、效益性独立进行的审查与评价工作。
- 工程项目审计定义：由专业机构和人员对被审计单位工程项目情况的真实性、合法性、效益性独立进行的审查与评价工作。
- 经济责任审计定义：由专业机构和人员对被审计人经济责任情况的真实性、合法性、效益性独立进行的审查与评价工作。

这里需要特别说明的是，在理论上关于审计定义可以继续探索，不断创新，给审计这个有些像个谜的概念给出多种不同的定义，但在我国审计实践中，为了便于操作和沟通交流，应该多些包容和趋同，要同冗长的学术性定义分别开来。

附录　图表工具

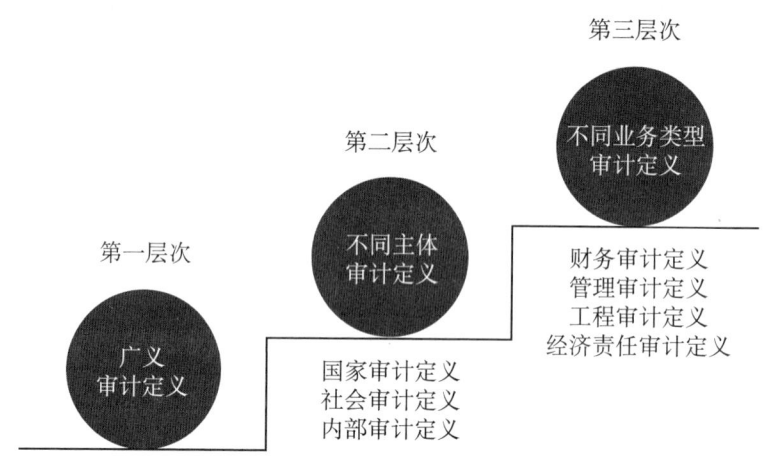

中天恒3C框架审计定义集合图

中天恒3C框架审计定义集合表

层次	一级分类	二级分类	简要表述
第一层次	广义审计定义		由专业机构和人员对被审计单位（事项）的真实性、合法性、效益性独立进行的审查与评价工作
第二层次	不同主体审计定义	国家审计定义	由国家审计机构和人员对被审计单位（事项）的真实性、合法性、效益性独立进行的监督、评价工作
		社会审计定义	由社会审计机构和人员对被审计单位（事项）的真实性、合法性、效益性独立进行的鉴证、评价工作
		内部审计定义	由内部审计机构和人员对被审计单位（事项）的真实性、合法性、效益性独立进行的监督和评价工作
第三层次	不同业务类型审计定义	财务审计定义	由专业机构和人员对被审计单位（事项）财务情况的真实性、合法性、效益性独立进行的审查与评价工作

续表

层次	一级分类	二级分类	简要表述
第三层次	不同业务类型审计定义	管理审计定义	由专业机构和人员对被审计单位（事项）经营管理情况的真实性、合法性、效益性独立进行的审查与评价工作
		工程项目审计定义	由专业机构和人员对被审计单位工程项目情况的真实性、合法性、效益性独立进行的审查与评价工作
		经济责任审计定义	由专业机构和人员对被审计人经济责任情况的真实性、合法性、效益性独立进行的审查与评价工作

国家审计、社会审计、内部审计比较表

事项	国家审计	社会审计	内部审计
审计主体	审计机关及其人员	会计师事务所及其人员	内部审计机构及其人员
独立性	独立性最强	独立性较强	独立性一般
审计目标	保护国有资产安全	满足第三方对可靠财务数据的需要	帮助组织增加价值
审计职能	监督、评价	鉴证、评价	确认与咨询
审计对象	财政收支、公共资金收支和运用情况	财务报表	业务活动、内部控制、风险管理、治理情况等
审计标准	国家审计标准	社会审计标准	内部审计标准
审计方式	强制性	自愿性	主动性
工作划分	由审计对象决定	根据财务报表划分	根据经营范围和公司治理情况划分
审计报告	长式报告	短式报告	由管理者根据需要而定

不同内部审计定义比较表

不同定义	IIA 的定义	CIIA 的定义	审计署 4 号令的定义
审计主体	定义中没有明确，但透过定义可以确定：可以设在组织内部，也可以设在组织外部	强调由组织内部的机构或人员	强调由组织内部的机构或人员
审计客体	风险评估 内部控制 治理程序	经营活动 内部控制	财政财务收支相关的经济活动
审计目标	帮助组织增加价值，改善经营效率	适当性、合法性、有效性	真实性、合法性、效益性
审计职能	咨询 确认（监督、评价）	监督评价	监督评价
审计特征	独立性、客观性	独立性、客观性	独立性、客观性

内部审计概念演变表

阶段	时间	定义	具体说明
财务审计阶段	1947年《内部审计师职责说明书》	内部审计是建立在审查财务、会计和其他经营活动基础上的独立评价活动	内部审计已经从会计中分离出来,成为一个独立的职业,但它仍然以财务、会计为基础
经营审计阶段	1957年《内部审计师职责说明书》	内部审计是建立在审查财务、会计和经营活动基础上的独立评价活动。它为管理提供服务,是一种衡量、评价其他控制有效性的管理控制	首次提出内部审计"是一种衡量、评价其他控制有效性的管理控制",提高了内部审计的地位
管理审计阶段	1971年《内部审计师职责说明书》	内部审计是建立在审查经营活动基础上的独立评价活动,并为管理提供服务,是一种衡量、评价其他控制有效性的管理控制	内部审计评价的范围已扩展到组织内部的、应由内部审计评价的所有经营活动
	1978年《内部审计从业标准》	内部审计是建立在以检查、评价组织为基础的独立评价活动,并为组织提供服务	将内部审计为管理服务改为为组织服务
	1990年《内部审计职责说明书》	内部审计工作是在一个组织内建立的一种独立评价职能,目的是作为对该组织的一种服务工作,对其活动进行审查和评价	把内部审计定义为"建立在一个组织内部的"服务工作,以此与外部审计相区别
	1993年《内部审计职责说明书》	内部审计工作是在一个组织内建立的一种独立评价职能,其目的是协助该组织的管理成员有效地履行他们的职责	首次解决了为组织服务的具体含义
风险导向审计阶段	1999年专业实务框架(PPF)	内部审计是一种独立、客观的确认和咨询活动,旨在增加价值和改善组织的运营	内部审计的发展进入到一个新的更高层次和阶段,使内部审计的作用更具前瞻性、咨询性

第 2 章
审计业务整合

一般理解,审计机构及其人员从事的工作就是审计业务。而现实中,审计机构及其人员从事的工作包括审计业务和非审计业务,人们习惯于把非审计业务当成审计业务。在混业经营的现代社会,赋予审计机构非审计业务职责是必然的,但不要把审计机构职责和审计业务划等号,要厘清审计机构及人员从事工作类型。

实践中,审计业务类型不仅多,且有些概念界定不清(争论更是难以弥合),相互之间层次比较混乱,实务中无法适从。

根据客观事物之间普遍联系的规律,各种审计业务类型的审计之间存在着相互关联、业务上存在着一定程度上的相互包含与交叉,实属客观必然,不言而喻。事实上,现代审计业务逐步走向融合,各业务审计类型之间往往是你中有我、我中有你,只能按照主要性原则来进行适当归类。这个主要性原则主要应考虑审计主要目标是什么、审计的主要内容是什么及其审计立项等要素。当然,审计业务分类要考虑审计实践需要,要简单化,让人一目了然,便于操作。

按照上述原则,以审计主要目标和内容为标准,结合中国审计实践,中天恒3C框架课题组简单地将审计业务分为财务审计、管理审计、工程项目审计、经济责任审计、其他审计等类型。

这只是个简单分类,旨在为人们提供一个学习交流的平台。事实上,各类审计业务之间本身就有重复、有交叉,财务审计也关注管理和效益问题,管理审计、经济责任审计也离不开财务基础,且有向整合审计发展的趋势。

知识分享

审计业务主要类型

审计机构及其人员从事的审计业务类型多种多样。理论界大多按审计内容和目的将中国审计业务分为财政财务审计、财经法纪审计和经济效益审计。江西财经学院编写的《会计审计大辞典》中，杨时展教授将现代会计学划分为财务会计和管理会计的同时，将现代审计学划分为财务审计和管理审计。

现实中不同类型审计至少有几十种，且新的审计类型还会不断出现，如财务审计（财务报表审计、财务收支审计）、效益审计（绩效审计）、经营审计、管理审计、三E审计、五E审计、战略审计、治理审计、内部控制审计、风险管理审计、信息系统审计、质量审计、环境审计等。其中，国外比较流行的审计实务主要有绩效审计、经营审计、管理审计、三E审计、五E审计等，国内比较常见的审计类型有财务报表审计、经济责任审计、建设项目审计、内部控制审计、物资采购审计、信息系统审计等。

——摘自《中天恒审计业务类型梳理与重塑研究报告》

2.1 财务审计业务

财务审计，就是财务报表审计或财务收支审计，对此人们认识上基本一致。财务审计是传统审计的主要业务类别，仍将是现代审计的业务类型之一。同时，财务审计是其他审计业务类型，如管理审计、经济责任审计的基础。但不能说财务审计包括了管理审计，更不能说管理审计包括了财务审计，并要代替财务审计。

知识分享

在财务审计内容上，应围绕九个方面展开：一是检查收入情况；二是检查成本费用情况；三是检查损益情况；四是检查企业资产的真实性、资产的结构和质量，分析不良资产的形成原因；五是检查负债情况；六是检查所有者权益情况；七是检查合并财务报表情况；八是检查国有资本运营情况；九是检查企业税收缴纳情况。

——摘自《企业审计读本》

2.2 管理审计业务

管理审计概念在20世纪30年代就提出来了，算不上新概念，但就财务审计来说，管理审计是一种完全区别于传统财务审计的审计类型，具有整合审计的特性，是相对于财务审计的一个概念。我们不赞同把所有类型审计都归于"管理审计"的观点，管理审计不可能包打天下，但坚信对审计界尤其内部审计来说，管理审计是发展方向。在管理审计实践中，因管理涉及范围太广，对其审计内容实在太多，对有限的审计资源来说，管理审计组织实施应按专项进行，如战略管理审计、物资采购管理审计、内部控制审计、风险管理审计等。

这里的管理审计是统一了人们所说的管理审计、效益审计、绩效审计、业务审计、经营审计、业绩审计等概念之后的管理审计。不论称为管理审计、经营审计、绩效审计，或是其他的词汇，理论上讲它们之间的区别有很多很多，可列出一箩筐，实务中其审计对象、内容和方法虽有差异，但没有质的区别，大都说的是经济性、效率性、效果性，即3E审计，因此可统一为管理审计或效益审计或3E审计。事实上叫什么并不重要，关键是看干什么，能发挥什么样的作用。为了同财务审计区别开来，也为了统一审计语言，中天恒3C框架课题组将管理审计、效益审计、绩效审计、业务审计、经营审计、业绩审计等概念统一为管理审计。至于战略管理审计、治理管理审计、内部控制审计、风险管理审计、信息系统管理审计、质量管理审计等等，都是管理审计种属概念。

知识分享

管理审计表现形式及其关系

长期以来，管理审计、效益审计、经营审计到底是什么，它们之间关系如何，已经争论了大半个世纪，人们的认识还不能统一，它们之间关系依然比较混乱。学术界对管理审计、效益审计、绩效审计、业务审计、经营审计、业绩审计等概念的内涵与外延的理解不同，有的把管理审计与效益审计等同起来，或是包括在效益审计之中。主要观点有：效益审计，亦称经营审计或者管理审计；效益审计可以分为经营审计（业务审计或作业审计）、管理审计和绩效审计（业绩审计）；业务审计，是用以表示管理审计和业绩审计两方面的审计名称，一般常用在管理审计上，即一般地也把业务审计称为管理审计；而业绩审计是管理审计和规划审计的统称。

或许受学术界的影响，实务界说起管理审计多理解成经营审计或者是效益审计。习惯上，将管理审计称作"效益审计"（绩效审计）。还有把管理审计直接说成是内部审计的。在20世纪60年代，许多人都有用运营审计代替传统内部审计的强烈倾向，其理论基础就是"内部审计"这个词和基本的财务审计关系密切，其中包括外部审计师对财务控制活动和财务报表的审核。传统内部审计人员忽略了国际标准组织（ISO）的早期"质量"运动，以致差一点就单独分离出质量审计师这个行业。

现实中，在不同的领域，人们对管理审计的称谓也不相同。在政府审计、内部审计、社会审计之间，常常分别采用绩效审计、经营审计、管理审计等不同术语。

——摘自《中天恒管理审计理论与实务研究报告》

2.3　工程项目审计业务

工程项目审计是具有中国特色的审计类型，在我国已经普遍开展开来，并成为我国主要审计业务类型，仍将成为未来我国审计机构的主要审计业务类型。

工程项目审计业务范围弹性大，可以是国民经济全局宏观的规划或政策审计，可以是建设项目全过程的审计，也可以是工程建设某个阶段、某项内容、某项工作的审计。工程项目审计既可以是财务审计，也可以是管理审计或两者结合的整合审计。

2.4　经济责任审计业务

经济责任审计作为我国特有的审计业务类型，是我国主要的审计业务类型之一。经济责任审计以责任为审计对象，审计范围既涉及财务又涉及经营管理。虽然经济责任审计有其特殊性，但基本内容仍包括了财务审计和管理审计的主要内容，也具有整合审计特性。

2.5　其他审计业务

除财务审计、管理审计、工程项目审计、经济责任审计以外，其他的审计业务类型都归在其他审计业务类型当中。

当然，不论财务审计、管理审计还是工程项目审计、经济责任审计、其他审计，还可以继续细分。如管理审计可细分为战略管理审计、治理管理审计、内部控制审计、风险管理审计、信息系统管理审计、质量管理审计等，经济责任审计可细分为年度经济责任审计、任期经济责任审计、离任经济责任审计等，其他审计可细分为外资审计、环境审计、节能减排审计等。

这里需要特别说明的是，随着境外审计业务越来越多，需要加强境外审计。境外审计应该是相对境内审计的一个概念，不能独立成为一类审计业务类型。境外审计可以单独进行财务收支审计、经济责任审计、工程项目审计等，也可以进行综合审计。

知识分享

2018年审计署发布《审计署关于内部审计工作的规定》（审计署11号令），明确了内部审计职责范围。共涉及财政财务收支审计、内部管理领导人员经济责任审计等12项职能，与原职责相比，增加了贯彻落实国家重大政策措施情况审计，发展规划、战略决策、重大措施以及年度业务计划执行情况审计，自然资源资产管理和生态环境保护责任的履行情况审计，境外机构、境外资产和境外经济活动审计，协助督促落实审计发现问题的整改工作，指导监督所属单位内部审计工作等职责。

这里特别要说明的是：财务审计、管理审计、工程项目审计、经济责任审计之间肯定有区别，理论上可列出几十条来，但实务工作中审计内容有很多重复的地方，在审计程序上基本上趋同，在审计方法上也没有多大差别，审计业务类型将会逐步融合，走向整合审计。随着信息化越来越发展，为审计业务的整合将创造更加有利的条件。

知识分享

未来内部审计工作类型将会逐步融合

中天恒内部审计发展趋势研究报告认为，未来内部审计工作类型将会逐步融合，走向整合审计。财务审计、经济责任审计、各类管理审计之间肯定有区别，但实务工作中审计内容有很多重复的地方，审计程序上基本上趋同，审计方法上也没有多大差别，那就没有必要整那么多审计类型，应该整合整合。随着信息化的发展，其为内部审计各类业务的整合将创造更加有利的条件。

——摘自《中天恒内部审计发展趋势研究报告》

附录　图表工具

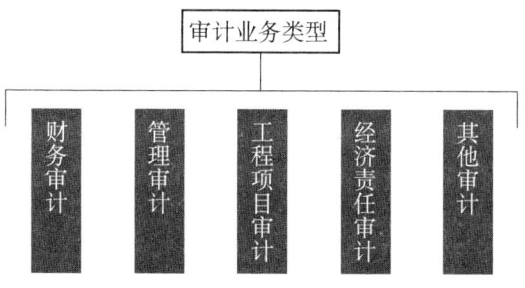

中天恒3C框架审计业务类型图

中天恒3C框架审计业务类型表

审计业务类型	简要表述	地位
财务审计	由专业机构和人员对被审计单位（事项）财务情况的真实性、合法性、效益性独立进行的审查与评价工作	基础地位
管理审计	由专业机构和人员对被审计单位（事项）经营管理情况的真实性、合法性、效益性独立进行的审查与评价工作	发展方向
工程项目审计	由专业机构和人员对被审计单位工程项目情况的真实性、合法性、效益性独立进行的审查与评价工作	主要类型
经济责任审计	由专业机构和人员对被审计人经济责任情况的真实性、合法性、效益性独立进行的审查与评价工作	主要类型
其他审计	除了财务审计、管理审计、工程项目审计、经济责任审计以外其他的审计业务类型都归在其他审计（综合审计）业务类型当中	特殊业务

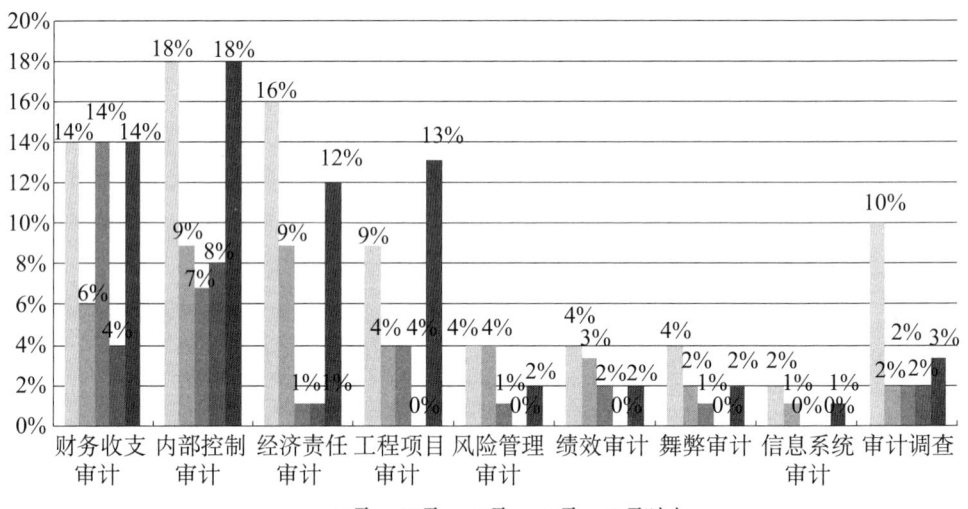

某央企开展内部审计业务的主要类型及数量调查图表

第3章 审计目标体系

目标是从事一项活动所要达到的境界或目的，是组织或个人行为所期望的成果。审计目标是审计行为要达到的目的。审计目标决定着审计的运行方式和方向，因此，从事审计工作首先需要清楚目标是什么。到底审计目标有哪些，它是一个相互联系的目标体系。

中天恒 3C 框架课题组在认真学习研究目标管理理论的基础上，总结中天恒 20 多年审计实践经验，构建了审计目标体系，即由总体目标、具体目标构成的一个分层次的相互联系的目标体系。

3.1 审计目标定义

关于审计目标定义，主要有以下两种观点：一种观点认为审计目标就是审计的目的，二者是同一个事物；另一种观点认为目标是目的的具体化，即目的带有全局性、长期性，而目标具有局部性、阶段性。目的统驭目标，每一个具体目标的实现都是目的在一定程度上的实现。

审计目标到底如何界定，就一般审计而言，从目标是"指想要达到的境地或标准"原始含义来界定，审计目标就是审计所要达到的境地或标准，是"所追求的目的"。照此理解，审计目标是在一定历史环境下，人们通过审计实践活动所期望达到的境地或最终结果，是审计目的的具体化。

3.2 审计目标意义

审计目标是审计理论结构体系的重要组成元素或理论单元，对审计理论和实践建设具有方向性作用。按照理论体系构建目标起点论的观点，审计理论结构或理论体系建设的首要任务是确定其目标，可以说审计目标决定着整个审计理论体系的构建方向，对审计功能定位、审计内容的界定、审计方法的采用等理论单元都具有引导作用。

目标决定方向，研究审计目标对于明确审计工作方向，指导审计实践活动，完成审计任务，具有重要作用。俗话说："瞎子打枪，漫无目标。"如果没有审计目标，审计管理实践就会失去方向。

审计过程是由审计程序组成的。审计人员执行审计程序，其最终目的是实现审计的具体的、特定的目标，从而实现审计目标。审计目标对审计程序有决定性的影响。审计目标对审计工作发挥着导向作用，它界定了审计人员责任范围，直接影响审计计划和实施审计程序的性质、时间和范围，决定了审计人员如何发表审计意见。审计是有成本的，漫无目标的审计是无效的，甚至增加成本，导致不必要的浪费。明确审计目标，使审计实践按照目标所指的方向推进，有利于审计工作的规范化、流程化，提高审计效率，并为考核审计效率提供依据。

审计目标概述

审计作为一项有目的的活动，有其特定的目标。审计目标是审计组织的预期成果，是审计行为要达到的境界或目的。审计目标作为审计理论体系的重要组成部分，是审计活动的指南，是决定审计主体价值取向和工作思路的重要因素，在审计活动中发挥着引领方向、规范过程的作用。审计目标的实现程度是检验审计活动成效的重要标志。

——摘自刘家义主编：《中国特色社会主义审计理论研究（修订版）》

3.3 审计目标演变

审计目标是在一定的历史条件下，各种因素综合作用的结果。审计目标不是一成不变的，而是一个不断演进的过程。当然，审计目标演变不是一蹴而就的，从一个目标向另一个目标演变需要一段过程、时间，甚至技术上、理论上的突破。审计目标是审计需求和审计能力的有机统一，是审计风险客观存在的必然结果。审计目标的演进是人们对审计风险认识深化的过程。认识到这一点很重要，审计目标不能因国家（单位）政策短期变化、管理者认识主观变化等人为因素而变化，在相当长的时期内保持审计目标的一致性，对审计工作具有重要作用。国家宏观调控了，说审计目标就为宏观调控服务；国家鼓励投资了，说审计目标就是促进投资建设；国家控制风险，说审计目标就是要控制风险，等等，不一而足，都是不科学的。

自审计产生以来，审计目标的确定一直受到社会需求的重要影响，并随社会需求的变化而变化。所以，一个时代的审计目标可概括地反映该时代社会对审计的需求，同时也可以反映人们对审计作用的认识程度。

从一般意义上来说，纵览审计发展，审计目标定位经历了查错纠弊、提升管理、增加价值三个阶段。审计目标随着审计环境的变化而变化，随着审计职能的发展而发展，随着主观认识程度的提高而提高。

3.4　审计目标定位

审计目标到底如何定位，理论层面的论述是要确保受托经济责任（管理责任）和风险控制责任的全面有效履行。

历史地看，影响审计目标定位的要素主要有两个：一是社会的需求，二是审计自身的能力。审计目标的确定是一种主观见之于客观的行为。一方面，审计总是依存于特定的社会政治经济环境（审计环境）并为其服务，因而，审计目标的内容必须反映其环境的客观需要；另一方面，审计目标本身又是由认识了审计环境的客观需要的审计理论工作者结合审计之内在功能来确立的。

长期以来，人们把审计目标定位在查错防弊上，现在已经提升到提高管理、增加价值的高度。当下把审计目标定位为风控、治理、战略工具的呼声很多。这至少说明社会对审计期望越来越高，对审计工作越来越重视。不过审计目标是审计需求和审计能力的有机统一，审计目标不是越大、越高就越好，应有适当合理的目标定位。从治理、战略、风险的高度确定审计目标没有问题，审计有由财务审计向治理审计、战略审计、风险审计等领域延伸的冲动，但事实上审计不是万能的，不能包打天下，对其所要达到的境地或标准要有个合理的定位。这样会缩小人们对审计期望和实际能力达到境地之间的差距。比如我国审计虽没有实行全覆盖，但至少行政事业单位、国有企业大多都是要进行经常性审计的，就是那些已经实施数十年经常性审计的行业（单位、领域）依然大案要案频发，腐败盛行，管理混乱，国有资产流失严重，违纪违规屡审屡犯。这不能说审计队伍无能，更不能用审计仅是"合理保证"来托词，确实审计手段有限、审计资源有限，审计不是万能的，审计期望和审计能力未能达到有机统一。盲目夸大审计地位而实际上又发挥不了那么大的作用，会影响审计行业的形象，对审计事业的发展没有好处。

不知对治理、战略、风险等审计的社会期望有多高，但审计界已经把审计目标定位为治理、战略、风险的工具了。虽然财务审计向治理审计、战略审计、风险审计等领域延伸是方向，但终究这是非常专业的领域，不但需要专业知识，更需要丰富的实践经验，从现有的审计资源、审计能力看，未必能满足这种审计期望。客观地说，我国审计人才队伍大多以财务知识见长，未必就是治理、战略、风险方面的专家。

基于这种认识，根据我国社会需求和审计能力的实际情况，我国现阶段审计目标定位是查错防弊、降低信息风险，逐步向查错防弊、降低信息风险与防控风险、提升管理、增加价值并重过渡。当然，现代审计查错防弊不仅仅是指财务报告的舞弊，应延伸到业务和管理等方面。信息风险不仅仅指财务信息风险，还应包括业务、管理信息风险。事实上，人们对审计查错防弊的需求很高，这也是审计机构及其人员的优势之所在。进一步说，如果查错防弊的需求没有了，审计这个行业也就没有必要存在了，必然会被治理结构、战略管理和风险管理等专业机构所代替。

3.5　审计目标体系

审计目标确定的难点，是具体审计目标的标准和指标。确定审计目标，关键是如何确定目标的数量及内在联系。这就涉及审计目标体系的构成问题。审计目标体系构成一直是审计理论界和实务界比较关注的话题，业内人士对其进行了持久的探索。

在国家审计领域，权威的观点认为：国家审计目标就是审计机关开展审计工作所要达到的境界或目的。按照层次不同，国家审计目标可以划分为根本目标、现实目标和直接目标。其中，根本目标是维护人民群众的根本利益，现实目标是推进法治、维护民生、推动改革、促进发展，直接目标是监督和评价被审计单位财政财务收支的真实性、合法性和效益性。三者相互联系、相互依存。根本目标是最高层次的目标，是审计工作的最终目的，是确定审计工作在一定时期的现实目标和直接目标的前提和基础。现实目标和直接目标是根本目标在一定时间和空间内的具体化。现实目标既是根本目标在现阶段的具体体现，又是直接目标在一定时期的方向和指引。国家审计目标的实现又依赖于各个时期审计主要任务的完成。这个观点无疑是权威的，不过把国家审计的根本目标定位为维护人民群众的根本利益，把现实目标定位为推进法治、维护民生、推动改革、促进发展，这多少有些把国家或政党目标作为审计目标的倾向，过于宏观和空洞，对审计实务工作指导意义不够具体和明确。

国家审计目标

国家审计目标的实现依赖于审计主要任务的完成。根据中国现阶段的国情，国家审计当前的主要任务是维护国家安全特别是国家经济安全。当前，国家审计应主要从6个方面维护国家安全：

（一）维护财政安全；

（二）维护金融安全；

（三）维护国有资产安全；

（四）维护民生安全；

（五）维护资源环境安全；

（六）维护信息安全。

——摘自刘家义主编：《中国特色社会主义审计理论研究（修订版）》

在社会审计领域，比较一致的观点是：社会审计的目的是指注册会计师通过审计所要达到的目标和要求，即对被审计会计报表的合法性、公允性及会计处理方法的一贯性发表审计意见。审计目标包括财务报表审计的总目标以及与各类交易、账户余额、列报相关的具体审计目标两个层次。

关于财务报表审计的总目标，各国的表述略有不同。基本的观点是：财务审计的总体目标是对被审计会计资料的真实性、合法性和有效性实施监督，确定被审计单位财务收支的真实、合法和有效。

知识分享

企业财务审计的总体目标是对被审计企业会计资料的真实性和合法性实施监督，并对其违反国家规定的行为进行处理、处罚。

——摘自《企业财务审计指南》

财务报表审计的具体目标包括：

- 存在性。指资产负债表所列示的各项资产、负债和所有者权益确实存在；利润表所列的各项收入和费用确实发生。
- 完整性。指发生的所有交易和业务均已按规定记入有关账簿。

- 准确性。指各项交易准确地记入相关账户，交易金额和账户余额记录准确。
- 所有权。指资产负债表所列资产和负债确实为企业所有或所欠。
- 合法性。指相关经济活动符合法律法规的要求。
- 计价。指财务会计报告各个项目所列金额均正确估价和计量。
- 截止期。指所有的经济业务均按规定准确地记录于恰当的会计期间。
- 恰当披露。指企业财务会计报告恰当地反映了账户余额或发生额，披露了所有应该披露的信息。

在内部审计领域，权威的观点是：内部审计是一种独立、客观的确认和咨询活动，旨在增加价值和改善组织的运营。增加价值和改善组织的运营是内部审计总体目标。内部审计目标是发展变化的，不同发展阶段的审计目标是不一样的。

知识分享

2018年审计署发布《审计署关于内部审计工作的规定》（审计署11号令），将内部审计目标定位为"促进单位完善治理、实现目标"，等等。

从上述论述看，审计目标是多种多样的。审计目标是一个相互联系的目标体系，也是有层次的。那么这个相互联系的审计目标体系到底可分几个层次，简单归类，审计目标体系应分为总体目标（一般审计目标）、具体审计目标两个层次，具体审计目标可按业务类型或审计项目再细分。

总体审计目标。是审计授权人或委托人对某项审计活动的总体要求，是最基本的，也是最高层次的，对具体审计目标起着驾驭作用。那么总体审计目标到底是什么，它因审计主体和审计发展阶段不同而不同。根据对审计目标的定位，我国现阶段审计总体目标可归纳为：查错防弊，降低信息风险，防控风险，提升管理，增加价值。

具体审计目标。是为实现总体审计目标而分解的目标，因分解的标准和方法不同而有好多种分类。可以按审计业务类型分类，也可以按审计项目分类。实务操作界，人们关注的审计目标主要是业务审计目标和项目审计目标。如把不同审计主体所从事的不同类型审计业务、审计项目的具体目标归纳起来，就是真实目标、合规目标和效益目标。

这里特别强调审计目标因审计主体、审计业务、审计项目的不同而不同，不能固定化、模式化。国家审计、社会审计和内部审计因审计需求和各自审计功能不同，审计目标也不同。财务审计和管理审计及其具体项目的审计目标肯定不会是完全一致的。

3.6 审计目标合理保证

所谓合理保证，是相对于绝对的保证而言，这已经成为审计界专业人士普遍接受的概念。由于审计操作过程中的缺陷、技术和信息的不足，以及对成本的考虑等，审计在大多数情况下不可能而且也不应该对组织实现其目标提供绝对的保证，仅是个合理保证。这是绝大多数审计文献中所明确的。

然而，这个被专业人士所熟知的合理保证概念，对非专业人士尤其行政事业单位党政干部既难以理解也难以接受。合理保证的基本含义就是，审计可以为其目标的实现提供相对满意的保证。这里，有如下几层含义：第一，审计在控制风险方面是有积极作用的；第二，审计的作用不是万能的，也有其自身的局限性；第三，审计提供的保证可以满足管理者和外部利益相关者的需要。

社会审计机构从事的财务报表审计属于鉴证业务。注册会计师作为独立第三方，运用专业知识、技能和经验对财务报表进行审计并发表审计意见，旨在提高财务报表的可信赖程度。由于审计存在固有限制，审计工作不能对财务报表整体不存在重大错报提供绝对保证。虽然财务报表使用者可以根据财务报表和审计意见对被审计单位未来生存能力或管理层的经营效率、经营效果做出某种判断，但审计意见本身并不是对被审计单位未来生存能力或管理层经营效率、经营效果提供的保证。

附录 图表工具

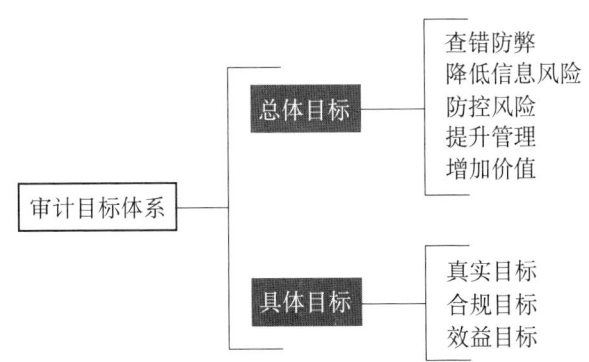

中天恒 3C 框架审计目标体系图

中天恒3C框架审计目标体系表

编号	一级目标	二级目标	简要解释
3C1	总体目标		总体审计目标是审计授权人或委托人对某项审计活动的总体要求,是最基本的,也是最高层次的,对具体审计目标起着驾驭作用
3C1.01		查错防弊	
3C1.02		降低信息风险	
3C1.03		防控风险	
3C1.04		提升管理	
3C1.05		增加价值	
3C2	具体目标		具体审计目标是为实现总体审计目标而分解的,因分解的标准和方法的不同可有好多种分类
3C2.01		真实目标	
3C2.02		合规目标	
3C2.03		效益目标	

国家审计目标体系(按权威观点)

编号	一级目标	二级目标	简要解释
3C1	根本目标		国家审计的根本目标是维护人民群众的根本利益
3C1.01		经济利益	
3C1.02		政治利益	
3C1.03		文化利益	
3C2	现实目标		国家审计的现实目标是推进法治、维护民生、推动改革、促进发展
3C2.01		推进法治	
3C2.02		维护民生	
3C2.03		推动改革	
3C2.04		促进发展	
3C3	直接目标		国家审计的直接目标是监督和评价被审计单位财政财务收支的真实、合法和效益
3C3.01		真实	
3C3.02		合法	
3C3.03		效益	

社会审计目标体系（以报表审计为例）

编号	一级目标	二级目标	简要解释
3C1	总体目标		社会审计财务报表审计的总体目标是对被审计会计资料的真实性、合法性和有效性实施监督，确定被审计单位财务收支的真实、合法和有效
3C1.01		真实	指报表反映的事项在特定会计期间确实发生，无虚列或遗漏、隐瞒等事项
3C1.02		合法	指报表的编制程序和方法、业务事项的认定标准符合《企业会计准则》等财经法规的规定
3C1.03		有效	
3C2	具体目标		具体审计目标如各类交易、账户余额、列报相关的审计目标
3C2.01		存在性	指资产负债表所列示的各项资产、负债和所有者权益确实存在；利润表所列的各项收入和费用确实发生
3C2.02		完整性	指发生的所有交易和业务均已按规定记入有关账簿
3C2.03		准确性	指各项交易准确地记入相关账户，交易金额和账户余额记录准确
3C2.04		所有权	指资产负债表所列资产和负债确实为企业所有或所欠
3C2.05		合法性	指相关经济活动符合法律法规的要求
3C2.06		计价	指财务会计报告各个项目所列金额均正确估价和计量
3C2.07		截止期	指所有的经济业务均按规定准确地记录于恰当的会计期间
3C2.08		恰当披露	指企业财务会计报告恰当地反映了账户余额或发生额，披露了所有应该披露的信息

内部审计目标体系（现代内部审计）

编号	一级目标	二级目标	简要解释
3C1	总体目标		内部审计是一种独立、客观的确认和咨询活动，旨在增加价值和改善组织的运营。增加价值和改善组织的运营是内部审计总体目标
3C1.01		增加价值	
3C1.02		改善组织运营	
3C2	具体目标		具体审计目标是为实现总体审计目标而分解的，因分解的标准和方法的不同可有好多种分类
3C2.01		真实目标	
3C2.02		合规目标	
3C2.03		效益目标	

中天恒3C框架工程项目审计目标体系（整体版）

编号	一级目标	二级目标	三级目标	四级目标
3C1	**总体目标**			
3C1.01		工程项目建设进度目标		
3C1.02		工程项目建设质量目标		
3C1.03		工程项目建设投资目标		
3C2	**具体目标**			
3C2.01		工程项目建设合规目标		
3C2.02		工程项目建设经济目标		
3C2.03		工程项目建设管理目标		
3C2.04		工程项目建设资产目标		
3C2.05		工程项目建设信息目标		

第 4 章 审计原则体系

审计原则是观念性的,可以说是指导审计实践的思路、出发点、基本要求,但不是法定要求,不具有强制性。

4.1 审计原则定义

所谓原则,是指处理问题的准绳和规则。审计原则是指审计人员在审计过程中处理问题的准绳和规则,是经过长期的审计实践而总结出来的规律性的东西。

4.2 审计原则意义

审计原则是其理论结构体系的重要组成元素或理论单元,对审计理论和实践建设具有一定指导意义。俗话说"没有规矩不成方圆",审计"没有原则也不成方圆"。为实现审计目标,发挥审计的重要作用,在审计实务中应遵循人们在长期实践中总结出来的规律性的审计原则,这会起到事半功倍的效果。

4.3 审计原则体系

审计原则是人们对审计实践的总结,因人们对审计实践认识的不同而不同。《审计署关于印发"十三五"国家审计工作发展规划的通知》(审政研发〔2016〕55号)明确了审计工作的基本原则包括:坚持依法审计,坚持问题导向,坚持客观求实,坚持鼓励创新,坚持推动改革。

根据中天恒20多年的审计实践经验总结,审计执业应遵循以下基本原则:

- 独立原则。独立是指审计单位应具有独立的法人地位，不受被审计单位和其他方面偏好、意图的影响或干扰，独立自主地执业，对自己完成的审计成果独立承担法律责任。审计单位的独立性，是坚持客观、公正立场的前提条件，是赢得社会信任的重要因素。

知识分享

为进一步强化内部审计独立性，2018年审计署发布《审计署关于内部审计工作的规定》（审计署11号令）（以下简称《规定》），主要从两个方面予以规范。

一是进一步健全有利于保障内部审计独立性的领导机制。规定内部审计机构或履行内部审计职责的机构应当在单位党组织、董事会（或者主要负责人）直接领导下开展内部审计工作。单位党组织、董事会（或者主要负责人）要定期听取内部审计工作汇报，加强对内部审计工作规划、年度审计计划、审计质量控制、问题整改和队伍建设等重要事项的管理。国有企业还应当按照有关规定建立总审计师制度，总审计师协助党组织、董事会（或者主要负责人）管理内部审计工作。同时明确下属单位、分支机构较多或者实行系统垂直管理的单位的内部审计机构对全系统内部审计工作负有指导和监督职责。

二是建立健全内部审计人员独立性约束和保护制度。规定内部审计人员必须严格遵守有关法律法规、《规定》和内部审计职业规范，忠于职守，做到独立、客观、公正、保密，不得参与可能影响独立、客观履行审计职责的工作；在遭受打击、报复、陷害时，单位党组织、董事会（或者主要负责人）应当及时采取保护措施，并对相关责任人员进行处理；涉嫌犯罪的，移送司法机关依法追究刑事责任。

- 客观原则。客观是指审计的依据、方法和过程应具有科学性。审计的科学性，要求实事求是，了解并反映客观、真实的情况，据实比选，据理论证，不弄虚作假；要求符合科学的工作程序、审计准则和行为规范，不违背客观规律；要求体现科学发展观，综合运用科学的理论、方法、知识和技术，使审计成果经得住时间和历史的检验。审计科学化的程度，决定审计的水准和质量，进而决定审计成果是否可信、可靠、可用。
- 公正原则。公正是指在审计工作中，应持公正立场。审计的公正性，并非无原则地调和或折中，也不是简单地在矛盾的双方保持中立。审计是原则性、政策性很强的工作，要恪守职业道德，不应为了自身利益，丧失原则性。

> **知识分享**

内部审计主要原则

总结国内外大量内部审计实践，可以得出以下内部审计的主要原则：

独立性原则。独立性原则是指内部审计人应在组织上、精神上和业务上保持相对独立，应排除干扰，独立履行审计职责。

客观性原则。客观性原则是指内部审计人应以客观事实为依据。

权威性原则。权威性原则是指内部审计人应积极利用职权对被审计人实施审计，并努力提高自己的威信。

效益性原则。效益性原则是指内部审计人应当把促进本单位经济效益的提高作为自己的主要任务之一。

经济性原则。经济性原则是指内部审计人应考虑管理成本。

公正性原则。公正性原则是指内部审计人在履行职责时应做到公平正直、没有偏私。

风险性原则。风险性原则是指内部审计人应当优先选择剩余风险大并且风险发生后给单位带来比较严重不良影响的领域或环节进行审计，或将其作为审计的重点。

稳健性原则。稳健性原则是指内部审计人在履行职责的过程中，必须采取稳健的态度。

4.4 审计原则整合

虽然审计原则没有数量的限制，但从实效性看，数量不应是越多越好。数量太多，人们连记住都难，到审计实践中灵活运用就会更难。因此，对审计原则进行整合是必要的。在众多审计原则中，对内部审计来说，最基本的原则是独立性、客观性、风险性这三个原则。

4.5 审计原则发展

审计原则不是一成不变的。随着审计实践的发展和变化，审计的原则也不断发展变化。

附录　图表工具

中天恒3C框架审计工作基本原则表

编号	基本原则	简要解释
3C1.01	独立原则	独立是指审计单位应具有独立的法人地位，不受客户和其他方面偏好、意图的影响或干扰，独立自主地执业，对自己完成的审计成果独立承担法律责任。 审计单位的独立性，是坚持客观、公正立场的前提条件，是赢得社会信任的重要因素
3C1.02	客观原则	客观是指审计的依据、方法和过程应具有科学性。 审计的科学性：要求实事求是，了解并反映客观、真实的情况，据实比选，据理论证，不弄虚作假；要求符合科学的工作程序、审计准则和行为规范，不违背客观规律；要求体现科学发展观，综合运用科学的理论、方法、知识和技术，使审计成果经得住时间和历史的检验。审计科学化的程度，决定审计的水准和质量，进而决定审计成果是否可信、可靠、可用
3C1.03	公正原则	公正是指在审计工作中，应持公正立场。审计的公正性，并非无原则地调和或折中，也不是简单地在矛盾的双方保持中立。 审计是原则性、政策性很强的工作，要恪守职业道德，不应为了自身利益，丧失原则性

第5章
审计规范体系

审计规范是指审计活动中应当遵守的行为规则，审计机构及其人员从事审计工作必须自始至终按规范进行。

中国审计规范体系是在改革开放后，按照建设社会主义市场经济对审计监督的要求逐步建立和发展起来的。经过30多年的发展，基本形成了具有中国特色的审计规范体系，基本实现了审计工作的规范化。

中国审计规范多种多样，且还在不断增减变化之中。审计机构应不间断地系统梳理与完善审计规范体系，建立审计规范数据库，并定期对全体审计人员培训。这应作为一项日常的基础工作。

中天恒3C框架课题组在认真学习分析国家及行业协会有关审计规范的基础上，总结中天恒数十年审计实践经验，构建了审计规范体系，即由审计法律、审计法规、审计规章、审计准则、审计职业道德规范构成的一个相互联系不断变化的有机整体。

5.1 审计规范定义

审计规范是指审计活动中应当遵守的行为规则，是审计机构和审计人员从事审计业务的行为规范。

5.2 审计规范分类

根据规则所规制事项的内容不同，审计规范可划分为两大类：一类是关于审计活动中审计机构及审计人员与外部关系的规则。这类规则主要是通过立法等外部规制来实现。另一类是审计机构内部的业务运行规则，包括审计人员资格条件、职业要求、审计业务开展规则、审计质量控制规则等。这类规则主要是通过制定审计准则等内部规制来实现。

审计规范按照特性、内容和约束力不同，可分为审计法律规范和审计职业道德规范。审计法律规范是由国家规定或认可、具有法定约束力、由国家强制力保障其遵守执行的审计规范。审计职业道德规范是审计人员在长期审计实践中逐步形成的，以人们的内心信念和以社会舆论等手段维系并促进其遵守、规范其行为的审计规范。审计职业道德规范通常表现为一定的审计职业道德理想、观念、习惯、标准等。从国家审计准则制定的实践看，审计职业道德规范的要求已被融入审计准则，并以部门行政规章的形式发布，成为法律规范的组成部分。

5.3 审计规范体系

审计活动必须遵守国家的法律法规，其审计机构和人员均应承担相应的法律责任。对此，审计机构和人员均应高度重视，依法执业，防范法律风险。

审计规范体系是由不同层次的规范构成的一个相互联系、不断变化的有机整体。审计规范体系结构包括审计法律、审计法规、审计规章和审计准则以及审计职业道德规范。

目前，中国国家审计基本构建起了由《中华人民共和国宪法》、《中华人民共和国审计法》及其实施条例、《中华人民共和国国家审计准则》和各类审计指南等不同级次规定组成的审计规范体系。

5.3.1 审计法律体系

法律体系是按照一定标准和原则，具有相同要素的法律法规、规章组成的有特指功能的有机整体。

审计法律体系是由全国人民代表大会及其常务委员会制定的《中华人民共和国宪法》和各项法律涉及对审计的相关规定构成的有机整体，是审计规范体系的最高级次，是制定审计法规、规范的依据。

5.3.2 审计法规体系

审计法规类规范是指国务院制定的行政法规和地方人民代表大会及其常务委员会制定的地方性法规中对审计的规定。

审计法规体系，是由国务院以及地方人民代表大会执行机构根据审计法的相关规定，颁布制定的关于审计工作的国家行政法规和地方行政法规，是审计行为的直接依据。

有关国家审计的行政法规主要有两类：一类是国务院颁布的专门规定国家审计的行政法规，如2010年通过的新的《中华人民共和国审计法实施条例》、1995年颁布的《中央预算执行情况审计监督暂行办法》；另一类是国务院颁布的包含有国家审计内容的或适用于国家审计的其他行政法规，如2004年11月30日颁布的《财政违法行为处罚处分条例》。

5.3.3　审计规章体系

审计规章类规范主要指审计署颁布的审计规章，还包括国务院其他部门和地方人民政府制定的行政规章中对审计的规定。

有关国家审计的部门规章主要是审计署和国务院各部委依法发布的有关国家审计方面的规章，如审计署发布的《中华人民共和国国家审计准则》《审计机关封存资料资产规定》等。国家审计准则是一种特殊的行政规章，是由审计署制定颁布、对审计机关及其审计人员具有约束力、规范审计业务工作的行政规章性规范。

5.3.4　审计准则体系

审计准则是指审计机构和审计人员履行法定审计职责的资格条件和职业要求；是执行审计业务应当遵循的基本要求，是实施审计过程中编制审计方案、收集和使用审计证据、编写审计工作底稿、评价和审理审计事项、编制和审定审计报告、出具审计报告和做出审计决定、公告审计结果时应当遵循的行为规范。审计准则是审计规范体系的重要组成部分。审计准则作为对审计人员及其专业行为的基本规范要求，制定、颁布审计准则，公开、明确基本规范要求，是充分、有效地发挥审计作用的必要条件和重要保证。国家审计准则由审计署依据规定程序制定或者修订并予以发布。

国际会计师联合会所属的国际审计委员会自1980年6月至今先后颁布了第1~28号《国际审计准则》文件。这28项文件可分为一般准则、工作准则和报告准则三个部分。美国的审计准则体系由公认审计准则、审计准则说明、审计指南三部分组成。英国的审计准则由审计准则公告和审计实务公告组成。澳大利亚审计准则则由审计准则公告和审计实务公告组成。国际内部审计师协会的内部审计准则主要包括三项内容：内部审计职责说明书（Statement of the Responsibilities of Internal Auditor，简称SRIA）；内部审计职业道德规范；内部审计实务标准。

中国内部审计准则是中国内部审计职业规范体系的重要组成部分，由内部审计基本准则、内部审计具体准则、内部审计实务指南三个层次组成。中国内部审计基本准则、具体准则与实务指南三个层次具有统一的内在架构，以便从框架上保持首尾一贯、逻辑一致。

内部审计基本准则 对内部审计活动的原则要求、审计过程的基本步骤以及内部审计机构的管理做出规定，对内部审计具体准则、内部审计实务指南发挥着提纲挈领的作用。

内部审计具体准则 依据内部审计基本准则制定，是内部审计机构和人员在进行内部审计时应当遵循的具体规范。

内部审计实务指南 依据内部审计基本准则、内部审计具体准则制定，为内部审计机构和人员进行内部审计提供具有可操作性的指导意见。

5.3.5 审计职业道德规范

道德是一定社会为调整人们之间以及个人和社会之间的关系所提倡的行为规范的总和，它通过各种形式的教育和社会舆论的力量，使人们具有善和恶、荣誉和耻辱、正义和非正义等概念，并逐渐形成一定的习惯和传统，以指导或控制自己的行为。所谓职业道德，是某一职业组织以公约、守则等形式公布的，其会员自愿接受的职业行为标准。审计人员职业道德是审计职业界各成员应当遵守的行为规范。审计人员职业道德在本质上体现着审计职业界各成员之间以及每个成员与相应当事人之间的社会经济关系。

就审计人员职业道德规范体系而言，是指按概念说明、行为规则、具体解释和道德判定这一构成来约束审计人员执业行为的系列条款。

> **知识分享**
>
> 美国注册会计师协会（AICPA）颁布的职业道德规则提出了职责、公众利益、正直、客观和独立、合理的注意、服务的范围和性质等6条基本原则。世界其他国家的职业道德准则的内容也基本如此。

附录 图表工具

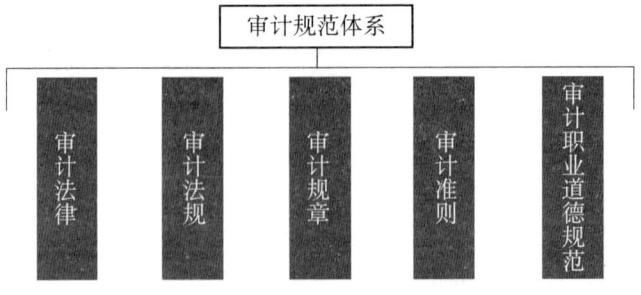

中天恒3C框架审计规范体系结构图

中天恒 3C 框架审计规范体系表

体系构成	简要解释	简要说明
审计法律	《中华人民共和国宪法》	1982 年明确了中国实行国家审计制度，并对审计监督的基本原则、审计机关的设置和领导体制、审计监督的基本职责、审计长的地位和任免等基本制度做出规定。这些规定是中国审计规范体系的基础
	审计法和有关审计的其他法律	1994 年 8 月 31 日颁布、2006 年 2 月 8 日修订的《中华人民共和国审计法》，是规范国家审计的专门法律，是审计规范体系的核心。该法对审计监督的基本原则、审计机关和审计人员、审计机关职责、审计机关权限、审计程序、法律责任等做出全面规定。除《中华人民共和国审计法》外，其他一些法律中也有关于国家审计的规定，如《中华人民共和国预算法》《中华人民共和国会计法》《中华人民共和国中国人民银行法》《中华人民共和国证券法》《中华人民共和国商业银行法》等就审计机关对这些领域的审计都做出了规定。另外，有些关于国家行政监督管理方面的法律，如《中华人民共和国行政诉讼法》《中华人民共和国行政处罚法》《中华人民共和国国家赔偿法》等也适用于国家审计。因此，这些法律也是审计规范体系的重要组成部分
审计法规	国务院颁布的专门规定审计的行政法规	如 2010 年通过的新的《中华人民共和国审计法实施条例》、1995 年颁布的《中央预算执行情况审计监督暂行办法》
	国务院颁布的包含有审计内容的或适用于审计的其他行政法规	如 2004 年 11 月 30 日颁布的《财政违法行为处罚处分条例》
审计规章	审计署颁布的审计规章	如审计署发布的《审计机关封存资料资产规定》等
	国务院其他部门制定的行政规章中对审计的规定	
	地方人民政府制定的行政规章中对审计的规定	
审计准则	基本准则	基本准则对审计活动的原则要求、审计过程的基本步骤以及审计机构的管理进行了规定，对审计具体准则、实务指南发挥着提纲挈领的作用
	具体准则	具体准则依据审计基本准则制定，是审计机构和人员在进行审计时应当遵循的具体规范
	实务指南	实务指南依据审计基本准则、审计具体准则制定，为审计机构和人员进行审计提供具有可操作性的指导意见

续表

体系构成	简要解释	简要说明
审计职业道德规范	职业道德的概念说明	在审计人员职业道德规范的第一部分"概念说明"中，大部分国家的规范都包含6条审计人员应追求的最高目标，这些目标不具有强制性，而仅仅是提倡性目标
	职业道德的行为规则	审计人员职业道德规范体系的第二部分是对审计人员具体行为的说明。这一部分是审计人员必须执行的规则，由于它是审计人员日常工作的最低标准，因此这一部分与第一部分不同，具有强制性，如若违反，要受到处罚
	职业道德规则的具体解释	第三部分是对审计人员具体行为的详细解释。审计人员在执业过程中经常会对某一规则提出疑义，因此职业道德规范体系的制定者（即注册会计师协会）成立了一个由审计人员组成的委员会，对提出的疑义进行解释，在征求实务界人士的意见、并经该委员会全体同意之后，向外公布这一解释。尽管这些解释并不要求强制执行，但审计人员不得轻易违背，如若违背，会要求其提出正当的理由
	职业道德的判定	审计人员职业道德规范体系的最后一部分是职业道德的判定，即注册会计师协会的有关部门对一些具体的实际情况所作的裁决，这些裁决对今后类似事件具有示范作用。这一部分是行为规则在审计人员实务中的具体运用，虽然不具有强制性，但与第三部分一样，审计人员也不得轻易违反，否则要受到惩处

国际内部审计专业实务框架（IPPF）表

分类	内部审计定义	阐明内部审计的基本宗旨、性质和工作范围
强制性指南	职业道德规范	阐明开展内部审计活动的个人或机构需要遵循的原则和行为规范，表明了执业行为规范的最低要求而不是具体活动
	标准和释义	标准：关于内部审计专业和评价内部审计工作效果的基本要求的条款，它普遍适用于全球范围内的组织和个人； 释义：对《标准》中的名词或概念做出解释
	立场公告	有助于对内部审计感兴趣的社会各界了解重大的治理、风险或控制事项以及内部审计在其中扮演的角色和作用
强力推荐指南	实务公告	帮助内部审计师应用内部审计定义、《职业道德规范》和《标准》，同时推动良好的实践。它涉及开展内部审计的方式、方法和需要考虑的因素，但不包括详细的过程和程序。它包含的内部审计实务与跨国、国内或特定的行业事项、特定的业务类型以及法律法规事宜相关
	实务指南	为开展内部审计活动提供详细的指引，包括具体的过程和程序，例如工具、技术、程序以及分步骤的方法和形成书面文件的范例

第 6 章

审计工作程序

关于审计工作程序是什么,到底包括哪些具体程序,有很多种不同说法。中天恒 3C 框架课题组在认真学习研究各种审计程序观点的基础上,总结中天恒 20 多年审计实践经验,构建了审计程序体系,即由审计准备、审计实施、审计评价、审计终结和后续审计五个一级流程构成的完整统一的工作程序体系。这是理论上的高度概括,具有基本原理性质。

从审计实践看,审计工作过程是复杂多样的,因审计项目性质、规模等不同而不同,也因审计目标、审计要求等不同而不同。就可操作而言,关键是要根据审计工作实际操作需要,在这五个一级流程的基础上设计出具体流程,再在每个具体流程中明确审计工作内容、方法、步骤以及相应的工作表单,力求具有可操作性。

6.1 审计工作程序定义

关于审计工作程序,有过程、步骤、流程、阶段等不同说法。中天恒将上述不同说法统一为审计工作程序,并定义为审计工作从开始到结束的过程,即审计机构和审计人员为达到审计目标所采取的所有工作步骤的总和。

📖 **知识分享**

通用审计程序一般是指审计机构通过研究不同类型审计项目的特点而总结出来的适合各类审计项目的基本审计流程。如果审计人员按照基本审计流程来实施审计,则可以满足基本的审计目标。

6.2 审计程序划分

无论是国家审计、社会审计还是内部审计，无论是财务审计、管理审计还是其他专项审计，审计程序均可划分成若干阶段。但对审计程序可划分哪些阶段，仍没有统一的认识。

按现代风险导向审计理论，风险导向审计程序包括风险评估和风险应对两个阶段。一般将审计工作程序界定为审计准备、审计实施及审计报告三个阶段。

国际内部审计师协会制定的《内部审计实务准则》将内部审计流程归结为制定审计计划、审查和评价资料、报告审计结果和后续审计。

中天恒3C框架课题组将审计程序划分为审计准备、审计实施、审计评价、审计终结和后续审计五个阶段。

经验分享

企业财务审计程序包括审计准备阶段、审计实施阶段和审计终结报告阶段。

一、审计准备阶段

审计准备阶段的主要工作是：

（一）了解被审计企业基本情况，确定影响审计目标的风险因素。

（二）执行初步分析性复核，进一步确定重要风险领域。

（三）初步确定重要性水平。

（四）分析审计风险，确定依赖或不依赖被审计企业内部控制进行审计的审计策略。

（五）制定审计方案，确定内部控制测试和实质性测试的程序和范围。

二、审计实施阶段

审计实施阶段的主要工作是：

（一）根据审计准备阶段制定的审计方案，实施内部控制测试和评价，验证初步评估控制风险的准确性。

（二）根据内部控制测试和评价的结果，调整或保留审计方案的程序和范围。

（三）根据审计方案对报表项目和财务会计报告实施实质性测试。

三、审计终结和报告阶段

审计终结和报告阶段的主要工作是：

（一）汇总审计资料，运用重要性水平，评价审计结果。

（二）就审计结果与被审计企业交换意见。

（三）草拟审计报告，提出审计意见。

（四）向派出审计机关报送审计报告。

（五）复核审计报告，做出审计处理。

（六）利用审计结果。

（七）归集审计档案。

——摘自《某审计机关企业财务收支审计指南》

6.3 审计准备阶段

审计准备阶段是审计的首要环节，是对审计工作的规划或准备，是指在审计机构年度审计项目计划业经批准下达后，由审计业务部门在具体实施对单个财务审计项目的审计工作前所做的各项准备工作。

准备阶段是审计工作的基础，其工作质量直接影响整个审计工作的质量，在审计程序中占有重要的地位。

审计准备阶段一般从选择审计项目开始，到制定出审计实施方案、向被审计者发出审计通知书、做出书面承诺要求为止。不同审计主体，审计准备阶段工作略有不同。如就社会审计机构而言，审计单位与委托方签订审计协议或合同，是社会审计机构从事审计工作的法定步骤，标志着该审计项目正式确定。国家审计机关和内部审计机构，从事审计可不需要签订合同这一法定程序，但需要根据审计规划或年度计划来安排审计工作。

6.3.1 选择审计项目

审计项目有两种基本来源：一种是审计机构的主动立项，即审计机构根据审计计划或者规划的安排，或者根据本单位生产经营活动和管理的需要，主动选择一些部门、单位或者项目进行审计；另一种是被动立项，即审计机构应上级主管部门、董事会、监事会或者管理层的要求对部分部门、单位或者项目进行审计。

审计机构应当在项目初选的基础上，按照重要性原则对初选项目进行筛选，从中选择重要项目优先加以考虑。在按重要性原则进行项目筛选的基础上，审计机构再按照可行性原则，对项目进行进一步的分析，剔除不可行事项，即可确定本期需要实施的审计项目。

6.3.2 委派审计人员组成审计组

在审计项目确定后，应根据项目需要委派审计人员组成审计组，指定审计组组长和主审人员，必要时，可聘请专业技术人员参加审计组的工作。

6.3.3　开展审前调查

审计组成立后，审计人员应当进行审前调查，初步了解被审计企业所处的经济环境、所在行业的情况、企业内部控制情况、财务状况、业务和合同情况、以往开展过的审计情况等，在此基础上，确定审计重点，有效开展审计工作。

6.3.4　初步分析性复核

在审前调查的基础上，审计人员可以进行初步分析性复核。通过初步分析性复核，对被审计单位重要的财务比率和趋势进行分析，以便更好地了解被审计单位经营状况和经营成果，发现有关财务数据间的异常关系和重大波动，确定审计风险或审计重点。

6.3.5　确定重要性水平

重要性是贯穿审计活动全过程的概念。随着经济的发展，业务复杂程度及规模不断加大，如果要对全部经济业务进行详细审查会带来巨大的审计成本，超过相应获得的效益。因此，审计人员通常是在确定重要性标准的前提下在所有经济业务中抽取部分内容进行审查。在全部经济业务中，审计人员应抽取多少数量的业务内容进行审查需要依靠职业判断，其中重要性标准是影响审计证据数量的因素之一，因此在项目审计计划中必须确定重要性标准。在审计过程中，审计人员对于程度超过重要性标准的错报、差异或者缺陷要予以关注、揭示并报告，提出纠正的建议。

通过对重要性水平的确定，可以使审计人员在审计中对一些重点问题多加关注，而对重要性水平以下的问题或金额不用花费过多精力进行审计，从而突出审计重点，提高审计工作效率。

6.3.6　分析审计风险

通过前述各项工作，审计人员可以合理估量审计风险，即被审计企业容易出现问题的重点部位或关键环节，确定审计的重点和范围，将总体审计风险控制在适当的水平，保证审计意见或结论的正确性、适当性。

重要性与审计风险是一对互相影响的概念，二者又都是项目审计计划的主要内容，是决定审计证据数量的重要因素。与重要性概念一样，审计风险也是贯穿审计活动全过程的概念，从审计计划开始充分考虑审计风险，是确保审计结论达到一定可靠性要求的重要手段。

风险导向审计要求审计人员以重大错报风险的识别、评估和应对为审计工作主线，针对评估的重大错报风险设计和实施控制测试和实质性程序，对重大的各类交易、账户余额和列报实施实质性审计程序。审计人员要在审计的所有阶段都实施风险评估程序。审计人员要将识别和评估的风险与实施的审计程序挂钩（以防治机械利用程序表从形式上迎合审计准则对程序的要求）。

从现实考虑，识别、评估风险是一项非常不容易的工作，需要专业技术和丰富的审计经验。在审计过程中，是否需要实施风险评估审计程序可根据审计项目的不同情况具体确定，不能固定化。当然，审计准则法定要求的除外。

6.3.7 制定审计计划

在具体实施审计项目前，审计项目负责人需制定项目审计计划。项目审计计划是对整个审计项目具体实施的全过程综合安排。项目审计计划必须在审计工作开始前得到审计机构负责人的书面批准，审计项目应严格按照项目审计计划展开。项目审计计划一般应当包括以下基本内容：

- 被审计单位；
- 审计范围；
- 审计风险评估；
- 审计人员及其分工；
- 审计时间安排；
- 审计经费安排；
- 对专家和外部审计工作结果的利用；
- 其他有关内容。

6.3.8 编制审计项目实施方案

审计方案是针对某一审计项目进行的详细安排。通过审计方案可以对审计项目实施过程中的各项审计作业做出具体安排，并据以检查和控制审计项目的进度和质量，对整个项目起指导和控制的作用。审计项目负责人应根据项目审计计划制定审计实施方案。

项目审计实施方案应包括以下主要内容：

- 编制的依据；
- 被审计企业的名称和基本情况；

- 审计的目标;
- 审计的范围、内容和重点;
- 重要性的确定及审计风险的评估;
- 预定的审计工作起止日期;
- 审计组组长、审计组成员及其分工;
- 编制的日期。

6.3.9 向被审计单位发出审计通知书

审计机构应向被审计单位发出审计通知书,正式通知被审计单位做好准备,提供有关文件、会计凭证、账册和报表等资料,并为审计组提供必要的工作条件。

6.3.10 书面承诺

在送达审计通知书的同时,审计组对被审计单位提出书面承诺要求,被审计单位的领导人员和企业财务主管人员应当对其所提供会计报表及其附注、相关附表和其他有关会计资料的真实性、完整性做出书面承诺,尤其是要对所提供的呆坏账、资产盘亏盘盈、报废损失、账外费用或收益等资料的真实合法性做出具体承诺。

6.4 审计实施阶段

审计实施阶段是审计的重要环节,是审计的实质性阶段,是审计项目组成员具体落实审计实施方案的具体操作过程。

审计实施阶段是审计工作非常重要的阶段,是查证取证的过程。审计实施阶段要开展的工作很多,审计人员要紧紧围绕审计目标,实施内部控制测试和实质性测试,对测试结果进行记录,为审计评价和编写审计报告打下基础。

6.4.1 组织进点

组织进点,就是根据审计实施方案,审计机构组织项目组中的有关人员到项目现场进行工作。审计机构负责人亲自带队进点能体现对审计工作重视,对审计工作顺利开展具有重要作用。

现场工作主要有二种,一是进行现场调研,二是有些项目的工作内容就是在现场完成。无论是哪种工作,审计人员进入现场后都必须严格执行审计行业及项目现场的有关规定,并要在被审计单位的支持与配合下完成相关工作。

6.4.2 实施内部控制测试

内部控制测试简称控制测试，即测试内部控制运行的有效性。这与"了解内部控制"含义有所不同。了解内部控制包含两层含义：一是评价控制的设计；二是确定控制是否得到执行。测试控制运行的有效性与确定控制是否得到执行所需获取的审计证据是不同的。

实施内部控制测试，确定审计准备阶段对被审计单位内部控制的了解是否清楚、真实地反映了被审计单位内部控制现状，是否有效地运转，控制风险有多大，最终确定审计人员能否依赖内部控制进行审计。

在测试控制运行的有效性时，审计人员当从下列方面获取关于控制是否有效运行的审计证据：一是控制在所审计期间的不同时点是如何运行的；二是控制是否得到一贯执行；三是控制由谁执行；四是控制以何种方式运行（如人工控制或自动化控制）。从这四个方面来看，控制运行有效性强调的是控制能够在各个不同时点按照既定设计得以一贯执行。因此，在了解控制是否得到执行时，审计人员只需抽取少量的交易进行检查或观察某几个时点。但在测试控制运行的有效性时，审计人员需要抽取足够数量的交易进行检查或对多个不同时点进行观察。

虽然控制测试和了解内部控制的目的不同，但两者采用的审计程序类型通常相同，包括询问、观察、检查和穿行测试。此外，控制测试的程序还包括重新执行。

实施内部控制测试基本程序包括：

- 根据内部控制测试方案，选取当年应测试的控制环节或业务循环。根据审计准备阶段对被审计企业内部控制调查了解得到的结论，审计人员应确定是否依赖内部控制进行审计，对打算信赖的内部控制进行测试和评价，最终评定内部控制的可信赖程度，确定控制风险高低。
- 检查被审计单位内部控制的执行情况，获取控制测试证据。针对选定的内部控制，通过询问并检查相关的控制管理报告、询问并检查交易和业务的凭证、询问并实地观察未留下审计轨迹的内部控制的运行情况、重新实施相关内部控制程序等方法，取得内部控制有效运转的证据，发现其中的控制薄弱环节。
- 评价内部控制测试结果。审计人员要根据内部控制测试结果的评价结论，修正审计准备阶段对内部控制风险的初步评价，调整或确认进一步实质性测试的程序、范围和重点。
- 记录内部控制测试结果。实施内部控制测试后，应做好测试工作记录，

- 记录测试的对象、测试程序和方法、测试的结果和测试结论。
- 根据测试结果，审计人员要客观公正地对被审计单位的内部管理和内部控制状况做出客观的评价，指出内部控制中存在的薄弱环节，提出有针对性的加强和改进管理的意见和建议。

6.4.3 实施实质性测试

实质性测试，指审计人员为了实现具体审计目标，在内部控制测试的基础上，运用盘点、函证、观察、查询及计算、分析性复核等方法，对审计具体审计事项进行检查和分析性复核。实质性测试在社会审计领域称为实质性程序，是注册会计师针对评估的重大错报风险实施的直接用以发现认定层次重大错报的审计程序。实质性程序包括对各类交易、账户余额、列报的细节测试以及实质性分析程序。注册会计师应当针对所有重大的各类交易、账户余额、列报实施实质性测试。实质性测试的基本流程如下：

- 根据实质性测试方案确定要测试的重点。结合审计进点后内部控制测试结果和被审计单位的实际情况，调整审计方案，合理分配审计资源和审计任务，如重新分配部分审计任务，调整审计工作进度和审计人员分工，调整审计的重要性水平和审计测试范围和重点。
- 取得被审计单位相关的资产负债表、利润表和现金流量表等会计报表及其相关附表、编表说明和有关工作底稿等，进一步熟悉被审计单位的财务状况和经营成果，并对有关财务指标进行分析性复核，查找审计重点和疑点。
- 审计组成员分头实施有关会计账户和会计报表的审查工作，做好对有关审计事项和审计发现的问题的记录、取证，对重要问题要取得主证人证言和复印相关原始依据。审计人员取得审计证据时，要确保审计证据符合客观、相关、充分和合法的要求。

知识分享

实质性测试

（一）实质性测试的概念

实质性测试，指审计人员为了实现具体审计目标，对会计报表项目的余额和交易进行的详细检查和分析性复核。

（二）实质性测试的意义

实质性测试是任何会计报表项目审计必不可少的环节。从企业获得的固有保证和控制保证只能降低所要达到的实质性检查保证程度，而不能取代实质性测试。应根据对相关固有保证和控制保证的评估，合理确定实质性测试的程序和范围。

（三）考虑账户特点和复式记账原理，确定实质性测试具体目标

根据复式记账的基本原理，一项经济业务的发生，对两个或更多的账户产生影响，而且对报表借方的影响等同于对报表贷方的影响。因此，《审计工作实务指南》要求对不同性质的账户，确定不同的实质性测试重点，以提高审计效率。审计人员对借方账户（如资产、成本和费用），主要检查存在性、所有权、高估和截止日推后等类型的差错；对贷方账户（如负债、所有者权益和收入），主要检查完整性、低估和截止日提前等类型的差错。

（四）实质性测试过程中，应灵活运用抽样审计技术

在进行余额和交易测试时，应首先考虑采用非统计抽样技术，选择金额重大或性质重要的交易或余额进行测试。

对于一些敏感或者交易很少的账户，例如长期投资和所有者权益，可不进行抽样审计。

采用统计抽样技术时，建议采用货币单位抽样方法。

6.4.4 组织出点

审计现场工作全部完成后，审计项目组应组织出点，也就是组织撤离审计工作的现场。与进点会议相对应，也可以召开审计结束会议，并归还审计所有资料。

6.5 审计评价阶段

审计评价阶段是审计工作非常重要的环节，既关系到审计工作的质量和风险，也是被审计单位十分关注的焦点。因此，审计机构必须在对审计事项进行核实的基础上，对被审计单位及其事项的真实性、合法性和效益性做出正确、客观的评价。

这里需要特别说明的是，审计评价应贯穿于审计工作的全过程，但评价与审查不能相互代替，审计评价要有独立的评价程序和相应的审计评价工作底稿。

6.5.1 审计评价定义

（1）评价的定义。

评价，是指为实现一定的目的，选定某种程序和方法，对某一客观事物进行整体

描述，借以判断其基本态势和变化状况，使人们对该事物有一个整体的基本认识。

（2）审计评价的定义。

审计评价，是指审计机构及其人员按照确定的审计目标对被审计单位及其审计事项的真实、合法、效益进行分析判断，并发表审计意见的行为。

6.5.2 审计评价原则

审计评价应当由实施审计的审计机构独立做出。审计机构评价审计事项时，应当实事求是、客观公正，保持谨慎的态度。审计评价原则主要包括：

（1）客观性原则。指在评价中，要求审计人员以高度的责任感和认真、负责的态度，切实站在客观公正的立场上，以审计事实为依据，以法律、法规和规章、制度为准绳，不受外界影响，不附加任何主观成分，按照客观事物的本来面貌，以写实性的手法来描述事实，以定量考评为主，依据可靠数据和客观事实，采取写实、量化的方法予以评价。

（2）谨慎性原则。指在评价中，要坚持稳健、谨慎的态度，防止给予过高或过低的评价，对审计过程中未涉及的审计事项或证据不足的、评价依据或标准不明确的，以及超出审计职责范围的事项不予评价。在审计评价的分寸上，一定要贯彻谨慎、准确的原则，必须在审计证据事实准确、依据充分的前提下，科学地分析审计证据和调查数据，审计部门才能提出恰如其分的综合评价意见。

（3）重要性原则。指在评价中，要在充分尊重客观事实的基础上，全面分析审计查出的各种问题，突出重点，对被审计单位的资产、负债、损益的真实性、合法性、效益性的重点事项进行评价，不能面面俱到，要突出重点。

（4）统一性原则。具体包括四个方面的含义：

一是评价标准要统一。应当坚持采用国家标准、部颁标准，或全行业统一标准；同时还要注意在对同一类型单位进行审计时应按同一标准进行评价。

二是审计评价的范围、内容和审计的职责必须统一。就是要严格按照财务审计的内容，围绕资产、负债、损益审计情况进行评价，决不能超出审计的职能范围去作评价。

三是局部利益与全局利益要统一。要从经济发展和改革开放的全局来评价，对那些挖空心思损害国家利益而获取的单位集体利益，不仅不能给予肯定的评价，还应通过审计的事实和数据给予充分的揭露。

6.5.3 审计评价内容

审计评价内容因审计类型、审计目标等不同而不同。一般来说，审计机构应当根据审计方案规定的审计目标确定审计事项评价的范围，对被审计单位财政收支、财务收支的真实性、合法性和效益性进行评价。

(1) 真实性评价。指对被审计单位的会计处理遵守相关会计准则、会计制度的情况，以及相关会计信息与实际的财政收支、财务收支状况和业务经营活动成果相符合的程度做出的评价。

(2) 合法性评价。指对被审计单位的财政收支、财务收支是否符合相关法律、法规、规章和其他规范性文件所做出的评价。

(3) 效益性评价。指对被审计单位的财政收支、财务收支及其经济活动的经济、效率和效果的评价。经济是指被审计单位经济活动是否做到了节约；效率是指经济活动的投入与产出之间的比率关系；效果是指经济活动是否达到了预期的目的。

6.5.4 审计评价方法

审计评价方法主要有比较分析评价法和评分评价法两种，前者属于定性评价的方法，后者属定量评价的方法。在进行审计评价时，应在定性评价的基础上，尽量实行定量评价，以增强说服力。

(1) 比较分析评价法。比较分析评价法，就是根据审计所查明的结果，对照审计标准进行衡量，然后在综合分析的基础上提出评定意见的方法。在实际操作中，根据工作需要还可以选择同行业平均水平和本单位历史最好水平为参考进行分析评价。

(2) 评分评价法。评分评价法即根据被审计单位得分多少来评定的方法。其步骤如下：

- 将被审计单位的各项活动和资料按照审计内容与目的的要求，归纳出相应的考核指标。
- 规定每项指标的得分，并制定相应的评分标准。
- 确定分数段。
- 根据审计分数打分，并确定最后得分。
- 根据累计得分做出评价。

评分评价法虽比较科学，但实际工作中难以操作。审计人员在进行审计评价时，应当参照一定的考核标准，将定性评价法和定量评价法以及其他评价方法结合起来，综合加以运用。

6.5.5 审计评价流程

中天恒一贯主张审计评价要贯穿审计工作的全过程,并采取独立的审计评价流程。审计评价通用流程如下:

- 明确审计评价的目的及总体流程。明确审计评价的目的及总体流程,是审计评价的首要工作。
- 归类整理审计情况。归类的方法可按照真实性问题、合法性问题、内部控制制度问题等类别进行归集,也可按审计实际情况确定归集类别。
- 确定评价所依据的法律法规。确定评价依据时应注意以下几个问题:一是要引用较高层次的法律法规。法律法规按效力排列一般有四个层次,即法律、行政法规、地方性法规、规章制度,其中法律的层次最高。如果某一经济方面问题涉及两个或两个以上的法规,而且有交叉且又矛盾的,审计评价应依据较高层次的法规;既涉及专门法又涉及一般法的,遵循专门法优先的原则。二是所依据的法律法规必须具有较强的针对性和时效性。审计评价引用的法律法规必须是针对性最强、时效性最强的。比如审计查出某一经济问题,引用的法律法规必须具有针对性,要具体引用到文件名、文件号、文件的条、款、项,要具体叙述有说服力的句子;引用法律法规的时效性应注意,如查出以前年度的经济问题,并且以前年度适用的法律法规与现时期适用的法律法规有不一致的,审计评价应引用以前年度的法律法规作为评价依据;评价依据要注意不同地域的特点。
- 做出客观公正的评价结论。对被审计单位资产、负债、损益的真实性、合法性、效益性做出评价结论。

审计组应当在审计报告中提出审计评价的初步意见。做出审计评价时,应当首先对所审查的财政收支、财务收支的总体情况进行说明,并评价被审计单位取得的成绩和存在的问题。评价时,应当对有关评价标准的选择依据和具体内容做出说明。

6.5.6 审计评价指标与标准

(1) 审计评价指标。

对被审计单位资产、负债、损益及所有者权益的真实性、合法性和效益性评价,一般采用对资产、负债、损益及所有者权益的真实程度予以评价,如资产真实率、负债真实率、损益真实率、所有者权益真实率等。

（2）审计评价标准。

1）真实性的判断标准。

对真实性的评价，应当区分以下情况分别做出：

- 如果审计中没有发现并通过专业判断认为被审计单位不存在重要的不真实的事项，可以认为其真实地反映了其财政收支、财务收支情况。
- 如果审计发现有个别重要的（超过重要性水平的）不真实事项，但不影响总体上反映其财政收支、财务收支情况，可以认为其基本真实地反映财政收支、财务收支情况，同时指出其存在的问题。
- 如果审计发现被审计单位会计信息严重不实，总体上不能合理地反映其财政收支、财务收支情况，可以认为其不能真实地反映其财政收支、财务收支情况，同时要说明原因。

知识分享

中天恒将真实性评价标准分为真实、基本真实、不真实、严重不实 4 个等级：

- 真实。差错率为 0，一般可认定为真实反映情况。
- 基本真实。差错率在 10% 以内之间，可认定为基本真实。
- 不真实。差错率在 10% 以上 30% 以内，则认定为不真实。
- 严重不实。差错率在 30% 以上，可认定为严重不实。

2）合规性的判断标准。

对合规性的评价，应当根据被审计单位是否存在违反国家规定的财政收支、财务收支行为，以及违规的严重程度做出评价。对合法性的评价，应当区别以下情况分别做出：

- 如果审计中未发现被审计单位存在重要的违反国家规定的财政收支、财务收支行为，可以认为其较好地遵守了有关财经法规。
- 如果审计中发现被审计单位存在个别重要的违反国家规定的财政收支、财务收支行为，可以认为其除该事项外，基本遵守了有关财经法规。
- 如果审计中发现被审计单位存在严重的违反国家规定的财政收支、财务收支的行为，可以认为其未能遵守有关财经法规。

3）效益性的判断标准。

对效益性的评价，审计机构应当首先就被审计单位经济活动所产生效益的实际情况做出说明，同时应当揭示与有关评价标准进行对照的结果。评价效益性时，评价标准可以使用：

- 预算或计划指标；
- 历史指标；
- 同行业先进指标等。

6.6 审计终结阶段

在审计终结阶段，审计组的主要工作是向审计机构提出审计报告，并将审计资料进行整理归档。

6.6.1 编制审计报告

审计报告是审计人员在完成了审计实施阶段的各项工作后，对其工作底稿进行整理，汇总工作成果，形成审计意见，就审计结果向有关方面发表审计意见的文件。审计报告是审计人员工作的最终成果，也是审计项目程序的重要组成部分。只有通过审计报告向管理层传达了审计工作成果的信息，才能促进机构采取行动，纠正存在的缺陷，增加机构价值。

6.6.2 审核审计报告

审计报告完成后应当进行审核。审计报告通常实施三级复核：

- 审计组成员的交叉审核。即由审计组成员相互对审计报告内容进行检查和复核。
- 审计组长对主审完成的审计报告进行审核。
- 审计机构的负责人或其他被指定人员在审计报告发出前对审计报告进行审核和批准。

6.6.3 审计报告的报送

审计报告经过审核程序后报送相应的对象。

6.6.4 审计档案

审计工作终结时，审计组应将各种审计文件进行整理，建立审计文件档案，并妥善保管。审计报告和审计决定的底稿及可能进行的后续审计资料，以及相关的资料也要及时归档，以便日后查阅。

6.7 后续审计阶段

审计报告发出后,审计机构需要对报告中所涉及的审计结果和审计建议进行跟踪,这就是后续审计。后续审计的目的是为了审查和监督被审计单位是否对报告中提出的审计意见和建议进行了必要的整改。

后续审计是审计工作中不可或缺的关键程序。但后续审计必须征得高层管理者的认可和批准。如果管理层做出不采取进一步行动的决定,审计人员也就没有进行后续审计的责任。

后续审计程序基本上包括审计准备、审计实施和审计报告三个阶段,只是较以前的审计相对简化些。

附录 图表工具

1.审计准备阶段	2.审计实施阶段	3.审计评价阶段
• 选择审计项目 • 委派审计人员组成审计组 • 开展审前调查 • 初步分析性复核 • 确定重要性水平 • 分析审计风险 • 制定审计计划 • 编制审计项目实施方案 • 向被审计单位发出审计通知书 • 书面承诺	组织进点 • 召开进点会议 • 接受审计资料 实施内部控制测试 • 选取当年应测试的控制环节或业务循环 • 检查被审计单位内部控制的执行情况获取控制测试证据 • 评价内部控制测试结果 • 记录内部控制测试结果 • 对被审计单位的内部管理和内部控制状况做出客观的评价 实施实质性测试 • 根据实质性测试方案确定要测试的重点 • 取得被审计单位相关资料,查找审计重点和疑点 • 审计组成员分头实施有关审查工作,获取审计证据,编制审计底稿 组织出点 • 组织出点会议 • 归还审计资料	• 明确审计评价的目的及总体流程 • 归类整理审计情况 • 确定评价所依据的法律法规 • 做出客观公正的评价结论
		4.审计终结阶段 编制审计报告 审核审计报告 报送审计报告 审计档案
		5.后续审计阶段 后续审计准备 后续审计实施 后续审计报告

中天恒 3C 框架审计程序图

中天恒3C框架审计程序表

流程编号	一级流程	二级流程	三级流程	是否为关键流程
3C1	审计准备			
3C1.01		选择审计项目		
3C1.02		成立审计组		是
3C1.03		开展审前调查		
3C1.04		初步分析性复核		
3C1.05		确定重要性水平		
3C1.06		分析审计风险		
3C1.07		制定审计计划		
3C1.08		编制审计项目实施方案		是
3C1.09		发出审计通知书		是
3C1.10		书面承诺		
3C2	审计实施			
3C2.01		组织进点		是
3C2.01.01			召开进点会议	
3C2.01.02			接受审计资料	
3C2.02		实施内部控制测试		
3C2.02.01			选取当年应测试的控制环节或业务循环	
3C2.02.02			检查被审计单位内部控制的执行情况,获取控制测试证据	
3C2.02.03			评价内部控制测试结果	
3C2.02.04			记录内部控制测试结果	
3C2.02.05			对被审计单位的内部管理和内部控制状况做出客观的评价	
3C2.03		实施实质性测试		是
3C2.03.01			根据实质性测试方案确定要测试的重点	
3C2.03.02			取得被审计单位相关资料,查找审计重点和疑点	

续表

流程编号	一级流程	二级流程	三级流程	是否为关键流程
3C2.03.03	审计实施	实施实质性测试	审计组成员分头实施有关审查工作，获取审计证据，编制审计底稿	是
3C2.04		组织出点		
3C2.04.01			组织出点会议	
3C2.04.02			归还审计资料	
3C3	**审计评价**			
3C3.01		明确审计评价的目的及总体流程		
3C3.02		归类整理审计情况		
3C3.03		确定评价所依据的法律法规		
3C3.04		做出客观公正的评价结论		
3C4	**审计报告**			
3C4.01		编制审计报告		
3C4.02		审核审计报告		
3C4.03		报送审计报告		
3C4.04		审计档案		
3C5	**后续审计**			
3C5.01		后续审计准备		
3C5.02		后续审计实施		
3C5.03		后续审计报告		

审计风险策略模型表

	固有保证程度系数0	固有保证程度系数介于0~1	固有保证程度系数1
控制保证程度系数	检查保证程度系数为3，应实施详细检查	检查保证程度系数介于2~3，应实施较大量的实质性测试	检查保证程度系数为2，应实施较大量的实质性测试
控制保证程度系数	检查保证程度系数为2，应实施较大量的实质性测试	检查保证程度系数介于1~2，可实施较少量的实质性测试	检查保证程度系数为1，可实施较少量的实质性测试
控制保证程度系数	检查保证程度系数为1，可实施较少量的实质性测试	检查保证程度系数介于0~1，可实施较少量的实质性测试	检查保证程度系数趋近于0，少量抽样检查可以满足需要

审计通知书（通用格式）

审字　　　号　　　　　　　　　　　　　　　　　　　　年　月　日

被审计单位	
审计目的	
审计范围	
审计时间	
配合事项	需提供的资料和必要协助 1. 2.
审计组成员	组长：　　　　　　　　审计员：

审计部门 领导签字： 　年　月　日	审计部门 （签章） 　年　月　日

主题词：通知

抄送：

内分送：

　　　　　　　　　　　　　　　　　　　　　　　　　　　　年　月　日

　　　　　　　　　　　　　　　　　　　　　　　　　　　　　共印　　　份

财务审计承诺书的内容及格式

承　诺　书

_____审计处（室）：

　　我们对我们出具的财务会计资料负责，特此承诺如下：

　　1. 我们出具的会计报表是遵循《会计准则》和《会计制度》及国家其他有关财务会计法规的规定，由本单位负责编制的。我们保证所提供的会计报表真实准确地反映了本单位报告期末的财务状况及本年度的经营成果和资金变动情况，并对其真实性、完整性、合法性负责。

　　2. 本单位业已提供全部财务及会计记录和有关资料，并对其真实性、完整性、合法性负责。

　　3. 本单位业已提供董事会或厂长、经理会全部会议记录，并对其真实性和完整性负责。

　　4. 本单位保证所有财政收支、财务收支及资产、负债、损益均已全部入账，所有资产均有合法权益，所有负债均由本单位承担，所有重大的可以预见或有负债均作了提示。

　　5. 本单位业已提供全部关联单位名单及合同等有关资料，关联单位的重大交易事项均已提示。

　　6. 本单位所有期后事项均已全部提供，重大的期后事项已在会计报表中作了相应的调整和披露。

　　7. 本单位无违法违纪、舞弊现象及重大不确定事项。

　　8. 本单位无蓄意歪曲或虚饰会计报表各项目进额或分类情况。

　　　　　　　　　　　　　　　　　　　　被审计单位名称：（公章）
　　　　　　　　　　　　　　　　　　　　被审计单位法定代表人：_____
　　　　　　　　　　　　　　　　　　　　被审计单位财务负责人：_____
　　　　　　　　　　　　　　　　　　　　　　　　年　月　日

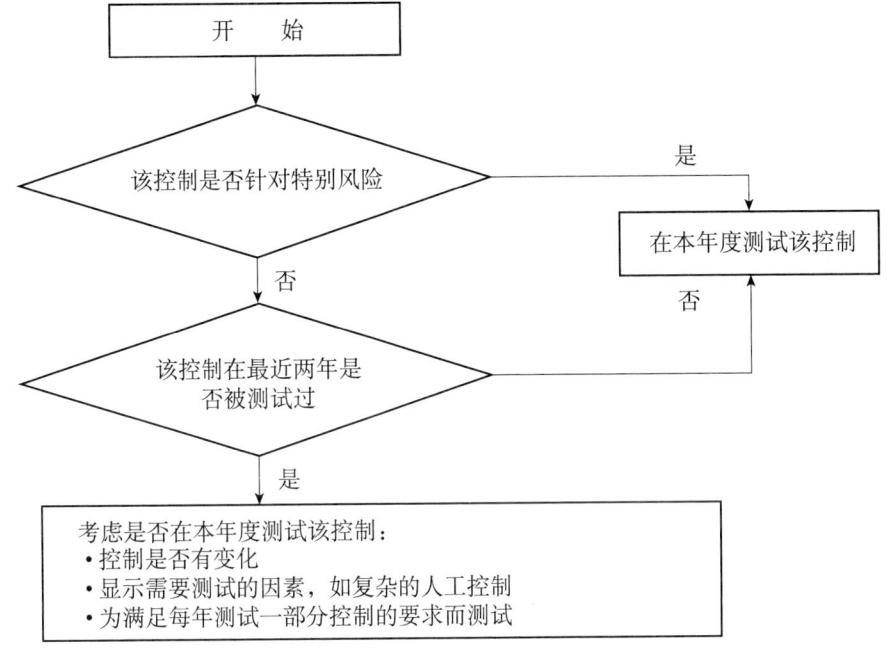

本审计期间测试某项控制的决策图

经济业务循环与主要会计账户

经济业务循环	与该业务循环密切相关的主要会计账户
销售业务循环	应收账款、坏账准备、预收账款、主营业务收入、营业费用、其他业务利润
采购业务循环	应付账款、预付账款、应付票据
存货业务循环	存货（物资采购、原材料、包装物、低值易耗品、材料成本差异、自制半成品、库存商品、商品进销差价、委托加工物资、委托代销商品、存货跌价准备、分期收款发出商品）、待处理流动资产损溢、生产成本、制造费用、劳务成本、主营业务成本
货币资金业务循环	货币资金（现金、银行存款、其他货币资金）
工薪人事业务循环	应付工资、应付福利费
投资业务循环	长期投资、短期投资、投资收益、委托贷款、短期投资跌价准备、长期投资跌价准备
固定资产业务循环	固定资产、在建工程、累计折旧、固定资产减值准备、工程物资、待处理固定资产损溢
筹资业务循环	长（短）期借款、应付债券、长期应付款、实收资本、资本公积、盈余公积、财务费用

第 7 章
审计方法体系

审计方法多种多样,是由哲学方法、逻辑方法、专业方法、新技术新方法构成的方法体系。

审计是一项综合性工作,单一的审计技术和方法显然无法满足审计目标要求。审计过程中,通常审计人员需要综合运用多种审计技术方法,结合特定环境确定具体审计方法。

知识分享

内部审计需要采取系统化、规范化的方法来对业务活动、内部控制及风险管理进行审查和评价,以提高效率,有效地促进组织目标实现。

7.1 审计方法定义

审计方法,是指审计人员为取得审计证据,据以证实被审计事实的性质,做出审计评价而采取的各种专门技术手段的总称。

7.2 审计方法的意义

审计方法影响着审计监督的效率和效果。审计方法的选择是否恰当,与整个审计工作进程和审计结论的正确与否有着密切的关系。

7.3 审计方法体系

在权威的审计学教程中,将审计方法分为基础方法和技术方法两个方面。这两个方面既是统一的，又是相对独立的。在实际工作中应该把这两个方面结合起来加以运用。这里所说的审计基础方法就是唯物辩证法，包括：实事求是，一切从实际出发；透过现象看本质；要相互联系地看问题；要有长远观点；要有全局观点；既要凭借专业技能，又要依靠职工群众。这里所说的审计技术方法包括审计检查法、审计调查法和审计分析法。

还有观点认为现代审计方法是由基础方法、常用方法和专门技术三个层次构成的相互依存、共同作用的完整体系。这里的专门技术包括内部控制测评方法、抽样审计方法、计算机审计方法。

审计方法多种多样，是由哲学方法、逻辑方法、专业方法、新技术新方法构成的方法体系。其中审计人员对专业技术方法比较熟知，对哲学和逻辑方法比较陌生。事实上，审计中常常要用到哲学和逻辑的方法，至少需要用哲学和逻辑的思维处理审计过程中存在的一些矛盾，审计人员学点哲学或逻辑学是有用的。

7.3.1 审计哲学方法

哲学方法是关于认识世界、改造世界、探索实现主观世界与客观世界相一致的最一般的方法。从哲学的本性看，它的任务主要是向人们揭示正确把握对象存在和发展的规律，它所启示人们的主要是一种方法论，即如何正确思维以及提供正确的思维方式和思维方法。哲学方法具有普遍适用性的特点，涵盖一切领域。

哲学方法在人们认识和改造世界的活动中，作为总体和一般性的方法论起作用，因而被包括在一切范围的科学认识结构之中。哲学方法还具有抽象性和思辨性的特点。表现在研究具体问题时，是从哲学的高度，从处于支配地位的层次进行指导，而并非像具体学科方法一样直接用于解决本学科的某一个问题。正是由于抽象性和思辨性，使得哲学方法成为人们认识和把握事物普遍本质与真理的根本方法。

7.3.2 审计逻辑方法

逻辑方法是用概念、判断、推理、假说等逻辑思维形式，对事物进行归纳、演绎、综合。由于各门科学在其发展和功能方面都服从同一客观规律，因此，逻辑方法在一系列学科中得到了广泛应用。

7.3.3 审计专业方法

审计专业方法通常分为两类，即一般审计方法和专门的技术方法。一般审计方法是常用的、基本的方法，包括审核、观察、询问、函证等方法；而专门的技术方法是指需要经过一定的专门训练才能掌握的方法，如分析性复核技术、审计抽样和计算机环境下的审计技术等。不管哪种审计技术与方法，实际上都是审计人员取得审计证据的手段。

7.3.4 审计新技术新方法

在信息爆炸的年代，各种新技术、新方法层出不穷。在审计中能够应用的新技术新方法主要包括：

- 地质雷达探测法；
- 地理信息技术审计方法；
- 计算机审计法；
- 建筑信息模型（BIM）分析法；
- 大数据审计方法。

7.4 一般审计方法

一般审计方法，是指常用的审计取证方法中的询问、审核、观察、函证、监盘等五种方法。

7.5 分析性复核

分析性复核是审计人员在审计工作中需要运用的重要程序和方法。审计人员在审计过程中往往需要大量运用分析性复核来规划审计工作，获取审计证据，并形成或协助形成恰当的审计结论。

7.5.1 分析性复核的概念

分析性复核是指审计人员对被审计单位重要的金额、比率或趋势等进行比较和分析，并对异常变动和异常项目予以重点关注的审计方法。

7.5.2 分析性复核的方法

分析性复核可以分为定量分析和定性分析两类。
（1）定量分析法。也称作数据分析，是内部审计最常用的分析方法。它是指对从被审计单位或其他来源获取的资料进行计算、分析的方法。常用的定量分析方法有以下几种：

- 比率分析法。是一种通过计算比率来分解、剖析和评价被审计单位效益的分析方法。比率分析可以是将相关的变量相比，也可以是部分与整体相比，还可以将一定时期的变化与初始状态相比。
- 比较分析法。即将被审计单位若干个有关的可比数据进行比较，找出不同时期同一性质的若干数量差异，从而总结实绩，发现问题，评价被审计单位的活动运行状况。
- 时间序列分析法。指把观察或记录下来的一组按时间先后顺序排列起来的数据进行分析，找出趋势，并进行比较的方法。
- 量本利分析法。就是找出盈亏平衡点，然后将实际或预期的业务量水平与盈亏平衡点相比较，以此来确定盈亏的可能性或投入的经济性。量本利关系是指数量、成本和利润之间的关系。
- 成本效益分析法。是在分析计算成本与效益的基础上，比较成本与效益之间的货币金额关系，目的是确定被审计单位或项目的效益是否超过了成本。

（2）定性分析法。是一种直观的文字分析方法，也广泛运用于内部审计中。

7.5.3 分析性复核的步骤

执行分析性复核一般均包括以下主要步骤：

- 确定要执行分析性复核的对象。
- 估计预期值。
- 确定重大差异的标准。分析数据的目的主要是确认被审计单位的会计资料是否存在重大差异或意外波动。重大差异或意外波动的标准，需要审计人员根据重要性原则，运用专业判断加以确定。
- 确认是否存在重大差异。将报表或账面记录与期望值进行比较，如果两者的差异大于所确定的标准，则为重大差异；相反，如果两者的差异小于所确定的标准，则可以不作为审计重点，计划较少的实质性测试程序，或认可被审计单位账面记录的整体合理性。
- 调查重大差异的原因。对于分析性复核中发现的重大差异，审计人员必须进一步调查，包括重新考虑估计预期值时所使用的方法和因素，并询问被审计单位。对于进一步确定的重大差异，则要求被审计单位提供解释，并在必要时检查支持解释的证据，查明是否能够合理说明所存在的差异。

- 确定进一步的审计程序。对于分析性复核中发现的不能合理解释的重大差异，如果是在审计准备阶段，审计人员应当将其视为错报或漏报风险增加的信号，作为重点审计领域，计划更加详细的审计测试；如果是在审计实施阶段和审计报告阶段，则应放弃分析性复核，转而采用其他实质性测试程序来获取证明相关报表项目或账户金额合理性的审计证据，或向有关管理层报告。

7.5.4 发现异常差异时的处理

通过分析性复核结果出现以下异常情况时，审计人员应当进行调查，要求被审计单位给予解释，并获得适当的验证证据：

- 与预期金额存在重大偏差。
- 与其他相关信息严重不一致。

如果被审计单位不予解释或解释不当，则可能预示存在潜在的差错、不正当或非法行为，审计人员应当考虑是否实施其他审计程序。

7.6 审计抽样

7.6.1 审计抽样的概念

审计抽样是指内部审计人员在实施审计程序时，从审计对象总体中选取一定数量的样本进行测试，并根据测试结果，推断审计对象总体特征的一种方法。审计抽样的基本目标是在有限的审计资源这一条件限制下，收集充分、适当的审计证据，以形成和支持审计结论。

7.6.2 审计抽样的基本程序

尽管对不同类别的审计事项，审计抽样可以采取许多不同的方法，但基本上都应遵循如下程序：

- 确定被审计总体范围。确定审计总体就是根据审计的目标和要求，明确审计对象的内涵、外延及具体的总体单位数量，并对总体进行必要的分析。如在审计销售业务记录时，审计人员可将总体定义为全年账面记录的所有销售业务。
- 确定样本量。样本量的确定关系到样本对总体的代表性，也关系到抽样的成本。样本量的确定有多种方法,但样本量的大小与抽样结果的可信赖程度、可容忍误差密切相关。
- 样本的选取。内部审计人员在选取样本时,应使审计对象总体内所有项目均有被选取的机会,以使样本能够代表总体。只有如此,才能保证由抽样结果推断出的总体特征具有合理性、可靠性。
- 审查样本。样本的审查就是对样本的某些方法的特征进行审查。
- 抽样结果的评价。内部审计人员在对样本实施必要的审计后,需要对抽样结果进行评价,其具体程序和内容包括分析样本误差、推断总体误差、重估抽样风险、形成审计结论。

7.7 审计新技术、新方法

7.7.1 地质雷达探测法

地质雷达探测是一种利用超高频电磁波探测物体介质分布的工程物探方法,现已广泛应用到隐蔽工程的无损检测中,在工程项目审计中可用于事后核实隐蔽工程的工程量。近年来,多地审计人员将地质雷达探测应用于隧道工程审计中,取得了较好的效果,积累了一定的经验。但地质雷达探测专业性强,审计组应委托有资质的检测单位实施。

7.7.2 地理信息技术审计方法

地理信息"3S"技术中,GPS 是空间定位技术,RS 是通过电磁波判读和分析地表目标的遥感技术,GIS 是地理信息系统。近年来,审计机关在建设用地和征地拆迁审计中以地理信息"3S"技术(RS、GIS 和 GPS)为核心,应用 MapGIS、ArcGIS 等地理信息系统(GIS)软件对比分析基本农田保护数据、土地利用现状数据和征用土地数据,检查有无违法占用基本农田、虚假新增耕地指标等问题,不仅提高了审计工作效率,而且在确定审计重点、查找审计线索等方面也发挥了重要作用,取得了良好效果。

在采用传统审计方法难以核实工程面积、体积的情况下,运用 GPS 定位测量技术,可提高审计工作效率,助力查处问题。

7.7.3 计算机审计法

计算机审计是以被审计单位计算机系统和电子数据为对象的审计活动,它是计算机进入会计和管理领域后发展起来的,是审计科学、计算机科学与电子数据处理技术发展的结果。近年来,通过计算机审计,审计人员发现和查处了工程建设领域物资材料采购合同未公开招标、价差补偿不合理、质量不合格形成损失浪费等违法违规问题,以及管理方面存在的重大问题,核减工程款数亿元,为国家挽回了损失,部分责任人被追究责任,取得了良好效果。

7.7.4 建筑信息模型（BIM）分析法

建筑信息模型（BIM），是在规划设计、建造施工、运维过程的整个或某个阶段中,应用多维信息技术,进行系统设计、协同施工、虚拟建造、工程量计算、造价管理、设施运行的技术和管理手段。通过该技术平台强大的数据支撑和技术支撑能力,可以减少可能导致工程拖延和造价浪费的设计隐患,提高项目全过程精细化管理水平,从而大幅提升项目效益。

在被审计单位已经广泛应用计算机建模的情况下,在工程造价审计、投资控制审计和绩效审计中应用BIM算量软件建立模型,对工程量快速统计,可降低工程量计算难度。通过各种汇总报表的比对,迅速发现与被审计单位算量的差别,可以大幅提高审计效率,提高审计质量。

7.7.5 大数据审计方法

随着信息化的持续发展,大数据在各行各业得到广泛应用,利用大数据环境,运用信息化手段,加大数据挖掘力度,突破审计数据运用模式,开展审计业务工作,能够有效提升审计效率。

知识分享

探索创新审计方式方法

审计的方式方法影响着审计监督的效率和效果。这一时期,在坚持常规审计的基础上,审计方式方法主要进行了以下创新探索：

一是探索综合性审计方式；

二是探索跟踪审计方式；

三是创新大型项目统一组织审计模式；

四是探索数字化审计方式。

——摘自刘家义主编：《中国特色社会主义审计制度研究》

附录 图表工具

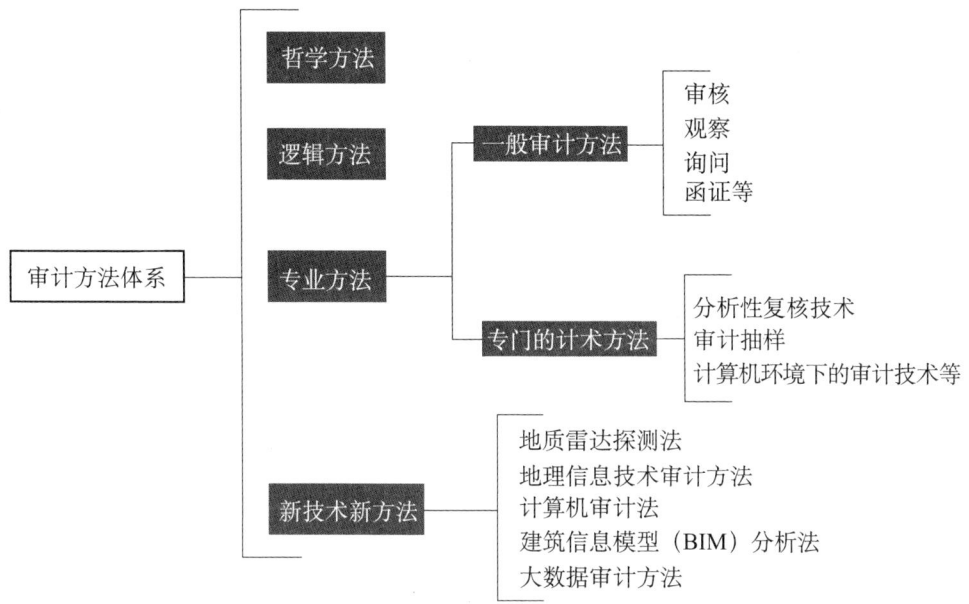

中天恒3C框架审计方法体系图

中天恒3C框架审计方法体系表

要素编号	一级要素	二级要素
3C1	哲学方法	
3C2	逻辑方法	
3C3	专业方法	
3C3.01		一般审计方法
3C3.01		分析性复核
3C3.01		审计抽样
3C4	新技术新方法	
3C4.01		地质雷达探测法
3C4.02		地理信息技术审计方法
3C4.03		计算机审计法
3C4.04		建筑信息模型（BIM）分析法
3C4.05		大数据审计方法

第 8 章 审计证据获取

从某种角度上,审计可以看作是一个收集证据以支持审计结论的过程,收集和评价审计证据是审计工作的实质所在,是审计工作的核心。

中天恒 3C 框架课题组在认真学习研究各种审计证据观点的基础上,总结中天恒 20 多年审计实践经验,强调审计过程是持续不断收集和评价证据的过程,从证据的形式、来源、重要性等不同角度对审计证据进行分类,进而分析不同审计证据的特征、审计证据的主要特性、审计证据获取的模式及其获取和评价程序、方法和注意事项等。

8.1 审计证据的定义

证据是用以证实某一事件或为某一事件提供支持的事物。

审计证据是指审计人员在实施审计业务中,通过实施审计程序所获取的,用以证实审计事项,支持审计结论、意见和建议的各种事实依据。

知识分享

《第 2103 号内部审计具体准则——审计证据》第二条规定:本准则所称审计证据,是指内部审计人员在实施内部审计业务中,通过实施审计程序所获取的,用以证实审计事项,支持审计结论、意见和建议的各种事实依据。

8.2 审计证据的作用

审计凭证据"说话"。收集和评价审计证据是得出审计结论、支撑审计意见的基础。审计人员应当获取充分、适当的审计证据，以得出合理的审计结论，作为形成审计意见的基础。只有取得充分适当的审计证据，才能形成合乎要求的审计工作底稿，并为做出审计结论和建议提供合理依据。审计证据的质量，在很大程度上决定了审计工作的质量。

从某种角度上，审计可以看作是一个收集证据以支持审计结论的过程，收集和评价审计证据是审计工作的实质所在，是审计工作的核心。

8.3 审计证据分类

审计证据可从证据的形式、证据的来源、证据的重要性等不同角度进行分类。

8.3.1 审计证据按其形式不同分类

一般而言，审计人员所取得的审计证据可以按其外形特征分为书面证据、实物证据、视听电子证据、口头证据、环境证据以及鉴定和勘验证据等。

（1）书面证据。书面证据是指以书面形式存在的并以其记载内容证明被审计事项的证据。例如，被审计单位的凭证、账簿、报表及其他核算资料、审计人员进行函询时的往来信件和有关人员出具的书面证明等等。书面证据往往是审计证据中的主要部分，数量多，来源广。收集书面证据应注意其反映内容的真实程度和对证据的归类整理。

（2）实物证据。实物证据是指以实物存在并以其外部特征和内在本质证明被审计事项的证据。实物证据通常包括固定资产、存货、有价证券和现金等。实物证据是通过盘点取得的，用以确定实物资产的存在性。例如，库存现金、存货、固定资产可以通过监盘的方式证明其是否确实存在。实物证据对于证明实物资产是否存在具有较强的证明力，但资产的所有权归属、资产的质量和分类还需取得其他的审计证据。

（3）视听电子证据。视听电子证据是指以录音带、录像带、磁盘及其他电子计算机储存形式存在的、用于证明被审计事项的证据。例如，与被审计事项相关当事人讲话的录音带、经济业务发生时现场的录像带、计算机中储存的资料等。随着科学技术和审计技术方法的发展，此类证据将成为经常运用的审计证据。

（4）口头证据。口头证据是指与被审计事项有关的人员提供的言词材料。例如，应审计人员的要求，被审计事项知情人的陈述、被调查人的口头答复等。

由于言词往往夹杂个人的观点和意见，有时会影响被调查事项的真实性，因而证明力较差。审计人员不能单凭言词证据做出审计结论，但言词证据可提供审计线索。在取得言词证据时，应将其转换成书面资料，并取得提供证据者的签字盖章。

（5）环境证据。环境证据是指对被审计事项产生影响的各种环境状况。例如，被审计单位的地理位置、内部控制状况、管理状况，管理人员的素质，国内外政治经济形势，等等。环境证据一般不作为主要证据，但可以帮助审计人员了解被审计单位和被审计事项所处的环境，为审计人员分析判断被审计事项提供有用的线索。

（6）鉴定和勘验证据。鉴定和勘验证据是指因特殊需要审计部门指派或聘请专门人员对某些被审计事项进行鉴定而产生的证据。这种证据实际上是书面证据的特殊形式。例如，对某些书面资料字迹的鉴定、票据真伪的鉴定、产品或工程质量的鉴定证明等。

8.3.2 审计证据按其来源不同分类

审计证据按其来源不同分为亲历证据、内部证据和外部证据。

（1）亲历证据。亲历证据是指审计人员在被审计单位执行审计工作时亲眼目击、亲自参加或亲自动手取得的证据。例如，审计人员亲自参加财产物资盘点而取得的审计证据；审计人员观察被审计单位经济业务执行情况所取得的审计证据；审计人员亲自动手编制的计算表、分析表等而取得的审计证据。亲历证据比较可靠，因此证明力较强。

（2）内部证据。内部证据是指审计人员在被审计单位内部取得的审计证据。例如，被审计单位职工、管理人员应审计人员的要求对某些被审计事项所做的介绍和说明；被审计单位提供的与外部其他单位共同编制的资料，如采购合同、销售订单、委托加工合同、租赁合同及主管部门审批的文件等；被审计单位提供的其他单位填制的书面资料，如其他单位填制的发票、收据、对账单等。

（3）外部证据。外部证据是指审计人员从被审计单位以外的其他单位所取得的审计证据，包括其他单位陈述和外来资料。其他单位陈述指被审计单位以外的其他单位应审计人员的要求对被审计单位的债权、债务、在被审计单位寄存的财物或接受被审计单位所寄存的财物的说明、其他单位关于与被审计单位经济业务往来情况的说明等。外来资料指审计人员从其他单位取得的证明被审计事项的凭证、账目、报表、合同、文件的摘录等。

一般来讲，亲历证据的证明力最强，外部证据比内部证据的证明力强。

8.3.3 审计证据按其相互关系分类

证实某一审计目标需要一系列的证据，按这些证据间的关系可将证据分为基本证据和辅助证据。

（1）基本证据。基本证据是指对被审计事项的某一审计目标有重要的、直接证明作用的审计证据。如证明账簿登记的正确性，其基本证据应是据以登记账簿的记账凭证；证明资产负债表各项数字的真实、正确性，其基本证据应是据以编制报表的各账户的余额。可见基本证据与所要证实的目标有极为密切的关系。

（2）辅助证据。辅助证据是指能支持基本证据证明力的证据。例如，证明账簿登记正确性的基本证据是记账凭证，记账凭证所附的原始凭证是支持记账凭证证明力的必要补充。

基本证据是证实被审计事项的直接证据，因此，取得基本证据最为重要。但是要获取充分、可靠的证据体系，单靠基本证据是不够的，因为基本证据虽重要，却未必可靠。如记账凭证在编制时歪曲原始凭证所反映的经济业务，此时还应收集验证经济业务真实情况的其他辅助证据。

审计证据还可按其他标准进行分类。各类证据有不同的取证方法，它们在审计过程中的用途也不同。

知识分享

按不同标准对审计证据分类，有助于帮助内部审计人员评价单个审计证据的作用。审计证据的三种主要分类是：按证据的来源分类；按审计程序分类；按审计证据的证明力分类。

8.4 审计证据的特性

审计证据的特性主要包括：

（1）审计证据的充分性。

审计证据的充分性是对审计证据数量的衡量，主要与审计人员确定的样本量有关。例如，对某个审计项目实施某一选定的审计程序，从 200 个样本中获得的证据要比从 100 个样本中获得的证据更充分。

客观、公正的审计结论和建议必须建立在有足够数量的审计证据的基础之上，但这并不是说审计证据的数量越多越好，审计人员应考虑取证的经济性，即取证成本与效益之间的关系，应尽量以较少的人力、物力耗费取得足够的、高质量的审计证据。

审计人员需要获取的审计证据的数量受错报风险的影响。错报风险越大，需要的审计证据可能越多。具体来说，在可接受的审计风险水平一定的情况下，重大错报风险越大，审计人员就应实施越多的测试工作，将检查风险降至可接受水平，以将审计风险控制在可接受的低水平范围内。

💡 案例分享

审计人员对某电脑公司进行审计，经过分析认为，受被审计单位行业性质的影响，存货陈旧的可能性相当高，存货计价的错报可能性就比较大。为此，审计人员在审计中就要选取更多的存货样本进行测试，以确定存货陈旧的程度，从而确认存货的价值是否被高估。

（2）审计证据的适当性。

审计证据的适当性是对审计证据质量的衡量，即审计证据在支持各类交易、账户余额、列报的相关认定或发现其中存在错报方面具有相关性和可靠性。相关性和可靠性是审计证据适当性的核心内容，只有相关且可靠的审计证据才是高质量的。

相关性是指证据和审计目标相关联，所反映的内容能够支持审计结论和建议，也就是指审计证据与审计目标之间或与其他审计证据之间的内在联系程度。审计证据应与被审计事项的某一具体审计目标密切相关。如产成品盘点表可证明产成品的存在性，不能证明产成品计价是否正确。但这一盘点表与产品销售成本结转证据有相互印证关系。因此审计人员取得的审计证据，必须与被审计事项某一审计目标密切相关，或与证实某一目标的其他证据有相互印证关系，能产生联合证明力。审计证据的这种内在联系性越强，证明力就越强，证据的质量就越好。与被审计事项无关的资料和情况不能作为审计证据。

可靠性是是指证据能够反映审计事项的客观事实，也就是审计证据反映被审计事项客观现实的程度。审计证据越能真实、客观地反映被审计事项的实际情况，证据就越可靠，证据的质量越好，证明力也就越强。反之，如果审计证据是审计人员猜测、估计、虚构的主观产物，审计证据就不可靠，证明力就差。因此，审计证据的可靠性是其能够发挥作用的重要特征之一。审计证据的可靠性与取证程序、方法、审计人员的工作态度和经验密切相关。

（3）审计证据的合法性。

合法性是指审计证据必须具有法律上的效力。审计证据的取得必须符合审计法规规定的手续和程序。审计证据要得到被审计单位或提供证据人员的正式认同，如签字盖章等，才具有法律效力，也才具有证明力。对拒绝签名盖章的，审计人员应注明原因和日期，也可作为审计证据。

8.5 审计证据获取

8.5.1 审计证据获取应考虑的基本因素

审计员在进行审计时，应保持应有的职业谨慎。这一点很大程度体现在获取审计证据上。"应有的职业谨慎"解释为"合理程度上的谨慎和胜任能力，而非毫无差错"。因此，审计人员只需在合理的程度上实施审计，而无须对所有的交易和经营活动进行详细测试。同时，审计人员不需要也不可能对所审事项做出绝对的保证。审计证据具有多样性，审计人员应考虑各种因素，明确要收集证据的类型。

（1）不同类型证据相组合的必要性。

一般来说，证据应包括不同的类型。换句话说，从经济和全面的角度看，证据全部通过询问获取或者全部通过详细测试获取都是不合适的。在形成审计结论时起重要作用的证据往往包含了不同的类型，这是实施不同审计程序的结果，可以将这些证据有效组织起来以发挥其作用。

（2）在选择收集证据的类型时，审计目标起重要的指导作用。

收集证据的类型很大程度取决于审计目标。例如，为了查明资产的存在，有效的方法是直接观察；为了正确评价书面证据，有效的方法是详细测试；为了证实计价的合理性，有效的方法是采用分析程序和取得专家的证明；为了证实数字的正确性，有效的方法是复算，等等。

审计目标往往是总体性的，总体目标可以细分为多个具体目标。例如，评价会计信息系统输入控制的有效性就是一个总体目标，输入控制有效性这一总体目标可分为如下具体目标：检查和评价输入的正确性，质量控制标准的合理性，培训手册的使用情况和控制程序的遵循情况等。这些具体的程序表明，为实现审计目标，要采取不同的方法获取不同的证据。

（3）风险因素。

审计人员必须对收集到的证据是否足以支持审计结论做出判断。证据的充分性又与风险密切相关。也就是说，要考虑得出错误结论的风险有多大。风险包含抽样和非抽样风险。例如，所测试的样本可能没有代表性，所实施的审计程序可能无效或与审计目标不相关，所收集的证据可能由于舞弊的存在或内部控制薄弱而缺乏证明力，等等，这些都是风险。

（4）收集审计证据时对成本效益的考虑。

在评价风险和制定审计计划时，必须考虑成本效益原则。假如不需考虑成本的话，那么，风险几乎可以完全避免。然而，没有一个组织有能力支持一个几乎不存在风险的控制系统或审计系统。因此，组织就不得不对设置内部控制和审计的成本进行权衡，此时，就要用到所谓的可容忍风险水平。也就是说，要把风险控制在合理的范围，但不能保证完全没有风险。"合理"意味着要把评价成本效益和风险作为制订审计计划的一个方面。评价风险和成本效益通常要考虑重要性原则。

（5）重要性。

判断某一事件或信息是否重要，关键是看其能否改变人的想法或做法。如果信息能影响决策者的行为，那么该信息就是重要的。审计人员经常要对重要性做出判断。为了使判断做到合理化、条理化，审计人员常常需要将重要性加以量化。审计人员通常用绝对数、占相关账户金额的百分比、占利润的百分比、占资产的百分比及错报的性质等衡量重要性。

8.5.2　审计证据获取模式

审计取证模式是审计人员在审计活动中规划与实施审计工作的切入点，它是审计人员以高效率、低风险的方式完成全部审计任务，达到设定的审计目标的一系列审计程序或审计方法的有机整体，从而形成抽象化、典型化的理论图式或模型。它规定了审计应从何处入手、何时着手、如何着手等问题。

在确定审计目标之后，审计人员应在能满足设定目标的取证模式中，选择先进并且合理的模式，以求用尽可能少的资源耗费达到相同的目标。

审计模式按审计导向不同，分为详细导向审计模式、报表导向审计模式、制度导向审计模式和风险导向审计模式。

（1）详细导向审计模式。详细导向审计模式又称账项导向审计模式，是指对被审计单位的会计凭证、会计账簿和会计报表等会计资料进行全面、详细的检查，以便发现错误舞弊和财产盗窃行为的一种模式。

（2）报表导向审计模式。报表导向审计模式是指对被审计单位的以资产负债表和损益表为中心的全部会计报表与相关会计资料进行检查，以便查实会计报表所反映内容真实性和合法性的一种模式。

（3）制度导向审计模式。制度导向审计模式又称制度基础审计模式，是指对被审计单位的内部控制制度及其各个控制环节进行审查，以便发现内部控制制度的薄弱之处及其原因，并据以进一步进行检查的一种审计模式。

（4）风险导向审计模式。风险导向审计模式是指对被审计单位的审计风险进行系统的分析和评价，并以此作为出发点，制定审计策略和与企业状况相适应的多样化审计计划，将风险考虑贯穿于整个审计过程，使审计风险降低至审计人员可以接受水平的一种模式。

8.5.3 审计证据获取程序或方法

在审计过程中，审计人员可根据需要单独或综合运用以下审计程序，以获取充分、适当的审计证据。

（1）审核。

审核是审计人员对会计记录和其他书面文件可靠程度的审阅与复核。审计人员在审阅会计记录和其他书面文件时，应注意其是否真实、合法。具体来讲：

- 审阅原始凭证时，应注意其有无涂改或伪造现象，记载的经济业务是否合理合法，是否有业务负责人的签字等。
- 审阅会计记录时，应注意是否符合《企业会计准则》及其有关财务会计制度的规定，包括：审阅被审计单位据以入账的原始凭证是否整齐完备；会计分录的编制或账户的运用是否恰当；账簿有关内容与原始凭证的记载是否一致；货币资金的收入与支出有否不正常现象；成本核算是否符合国家有关财务会计制度的规定；审计目标要求的其他内容。
- 审阅会计报表时，应注意会计报表的编制是否符会《企业会计准则》及其国家有关财务会计制度的规定；会计报表的附注是否对应予揭示的重大问题做了充分的披露。审计人员在复核会计记录及其他书面文件时，应注意验证各种书面文件是否一致。具体来说：原始凭证上记载的数量、单价、金额及其合计数是否正确；日记账上的记录是否与相应的原始凭证记录一致；日记账与会计凭证上的记录是否与总分类账及有关的明细分类账相符；明细分类账的账户余额是否与有关的总分类账的账户余额相符；总分类账各账户的借方余额合计与贷方余额合计是否相等；总分类账各账户的余额或发生额合计是否与会计报表上相应项目的金额相等；会计报表上各有关项目的数字计算是否正确，各报表之间的有关数字是否一致，如果涉及前期的数字，是否与前期会计报表上的有关数字相符；外来账单与本单位有关账目的记录是否相符。

（2）观察。

观察是审计人员对被审计单位的经营场所、实物资产和有关业务活动及其内部控制的执行情况等进行的实地察看。观察有利于审计人员了解被审计单位的基本情况，获取被审计单位的经营环境、资产状况、业务运转情况及有关内部控制制度的执行情况等第一手资料，为形成独立、客观的审计结论提供依据。

（3）监盘。

监盘是审计人员现场监督被审计单位各种实物资产及现金、有价证券等的盘点，并进行适当的抽查。

一般来说，实物资产的盘点应由被审计单位进行，审计人员只进行现场监督；对于贵重物资，审计人员还可抽查复点。采用监督盘点的方法是为了确定被审计单位实物形态的资产是否真实存在并且与账面数量相符，查明有无短缺、毁损及贪污盗窃等问题存在。但资产实物的盘点有其局限性，它只能保证被审计单位对资产拥有所有权，并且也不能对该资产的质量和完整性提供审计证据。因此，审计人员在监盘时应对实物资产的质量和所有权另行审计。

（4）询问。

询问是审计人员对有关人员进行的书面或口头询问。

（5）函证。

函证是审计人员为印证被审计单位会计记录所载事项而向第三者发函询证。

（6）计算。

计算是审计人员对被审计单位原始凭证及会计记录中的数据进行的验算或另行计算。审计人员在进行审计时往往需要对被审计单位的凭证、账簿和报表中的数字进行计算，以验证其是否正确。审计人员的计算并不一定需按照被审计单位原先的计算形式和顺序进行；在计算过程中，审计人员不仅要注意计算结果是否正确，而且还要对某些其他可能的差错（如审查计算结果的过程和转账有误等）予以关注。

一般来说，计算不仅包括对被审计单位的凭证、账簿和报表中有关数字的验算，而且还包括对会计资料中有关项目的加总或其他运算。其中加总又分为横向加总（即横向数字的加总）和纵向（即纵向数字的加总）。在财务收支审计中，内部审计人员往往需要大量运用加总技术来获取必要的审计证据。

（7）分析性复核。

分析性复核是审计人员对被审计单位重要的比率或趋势进行的分析，包括调查异常变动以及这些重要比率或趋势与预期数额和相关信息的差异。

对于异常变动项目，审计人员应重新考虑其所采用的审计程序是否恰当。必要时，应当追加适当的审计程序。通常，在整个审计过程中，审计人员都将运用分析性复核的方法。

> **知识分享**
>
> **第 2103 号内部审计具体准则——审计证据**
>
> 第八条 内部审计人员向有关单位和个人获取审计证据时,可以采用(但不限于)下列方法:
> (一)审核;
> (二)观察;
> (三)监盘;
> (四)访谈;
> (五)调查;
> (六)函证;
> (七)计算;
> (八)分析程序。

8.6 审计证据处理

8.6.1 将获取的审计证据记录在审计工作底稿中

审计人员应当将获取的审计证据名称、来源、内容、时间等完整、清晰地记录于审计工作底稿中。采集被审计单位电子数据作为审计证据的,审计人员应当记录电子数据的采集和处理过程。

8.6.2 鉴定审计证据

审计人员所取得的、准备作为审计结论依据的审计证据,只具有潜在的证明力,要想使其具有现实的证明力,还需要对其逐个加以鉴定,评价其质量特征,筛选出具有充分证明力的证据。

(1)鉴定证据的客观性。审计人员需要判断证据的客观程度。证据的种类不同,要求审计人员注意从不同的方面评价其客观性。例如,对实物证据,不仅要核实数量,还要关注其质量;对书面证据,不仅要核对金额,更重要的是还要判别真伪;对言词证据,则要分析提供者的陈述是否客观。一般来讲,受个人支配程度越小,被篡改和伪造的机会越少,证据就越可靠。因此,在良好的内部控制环境下产生的证据比内部控制不健全情况下产生的证据更可靠;直接产生于经济活动的业务凭证比经过加工汇总编制的资料更可靠;从被审计单位外部取得的证据比从被审计单位内部取得的证据更可靠。

（2）鉴定证据的相关性。审计人员应利用与审计目标相关联的审计证据来支持自己的审计结论。例如，对存货的监盘结果只能证明存货是否存在，是否毁损、短缺，却不能证明存货的计价是否正确和所有权的归属。审计人员需要判断证据与审计目标是否相关，能否在一定程度上直接或间接地证明被审计事项，而且证据与证据之间是否相关、能否相互印证。如果证据之间相互矛盾，就应收集更多的相关证据加以判断。对那些与审计目标无关的资料应予以舍弃。

鉴定证据相关性应遵循重要性原则。判断证据是否重要，就是指某一审计证据对审计结论、审计意见和审计决定是否有重要意义。

一般来说，证明同样性质的问题，金额大的审计证据比金额小的审计证据更重要。而证明不同性质问题的证据相比较，证明违反财经法纪的证据比证明会计核算差错的证据更重要。但是审计人员也应注意那些表面上看似计算错误，实质却是故意弄虚作假的严重问题。例如，审计人员发现销售成本计算有误时，就需要进一步分析调查，以鉴别被审计单位是否利用销售成本计算结转环节人为调节销售成本，以达到调节利润的目的，再判断已获取证据的重要性。

除此之外，审计人员还需对证据的合法性、充分性加以鉴定。前者是判断证据的取得是否符合规定的手续、程序。例如，审计人员在取证现场应要求证据提供者签名盖章。审计负责人应检查证据的签章是否齐全，内容是否完整。后者是检查证据的数量是否充分及作为证据的样本项目的代表性。

收集和鉴定证据有时是交替进行的，审计人员通常在收集证据时就已经做过一些鉴定工作。但是，无论在审计过程中是否对审计证据进行鉴定，但现场审计结束整理审计证据时，施行鉴定程序仍是必需的。

8.6.3 审计证据的核实

对于被审计单位有异议的审计证据，审计人员应当进一步核实。

8.6.4 审计证据的签名或盖章

审计人员获取的审计证据，如有必要，应当由证据提供者签名或者盖章。如果证据提供者拒绝签名或者盖章，审计人员应当注明原因和日期。

8.6.5 审计证据整理分析

为了使收集到的分散的、个别的审计证据形成具有充分证明力的证据体系，以归纳出审计意见并做出审计决定，审计人员还必须对审计证据进行分类、整理

和分析,使之条理化、系统化。审计证据整理分析的方法有:

- 分类。指将审计人员收集到的个别审计证据按被审计事项、审计目标和反映问题的性质加以归类。
- 计算。指按一定的方法对数据方面的审计证据加以计算,并从计算中得到新的证据。
- 比较。指将各种审计证据加以比较,从中分析出被审计单位经济活动的特征及其变动趋势,或是将审计证据与审计目标加以比较,判断审计证据是否符合需要。
- 小结。指审计人员在对审计证据分类、计算、比较的基础上总结出局部的审计结论。
- 综合。指将局部的审计结论进行综合分析,形成整体的审计意见。鉴定证据是对个别证据的评价分析。综合证据则是从证据总体上进行分析、研究和整理,找出证据间的内在联系,归纳出一组组证据所证实的问题,并给予定量、定性处理,从而产生审计结论和审计意见。

8.6.6 审计证据评价

在评价审计证据时,应当考虑审计证据之间的相互印证关系及证据来源的可靠程度。

附录 图表工具

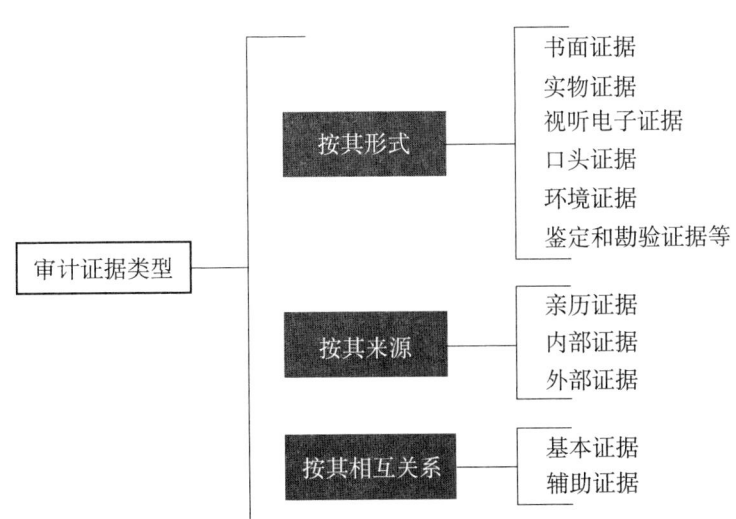

中天恒 3C 框架审计证据类型图

中天恒3C框架审计证据类型表

分类标准	类型	简要解释
按其形式	书面证据	指以书面形式存在的、并以其记载内容证明被审计事项的证据
	实物证据	指以实物存在并以其外部特征和内在本质证明被审计事项的证据
	视听电子证据	指以录音带、录像带、磁盘及其他电子计算机储存形式存在的、用于证明被审计事项的证据
	口头证据	指与被审计事项有关的人员提供的言词材料
	环境证据	指对被审计事项产生影响的各种环境状况
	鉴定和勘验证据	指因特殊需要审计部门指派或聘请专门人员对某些被审计事项进行鉴定而产生的证据
按其来源	亲历证据	指审计人员在被审计单位执行审计工作时亲眼目击、亲自参加或亲自动手取得的证据
	内部证据	指审计人员在被审计单位内部取得的审计证据
	外部证据	指审计人员从被审计单位以外的其他单位所取得的审计证据,包括其他单位陈述和外来资料
按其相互关系	基本证据	指对被审计事项的某一审计目标有重要的、直接证明作用的审计证据
	辅助证据	指能支持基本证据证明力的证据

审计证据获取应考虑的基本因素表

基本因素	简要解释
不同类型证据相组合的必要性	一般来说,证据应包括不同的类型。换句话说,从经济和全面的角度看,证据全部通过询问获取或者全部通过详细测试获取都是不合适的。在形成审计结论时起重要作用的证据往往包含了不同的类型,这是实施不同审计程序的结果,可以将这些证据有效组织起来以发挥其作用
在选择收集证据的类型时,审计目标起重要的指导作用	收集证据的类型很大程度取决于审计目标。例如,为了查明资产的存在,有效的方法是直接观察;为了正确评价书面证据,有效的方法是详细测试;为了证实评价的合理性,有效的方法是采用分析程序和取得专家的证明;为了证实数字的正确性,有效的方法是复算
风险因素	审计人员必须对收集到的证据是否足以支持审计结论做出判断。证据的充分性又与风险密切相关,即要考虑得出错误结论的风险有多大。风险包含抽样和非抽样风险。例如所测试的样本可能没有代表性、所实施的审计程序可能无效或与审计目标不相关、所收集的证据可能由于舞弊的存在或内部控制薄弱而缺乏证明力等,这些都是风险

续表

基本因素	简要解释
收集审计证据时对成本效益的考虑	在评价风险和制定审计计划时，必须考虑成本效益原则。假如不需考虑成本的话，那么，风险几乎可以完全避免。然而，没有一个组织有能力支持一个几乎不存在风险的控制系统或审计系统。因此，组织就不得不对设置内部控制和审计的成本进行权衡，此时，就要用到所谓的可容忍风险水平。也就是说，要把风险控制在合理的范围，但不能保证完全没有风险。"合理"意味着要把评价成本效益和风险作为制订审计计划的一个方面。评价风险和成本效益通常要考虑重要性原则
重要性	判断某一事件或信息是否重要，关键是看其能否改变人的想法或做法。如果信息能影响决策者的行为，那么该信息就是重要的。审计人员经常要对重要性做出判断。为了使判断做到合理化、条理化，审计人员常常需要将重要性加以量化。审计人员通常用绝对数、占相关账户金额的百分比、占利润的百分比、占资产的百分比及错报的性质等衡量重要性

审计证据获取模式表

基本模式	简要解释
详细导向审计模式	又称账项导向审计模式，是指对被审计单位的会计凭证、会计账簿和会计报表等会计资料进行全面、详细的检查，以便发现错误舞弊和财产盗窃行为的一种模式
报表导向审计模式	是指对被审计单位的以资产负债表和损益表为中心的全部会计报表与相关会计资料进行检查，以便查实会计报表所反映内容真实性和合法性的一种模式
制度导向审计模式	又称制度基础审计模式，是指对被审计单位的内部控制制度及其各个控制环节进行审查，以便发现内部控制制度的薄弱之处及其原因，并据以进一步进行检查的一种审计模式
风险导向审计模式	是指对被审计单位的审计风险进行系统的分析和评价，并以此作为出发点，制定审计策略和与企业状况相适应的多样化审计计划，将风险考虑贯穿于整个审计过程，使审计风险降低至审计人员可以接受水平的一种模式

审计证据获取程序或方法表

程序或方法	简要解释
审核	审核是审计人员对会计记录和其他书面文件可靠程度的审阅与复核。审计人员在审阅会计记录和其他书面文件时，应注意其是否真实、合法
观察	观察是审计人员对被审计单位的经营场所、实物资产和有关业务活动及其内部控制的执行情况等进行的实地察看

续表

程序或方法	简要解释
监盘	监盘是审计人员现场监督被审计单位各种实物资产及现金、有价证券等的盘点，并进行适当的抽查
询问	询问是审计人员对有关人员进行的书面或口头询问
函证	函证是审计人员为印证被审计单位会计记录所载事项而向第三者发函询证
计算	计算是审计人员对被审计单位原始凭证及会计记录中的数据进行的验算或另行计算
分析性复核	分析性复核是审计人员对被审计单位重要的比率或趋势进行的分析，包括调查异常变动以及这些重要比率或趋势与预期数额和相关信息的差异

审计证据整理分析方法表

方法	简要解释
分类	指将审计人员收集到的个别审计证据按被审计事项、审计目标和反映问题的性质加以归类
计算	指按一定的方法对数据方面的审计证据加以计算，并从计算中得到新的证据
比较	指将各种审计证据加以比较，从中分析出被审计单位经济活动的特征及其变动趋势，或是将审计证据与审计目标加以比较，判断审计证据是否符合需要
小结	指审计人员在对审计证据分类、计算、比较的基础上总结出局部的审计结论
综合	指将局部的审计结论进行综合分析，形成整体的审计意见。鉴定证据是对个别证据的评价分析；综合证据则是从证据总体上进行分析、研究和整理，找出证据间的内在联系，归纳出一组组证据所证实的问题，并给予定量、定性处理，从而产生审计结论和审计意见

第 9 章
审计底稿编制

开展审计工作就应该认真编制审计工作底稿,将审计工作安排、审计实施过程、审计实施过程中发现的问题、审计证据、审计依据、审计评价、审计意见、审计决定以及审计建议等一一记录在案,以备查考。

中天恒3C框架课题组在认真学习研究各种审计工作底稿观点的基础上,总结中天恒20多年审计实践经验,强调审计人员在审计工作中必须认真编写审计工作底稿,审计机构也必须妥善保管审计工作底稿。审计工作底稿应当内容完整、记录清晰、结论明确,客观地反映项目审计方案的编制及实施情况,以及与形成审计结论、意见和建议有关的所有重要事项。为保证审计工作底稿的质量,除要求审计人员按编制要求认真编制之外,还应建立严格的复核制度。

9.1 审计底稿的定义

审计工作底稿(简称审计底稿),是指审计人员在审计过程中形成的工作记录,是联系审计证据和审计结论的桥梁,是审计人员进行审计工作的重要工具。

知识分享

《第2104号内部审计具体准则——审计工作底稿》第二条规定:本准则所称审计工作底稿,是指内部审计人员在审计过程中所形成的工作记录。

9.2 审计底稿的作用

审计底稿形成于审计全过程,也反映整个审计过程。一般来说,审计工作底稿具有以下作用：

（1）审计工作底稿是编写审计报告的基础。审计人员对已进行的审计工作都要形成文字记录，因此审计工作底稿就包括了用来说明审计方案、审计程序、审计取证、审计分析、审计评价、审计结论的资料，可帮助审计人员在撰写审计报告时确定审计意见、审计决定和审计建议。由于审计报告中所记载的任何事项都必须有相应的审计工作底稿作为支持，又由于审计报告是审计结论的综合与概括，不可能详细具体地陈述和说明被审计事项及所揭示的问题，从而有必要借助审计工作底稿给以补充说明。

（2）审计工作底稿是协调审计工作的依据。审计项目负责人可以通过审计工作底稿来组织审计工作、实施审计方案，通过审计工作底稿的检查来协调审计工作、控制审计过程。

（3）审计工作底稿是控制审计工作质量的手段。在现场审计时，审计项目负责人可以通过对审计工作底稿的检查来控制审计工作质量。在现场审计结束时，业务部门负责人也要通过对审计工作底稿的复核来检查审计工作质量。不参加项目审计的专职复核人员还要通过对审计工做底稿的检查来履行复核职能。此外，一旦发生质量事故，审计工作底稿也可作为追究责任的客观依据。

（4）审计工作底稿是考核审计人员的依据。审计人员在审计工作中编制的审计工作底稿，反映了该审计人员所做的工作，也反映了该审计人员的工作质量，因此通过对审计工作底稿的检查复核，可以为了解和考核审计人员的工作业绩提供依据。

（5）审计工作底稿是进行复议和诉讼的重要佐证资料。审计工作底稿记录了被审计单位的基本情况以及审计的情况，记录了审计查出的问题及相应的审计证据。因此，一旦发生行政复议或诉讼，审计工作底稿可为复议机关或法院的审理提供重要的资料依据。

（6）审计工作底稿是总结审计工作和进行审计理论研究的资料。审计工作底稿中包含着丰富的审计内容，记录了各类审计的工作方案、审计程序、审计方法运用等，汇集了审计人员的工作经验，将这些资料积累起来，进行比较研究，可以改进和规范审计工作，总结和发展审计理论。

鉴于审计工作底稿的重要作用，审计人员在审计工作中必须认真编写审计工作底稿，审计机构也必须妥善保管审计工作底稿。

9.3　审计底稿的要求

审计人员编制的审计工作底稿，应当使未曾接触该项审计工作的有经验的专业人士清楚地了解到以下信息：按照审计准则的规定实施的审计程序的性质、时间和范围；实施审计程序的结果和获取的审计证据；就重大事项得出的结论。有经验的专业人士，是指对下列方面有合理了解的人士：审计过程；相关法律法规和审计准则的规定；被审计单位所处的经营环境；与被审计单位所处行业相关的会计和审计问题。

审计工作底稿应当内容完整、记录清晰、结论明确，客观地反映项目审计方案的编制及实施情况，以及与形成审计结论、意见和建议有关的所有重要事项。

（1）内容完整。主要强调的是构成审计工作底稿的基本内容（其中要素）必须完整。审计人员实施审计时，应对审计工作中的重要事项以及审计人员的专业判断进行记录。一切与达到审计目标、提出审计意见和做出审计结论有关的情况和问题都是重要的内容，均应在审计工作底稿中予以反映，并将审计经过写完整。

（2）记录清晰。审计工作底稿所记录的内容可以概括为审计人员的审计思路与审计轨迹。因此，这里的记录清晰，首先强调的是审计思路与审计轨迹的清晰；其次强调在文字上、数字上的可识别与整洁。

（3）结论明确。审计人员的总体审计结论是根据各审计事项的具体审计结论综合而成的。审计人员对每一具体审计事项的审计完成后，应有审计结论，并列示于审计工作底稿上。没有审计结论等于没有进行审计。

（4）客观反映。审计工作底稿应客观反映项目审计计划与审计方案的制定及实施情况，并包括与形成审计结论和建议有关的所有重要事项。具体包括以下几层意思：

- 审计工作底稿的内容必须真实。真实首先强调的是审计人员在编制审计工作底稿时不能有虚假陈述；其次是审计人员对于所搜集的证据和取得的各种审计资料，必须加强审计以确保其真实性。
- 审计工作底稿的内容应当围绕审计计划与审计方案的制定及实施情况进行记录。这里包括既定审计计划与审计方案的内容及实施情况，亦包括对审计计划与审计方案进行修改和补充后的内容及实施情况。
- 审计工作底稿的记录内容应当并包括与形成审计结论和建议有关的所有重要事项。具体而言，即：审计工作底稿的记录内容应与审计结论相当；审计工作底稿的记录事项应是与审计结论相关的重要事项；审计工作底稿的记录内容包括与审计结论有关的重要事项。

知识分享

《第2104号内部审计具体准则——审计工作底稿》第五条规定：审计工作底

稿应当内容完整、记录清晰、结论明确，客观地反映项目审计方案的编制及实施情况，以及与形成审计结论、意见和建议有关的所有重要事项。

为保证审计工作底稿的质量，除要求审计人员按编制要求认真编制之外，还应建立严格的复核制度。

9.4　审计底稿的范围

审计底稿的范围（内容、要素、格式等）因审计机构要求的不同而略有不同。一般来说，审计工作底稿通常包括总体审计策略、具体审计计划、分析表、问题备忘录、重大事项概要、询证函回函、管理层声明书、核对表、有关重大事项的往来信件（包括电子邮件），以及对被审计单位文件记录的摘要或复印件等。此外，审计工作底稿通常还包括管理建议书、项目组内部或项目组与被审计单位举行的会议记录、与其他人士（如其他审计人员、律师、专家等）的沟通文件及错报汇总表等。

一般情况下，分析表主要是指对被审计单位财务信息执行分析程序的记录。例如记录对被审计单位本年各月收入与上一年度的同期数据进行比较的情况、记录对差异的分析等。

问题备忘录一般是指对某一事项或问题的概要的汇总记录。在问题备忘录中，审计人员通常记录该事项或问题的基本情况、执行的审计程序或具体审计步骤，以及得出的审计结论。例如有关存货监盘审计程序或审计过程中发现问题的备忘录。

核对表一般是指审计机构内部使用的、为便于核对某些特定审计工作或程序的完成情况的表格。例如特定项目（如财务报表列报）审计程序核对表、审计工作完成情况核对表等。它通常以列举的方式列出审计过程中审计人员应当进行的审计工作或程序以及特别需要提醒注意的问题，并在适当情况下索引至其他审计工作底稿，以便于审计人员核对是否已按照审计准则的规定进行审计。

9.5　审计底稿的要素

通常，审计工作底稿包括下列全部或部分要素：

- 被审计单位名称；
- 审计项目名称；

- 审计项目时点或期间；
- 审计过程记录；
- 审计结论；
- 审计标识及其说明；
- 索引号及编号；
- 编制者姓名及编制日期；
- 复核者姓名及复核日期；
- 其他应说明事项。

9.6 审计底稿的类型

审计工作底稿通常按以下标准分类：

(1) 按审计工作底稿的内容分类。按审计工作底稿的内容不同可将其分为管理类和业务类审计工作底稿。

- 管理类审计工作底稿。指与开展项目审计工作有关的计划、组织、协调、控制、监督等方面的工作记录和资料，如审计通知书、审计工作方案、借用资料登记簿、审计人员出勤记录等。
- 审计业务类工作底稿。指对被审计事项进行检查、分析、评价等所形成的工作记录和资料。

(2) 业务类审计工作底稿按编制顺序分类。业务类审计工作底稿按编制顺序分为分项目审计工作底稿和汇总审计工作底稿。

- 分项目审计工作底稿。指根据审计方案确定的项目内容，审计人员逐个项目编制形成的一项一稿或一事一稿的审计工作底稿。例如调查记录表、应收账款账龄分析表、账户审查记录等。
- 汇总审计工作底稿。指在分项目审计工作底稿编制完成的基础上，按分项目工作底稿的性质、内容加以分类归集综合编制的审计工作底稿。如账项调整表。

(3) 业务类审计工作底稿按其内容不同分类。业务类审计工作底稿按其内容的不同可以分为审计日记、调查类工作底稿、查账类工作底稿、盘点类工作底稿及专项审计工作底稿等。

- 审计日记。即承担审计项目的每位审计人员每天工作的记录。审计日记按审计人员设置，由审计人员个人逐日编写。审计项目负责人可以通过对审计日记的检查来协调和控制审计工作，并可作为考核审计人员工作的依据。

- 调查类审计工作底稿。指审计人员为了了解被审计单位有关情况或被审计事项的实际情况，为了收集审计证据所做的各种审计调查记录，如被审计单位基本情况表、内部控制调查表、调查记录表等。
- 查账类工作底稿。指审计人员在审查会计凭证、账簿和报表过程中所编写的各种工作记录。因为审查的项目不同，记录的具体内容不同，该类底稿很难有统一的格式，如试算平衡表、应收账款明细表、账项调整表等。
- 盘点类审计工作底稿。指审计人员采用盘点的方法收集审计证据所做的各种审计工作记录，如现金盘点表、存货盘点表等。
- 专项工作底稿。除上述各类工作底稿外，审计人员对查清关于伪造凭证、贪污盗窃、行贿受贿、严重损失浪费等违法乱纪事项应视不同情况设计不同格式的审计工作底稿，详细说明审计过程、审计证据、问题性质、金额、被审计人的态度和审计人员的意见等。

(4) 按审计工作底稿的格式分类。审计工作中所使用的审计工作底稿按其格式分为通用审计工作底稿和专用审计工作底稿两种。

- 专用审计工作底稿。指具有特定用途的审计工作底稿。它们往往在审计工作开始前就已设计好具体的格式，供审计人员在实施某项审计时使用。这种审计工作底稿在设计时应力求简明实用，便于审计人员编制。专用审计工作底稿的使用有利于提高审计工作效率和审计规范化，因此，凡可使用专用审计工作底稿的事项，审计人员应尽力采用。
- 通用审计工作底稿。指不预先设计特定的格式，而是审计人员在审计时根据实际情况，或用文字记录，或临时设计表格、图表加以反映的审计工作底稿。使用通用审计工作底稿时，一般按一事一稿的原则编制，以便于归类整理。

在实际工作中，审计人员总是同时使用上述两类工作底稿。

9.7 审计底稿复核

复核是保证审计质量、降低审计风险的重要手段，是必需的程序。审计人员在审计过程中难免发生判断误差、计算误差或其他差错,最终会削弱审计质量,加大审计风险。通过审计工作底稿复核,可以大大减少或消灭各种审计误差,提高审计质量,降低审计风险。

审计工作底稿复核是一项重要的、必不可少的程序,为了搞好复核工作,应特别注意以下几点:

(1) 复核人应是编制人的上级或更有经验的人员,对所复核审计工作底稿的内容应当非常熟悉,并且具有一定的实务经验。若采取多级复核制度,复核人的级别或专业经验应依次提高。

(2) 审计项目负责人应加强现场复核。

(3) 复核人应当明确复核要点,有的放矢。复核不是再次做审计,不可能按照审计程序重新审计一遍,因此,不能泛泛地复核,而应当有明确的复核要点和目标。若是多级复核,每一级复核的要点应有所区别。

(4) 复核人应做复核记录,并要求做出处理。复核记录和复核意见是对审计工作底稿的完善和补充,是审计结论的依据之一。因此,复核人应当留下复核记录和复核意见,并归入审计工作底稿。复核记录和复核意见可反映在复核的审计工作底稿上,也可以另纸反映。

复核人应督促编制人对审计工作底稿中存在的问题予以答复、处理,并形成相应的审计记录。复核人对于审计工作底稿上存在的问题,有些可以自己处理,有些需要追加或补充审计程序的问题,可能还需要编制者去处理。这时,复核人应督促编制者对所存在的问题及时修正,并记录在审计工作底稿上。

(5) 复核人应当签名和签署日期。签名一方面表示某一级复核业已实施,另一方面也便于区分审计责任。

9.8 审计底稿归档与保管

9.8.1 审计工作底稿所有权

审计工作底稿是审计人员在审计过程中形成的宝贵财富,是重要的审计档案,明确其所有权及保管责任十分重要。审计工作底稿归组织所有,其原因主要有以下几个方面:

- 审计的主体是审计机构,非审计人员。
- 从审计工作底稿的保管和保密来看,把所有权交给组织更有利于审计工作底稿的保管和保密。

9.8.2 审计工作底稿的保管

对审计工作底稿的保管就是对审计档案的保管。审计工作底稿由审计机构或组织内部有关部门保管。

9.8.3 审计工作底稿的保密

审计工作底稿中涉及大量的有关被审计单位的重要商业秘密，审计人员本着职业道德的基本要求，必须对被审计单位的商业秘密保密，如果将审计工作底稿的内容随意泄露出去，必然对被审计单位造成不应有的损害。因此，审计机构应建立审计工作底稿保密制度，对审计工作底稿严加保密。

9.8.4 审计工作底稿的查阅

查阅审计工作底稿是一件非常严肃的事情，有关双方事先应认真协商，在所有重大方面达成一致意见后，才能进行查阅。对审计工作底稿严应加保密，在查阅时应注意以下几个问题：

- 审计机构以外的组织或个人要求查阅工作底稿，必须由审计机构负责人或其主管领导批准。
- 法院、检察院和其他有权部门可依法进行查阅，不属于泄密。

附录　图表工具

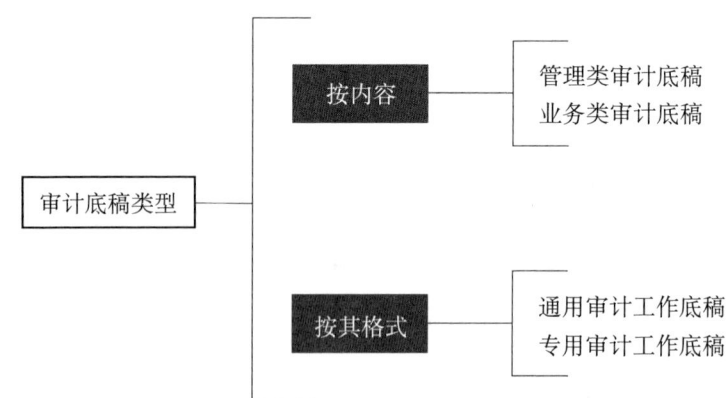

中天恒 3C 框架审计底稿类型图

中天恒3C框架审计工作底稿（参考格式）

单位：		签名		日期	
项目：	编制人			索引号	
截止日：	复核人			页次	
基本事实					
审计依据					
审计结论					
风险及影响					
审计建议					
证明材料（取证记录）					

备注：（1）基本事实、审计依据、审计结论为必备要素。（2）风险及影响、审计建议根据审计事项的重要性确定。（3）证明材料（取证记录）是审计人员做的审计证据，需要取证单位签章认可，但一般的审计工作底稿不需要被审计单位签章认可。

中天恒3C框架审计证明材料（参考格式）

证明材料编号		工程项目名称	
被审计单位		审计事项	
基本事实			
审计人员		编制日期		要求提供日期	
证据提供单位意见（发包人）	☐ 情况属实 ☐ 情况不实。请填写说明 证据提供单位负责人签字并盖单位公章 　　　　　　　　　　　　年　月　日		

备注：（1）要求提供日期不提交反馈意见视同认同。（2）证据提供单位意见栏填写不下的，可另附说明。

审计底稿基本要求表

基本要求	简要解释
内容完整	主要强调的是构成审计工作底稿的基本内容（其中要素）必须完整。审计人员实施审计时，应对审计工作中的重要事项以及审计人员的专业判断进行记录。一切与达到审计目标、提出审计意见和做出审计结论有关的情况和问题都是重要的内容，均应在审计工作底稿中予以反映，并将审计经过写完整
记录清晰	审计工作底稿所记录的内容可以概括为审计人员的审计思路与审计轨迹。因此，记录清晰，首先强调的是审计思路与审计轨迹的清晰；其次强调在文字上、数字上的可识别与整洁
结论明确	审计人员总体审计结论是根据各审计事项的具体审计结论综合而成的。审计人员完成每一具体审计事项的审计后，都应有审计结论，并列示于审计工作底稿上。没有审计结论等于没有进行审计
客观反映	审计工作底稿应客观反映项目审计计划与审计方案的制定及实施情况，并包括与形成审计结论和建议有关的所有重要事项。具体要求如下： （1）审计工作底稿的内容必须真实。真实首先强调的是审计人员在编制审计工作底稿时，不能有虚假陈述；其次是审计人员对于所搜集的证据和取得的各种审计资料，必须加强审计以确保其真实性。 （2）审计工作底稿的内容应当围绕审计计划与审计方案的制定及实施情况记录，具体包括既定审计计划与审计方案的内容及实施情况，亦包括对审计计划与审计方案进行修改和补充后的内容及实施情况。 （3）审计工作底稿的记录内容应当并包括与形成审计结论和建议有关的所有重要事项。具体包括：审计工作底稿的记录内容应与审计结论相当；审计工作底稿的记录事项应是与审计结论相关的重要事项；审计工作底稿的记录内容包括与审计结论有关的重要事项

审计底稿基本要素表

序号	主要要素
1	被审计单位名称
2	审计项目名称
3	审计项目时点或期间
4	审计过程记录
5	审计结论
6	审计标识及其说明
7	索引号及编号
8	编制者姓名及编制日期
9	复核者姓名及复核日期
10	其他应说明事项

中天恒 3C 框架审计底稿类型表

分类标准	类型	简要解释
按内容分类	管理类审计工作底稿	指与开展项目审计工作有关的计划、组织、协调、控制、监督等方面的工作记录和资料，如审计通知书、审计工作方案、借用资料登记簿、审计人员出勤记录等
	审计业务类工作底稿	指对被审计事项进行检查、分析、评价等所形成的工作记录和资料
按其格式分类	专用审计工作底稿	指具有特定用途的审计工作底稿。它们往往在审计工作开始前就已设计好具体的格式，供审计人员在实施某项审计时使用。这种审计工作底稿在设计时应力求简明实用，便于审计人员编制。专用审计工作底稿的使用有利于提高审计工作效率和审计规范化，因此，凡可使用专用审计工作底稿的事项，审计人员应尽力采用
	通用审计工作底稿	指不预先设计特定的格式，而是审计人员在审计时根据实际情况，或用文字记录，或临时设计表格、图表加以反映的审计工作底稿。使用通用审计工作底稿时，一般按一事一稿的原则编制，以便于归类整理

中天恒 3C 框架业务类审计底稿类型表

分类标准	类型	简要解释
按编制顺序分类	项目审计工作底稿	指根据审计方案确定的项目内容，审计人员逐个项目编制形成的一项一稿或一事一稿的审计工作底稿，如调查记录表、应收账款账龄分析表、账户审查记录等
	汇总审计工作底稿	指在分项目审计工作底稿编制完成的基础上，按分项目工作底稿的性质、内容加以分类归集综合编制的审计工作底稿，如账项调整表
按其内容不同分类	审计日记	即承担审计项目的每位审计人员每天工作的记录。审计日记按计人员设置，由审计人员个人逐日编写。审计项目负责人可以通过对审计日记的检查来协调和控制审计工作，并可作为考核审计人员工作的依据
	调查类审计工作底稿	指审计人员为了了解被审计单位有关情况或被审计事项的实际情况，为了收集审计证据所做的各种审计调查记录，如被审计单位基本情况表、内部控制调查表、调查记录表等
	查账类工作底稿	指审计人员在审查会计凭证、账簿和报表过程中所编写的各种工作记录。因为审查的项目不同，记录的具体内容不同，该类底稿很难有统一的格式。如试算平衡表、应收账款明细表、账项调整表等
	盘点类审计工作底稿	指审计人员采用盘点的方法收集审计证据所做的各种审计工作记录，如现金盘点表、存货盘点表等
	专项工作底稿	除上述各类工作底稿外，审计人员对查清关于伪造凭证、贪污盗窃、行贿受贿、严重损失浪费等违法乱纪事项应视不同情况设计不同格式的审计工作底稿，详细说明审计过程、审计证据、问题性质、金额、被审计人的态度和审计人员的意见等

第 10 章
审计报告撰写

审计报告是审计工作的成果,是审计人员必须完成的一项审计实务工作,具有十分重要的作用。

中天恒 3C 框架课题组在认真学习研究各种审计报告观点的基础上,总结中天恒 20 多年审计实践经验,强调审计报告是审计成果的书面证据,从审计工作的范围和性质、使用目的、详细程度、出具报告的时间等不同角度对审计报告进行分类,进而提出了审计报告的撰写和复核要求、步骤等。

10.1 审计报告的定义

审计报告,是审计人员对审计事项实施审计后,就被审计单位的财政收支、财务收支真实性、合法性和有效性出具的书面文件。

审计报告总结了审计工作的目的、范围和结果,是审计工作的历史记录,是审计成果的书面证据。

知识分享

国际内部审计协会制定的《内部审计实务标准》指出,审计报告应该包括审计目标、审计范围、适用的审计结论、审计建议和行动计划。审计结果的最终报告应该恰当包括内部审计师的总体意见。

《第 2106 号内部审计具体准则——审计报告》第二条规定:本准则所称审计报告,是指内部审计人员根据审计计划对被审计单位实施必要的审计程序后,就被审计事项做出审计结论、提出审计意见和审计建议的书面文件。

10.2 审计报告的类型

审计报告可按不同标准分成不同的类型：

(1) 按照审计工作的范围和性质，可分为标准审讨报告和非标准审计报告。

- 标准审计报告。指格式和措辞基本统一的审计报告。审计界人士认为：为了避免混乱，有必要统一报告的格式和措辞。因为如果每个审计报告的措辞不一，使用者势必难以理解其准确含义。标准审计报告一般适用于对外公布的审计报告。

- 非标准审计报告。指格式和措辞不统一，可以根据具体审计项目的问题来决定的审计报告，包括：一般审计报告，对以综合审计为基础（而不是以公认会计原则为基础）编制的会计报表的审计报告、对会计报表中某些特定项目、账户等发表意见的审计报告；对是否符合契约规定或管理法规规定发表意见的审计报告等等特殊审计报告。非标准审计报告一般适用于非公布的审计报告。

(2) 按照审计报告的使用目的，可分为公布目的的审计报告和非公布目的的审计报告。

- 公布目的的审计报告。一般用于对企业股东、投资者、债权人等非特定利益关系者公布的附有会计报表的审计报告。

- 非公布目的的审计报告。一般用于经营管理、合并或业务转让、融通资金等特定目的而实施审计的审计报告。这些审计报告是分发给特定使用者的，如经营者、合并或业务转让的关系人、提供信用的金融机构等。

(3) 按照审计报告的详细程度，可分为简式审计报告和详式审计报告。

- 简式审计报告。又称短式审计报告，指审计人员审计后所编制的简明扼要的审计报告。简式审计报告反映了内容是非特定多数的利害关系人共同认为的必要审计事项，它具有记载事项为法令或审计准则所规定的特征，具有标准格式。简式审计报告一般适用于公布目的，具有标准审计报告的特点。

- 详式审计报告。又称长式审计报告，指对审计对象所有重要的经济业务和情况都要作详细说明和分析的审计报告。详式审计报告主要用于帮助企业改善经营管理，故其内容较简式审计报告丰富得多、详细得多。详式审计报告一般适用于非公布目的，具有非标准审计报告的特点。

（4）按照出具内部报告的时间，可分为中期报告、总结报告、最终报告和修正报告。

- 中期报告。即审计过程中的报告，主要用于通报那些要立即引起注意的问题；审计范围的变动；以及由于审计延续期较长，需要向管理层通报进展的问题。中期报告可以用书面形式，也可以用口头形式；可以正式报送，也可以非正式报送。
- 总结报告。主要用于通报某个问题的审计结果，使被审单位的上级可以及时了解情况。总结报告可以单独报送，也可以与最终报告一起报送。
- 最终报告。即审计工作结束时的报告，也是最重要的报告。
- 修正报告。当最终报告中有差错时，审计主管要发布修正报告给所有接到最初报告的人员。"差错"是指非故意性的错误说明，或重要信息的遗漏。

10.3 审计报告要素

审计报告的形式和内容因审计机构或审计类别的不同而不同，但至少都应该包括审计的目的、范围和结果等基本要素。就内部审计机构的一般审计报告而言，审计报告的正文包括以下主要内容：

（1）审计概况。包括审计目标、审计范围、审计内容及重点、审计方法、审计程序及审计时间等。

（2）审计依据。即实施审计所依据的相关法律法规、审计准则等规定。

（3）审计发现。即对被审计单位的业务活动、内部控制和风险管理实施审计过程中所发现的主要问题的事实。

（4）审计结论。即根据已查明的事实，对被审计单位业务活动、内部控制和风险管理所作的评价。

（5）审计意见。即针对审计发现的主要问题提出的处理意见。

（6）审计建议。即针对审计发现的主要问题，提出的改善业务活动、内部控制和风险管理的建议。

审计报告附件应包括对审计过程与审计发现问题的具体说明、被审计单位的反馈意见等内容。

10.4　审计报告撰写

10.4.1　审计报告撰写原则

审计人员应当在审计实施结束后，以经过核实的审计证据为依据，形成审计结论与建议，出具审计报告。如有必要，审计人员可以在审计过程中提交期中报告，以便及时采取有效的纠正措施改进经营活动、完善内部控制。

10.4.2　审计报告撰写要求

审计报告的撰写是一项严格而又细致的工作，一般由审计项目负责人撰写。撰写审计报告时，审计项目负责人应当仔细查阅审计人员在审计过程中形成的审计工作底稿，并要检查审计人员的审计是否严格遵循了审计准则的要求；被审计单位是否按照《企业会计准则》和国家其他有关财务会计法规的规定以及有关协议、合同、章程的要求编制会计报表，进行会计核算等。在此基础上提出公正、客观、实事求是的审计报告。

审计报告撰写的具体要求包括：

（1）客观。撰写审计报告应实事求是、不偏不倚地反映审计事项。

（2）完整。审计报告应按照规定的格式及内容撰写，做到要素齐全、格式规范，不遗漏审计中发现的重大事项。

（3）清晰。审计报告应突出重点、简明扼要、易于理解。

（4）及时。审计报告应及时撰写，以便适时采取有效纠正措施。

（5）具有建设性。审计报告应针对被审计单位经营活动和内部控制的缺陷提出可行的改进建议，促进组织目标的实现。

（6）体现重要性原则。审计报告形成的审计结论与建议应当充分考虑项目重要性。

审计项目负责人应在实施必要的审计程序后，撰写审计报告，并向被审计单位征求反馈意见。被审计单位对审计报告持有异议的，审计项目负责人及相关人员应进行研究、核实，必要时应修改审计报告。

10.4.3　审计报告撰写步骤

一般来说，撰写审计报告须经过以下几个步骤：

（1）整理和分析审计工作底稿。在外勤审计过程中，审计人员所积累的审计工作底稿是分散的、不系统的。撰写审计报告时，审计人员应根据审计的内容、范围和要求，对审计工作底稿进行整理和分析，全面总结审计工作。审计人员及其助理人员都应整理好自己的工作底稿，回顾是否有遗漏的环节，着重列举审计中发现的问题。项目负责人应对全部审计工作底稿进行综合分析，并对其他审计人员在审计过程中是否遵循审计准则要求进行检查，对审计工作底稿做出综合结论，形成书面记录。

（2）提请被审计单位调整需要调整的事项。审计人员在整理和分析审计工作底稿的基础上，向被审计单位通报审计情况、初步结论和应调整事项，提请被审计单位加以调整。对于被审计单位会计记录或会计处理方法上的错误，审计人员应提请被审计单位改正，并相应调整会计报表的有关项目。审计人员对于被审计单位会计处理不当、期后事项或有关损失，有的应提请被审计单位调整会计报表，有的应在审计报告中予以说明。

（3）编写和出具审计报告。审计人员在整理、分析审计工作底稿后，应拟定审计报告提纲，概括和汇总审计工作底稿所提供的资料。审计报告一般由审计项目负责人编制，如由其他人员编制时，必须由审计项目负责人核对、校对。审计报告完稿后，送内部审计机构负责人进行复核，复核、修改定稿后，应当签章，并送提交被审计单位和组织适当的管理层。

10.5 审计报告复核

审计机构应该建立健全审计报告分级复核制度，明确规定各级复核的要求和责任。

10.5.1 建立健全审计报告分级复核制度的意义

（1）对审计工作结果实施最后的质量控制。审计工作的高质量在于形成审计意见的正确性。审计人员在审计工作中，将工作结果和工作过程中各种情况记录于审计工作底稿中，并据此形成审计意见。若形成的审计意见与工作结果存在矛盾，审计工作就失去了有效性。建立健全审计报告分级复核制度，实施对审计工作结果的最后质量控制，能避免因对重大审计问题的遗留或对审计工作情况理解不透彻等情况，形成与审计工作结果相一致的审计意见。

（2）保证审计工作达到审计机构的工作标准。审计机构对开展各项审计工作都应有明确的标准。在审计机构内部，不同审计人员工作的质量有很大不同。

因此，必须由审计部门负责人谨慎复核，严格保证审计工作质量的一致性，确认该审计工作达到审计机构的工作标准。

（3）抵制妨碍审计人员判断的偏见。在审计工作中，常常需要审计人员对各种问题做出专业判断。审计人员可能期望在整个审计过程中保持客观性，但如有大量问题需要解决而又经长时间的审计，就容易丧失正确的观察能力和判断能力，对一些问题做出不符合事实的审计结论。建立健全审计报告分级复核制度，在鉴发审计报告前对审计工作底稿进行复核，可以抵制妨碍内部审计人员判断的偏见，做出符合事实的审计结论。

10.5.2 审计报告分级复核的内容

（1）所采用审计程序的恰当性。复核审计项目所采用的审计程序是否符合审计计划的要求；这些审计程序在审计过程中是否得到充分应用；所有审计程序是否已完成并且在审计工作底稿中予以恰当记录。

（2）获取审计工作底稿的充分性。复核已获取的审计工作底稿是否足以支持内部审计人员所发表的审计意见；对已经收集的被审计单位的概况资料、经济业务情况、内部控制制度及会计记录等，连同审计人员制定的审计计划、审计程序以及所采用的审计步骤、方法，是否都已编入审计工作底稿；每份审计工作底稿的标题、编制日期、资料的来源及资料的性质等基本要素是否完整；相关审计工作底稿是否表述清晰、记录有序并足以自明等。

（3）审计过程中是否存在重大遗漏。复核并研究是否存在会导致进一步查询和追加审计程序的事项；是否存在涉及会计准则或未遵循有关管理机构要求的重大事项；所有例外事项是否已经查清并记录；是否存在审计步骤不完善或存在未解决的问题；是否存在前期审计中注明的至今未解决的重大事项；是否存在严重影响被审计单位会计报表反映的其他事项。

（4）审计工作是否符合审计机构的质量要求。复核和检查审计人员在审计工作中是否遵循了独立性原则；对助理人员是否进行了指导和监督；对超越审计人员知识范围的事项是否向有关专家或机构进行了咨询；是否遵循了审计机构的内部管理制度；审计人员的知识和专业技能是否符合要求；是否已经实现了审计目标；提出的审计结论是否与工作结果相一致，等等。

10.6 审计报告分发

审计机构应将审计报告提交被审计单位和组织适当管理层，并要求被审计单位在规定的期限内落实纠正措施。

同时,审计机构应当及时地将审计报告归入审计档案,妥善保存。

10.7 审计结果运用

审计结果的运用,对于提高审计的地位、充分发挥审计的作用具有十分重要的意义。为此,2018年审计署颁发的《审计署关于内部审计工作的规定》(审计署11号令)专设一章对如何运用内部审计结果做出明确规定:一方面,单位内部应加强内部审计结果运用,建立内部审计发现问题整改机制、内部审计与其他内部监督力量协作配合机制、重大违纪违法问题线索移送机制等机制,并将内部审计结果及整改情况作为考核、任免、奖惩干部和相关决策的重要依据;另一方面,审计机关应加强内部审计结果运用,在审计中,特别是在国家机关、事业单位和国有企业三级以下单位审计中,应当有效利用内部审计力量和成果。

知识分享

2018年审计署颁发《审计署关于内部审计工作的规定》(审计署11号令),其中第四章"审计结果运用"做出以下规定:

"第十八条 单位应当建立健全审计发现问题整改机制,明确被审计单位主要负责人为整改第一责任人。对审计发现的问题和提出的建议,被审计单位应当及时整改,并将整改结果书面告知内部审计机构。

第十九条 单位对内部审计发现的典型性、普遍性、倾向性问题,应当及时分析研究,制定和完善相关管理制度,建立健全内部控制措施。

第二十条 内部审计机构应当加强与内部纪检监察、巡视巡察、组织人事等其他内部监督力量的协作配合,建立信息共享、结果共用、重要事项共同实施、问题整改问责共同落实等工作机制。

内部审计结果及整改情况应当作为考核、任免、奖惩干部和相关决策的重要依据。

第二十一条 单位对内部审计发现的重大违纪违法问题线索,应当按照管辖权限依法依规及时移送纪检监察机关、司法机关。

第二十二条 审计机关在审计中,特别是在国家机关、事业单位和国有企业三级以下单位审计中,应当有效利用内部审计力量和成果。对内部审计发现且已经纠正的问题不再在审计报告中反映。"

附录 图表工具

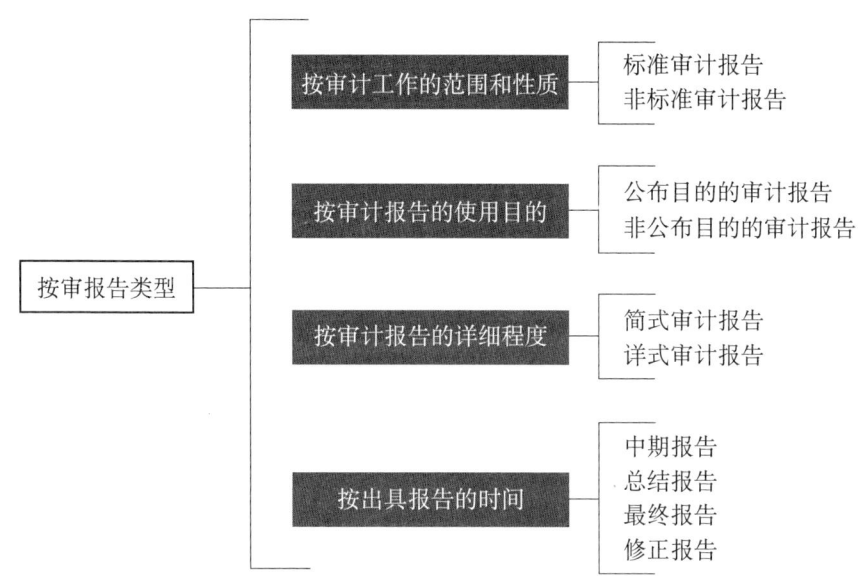

中天恒 3C 框架审计报告类型图

中天恒 3C 框架审计报告类型表

分类标准	类型	简要解释
按照审计工作的范围和性质	标准审计报告	即格式和措辞基本统一的审计报告。审计界人士认为,为了避免混乱,有必要统一报告的格式和措辞。因为如果每个审计报告的措辞不一,使用者势必难以理解其准确含义。标准审计报告一般适用于对外公布的审计报告
	非标准审计报告	指格式和措辞不统一,可以根据具体审计项目的问题来决定的审计报告,包括一般审计报告和对以综合审计为基础(而不是以公认会计原则为基础)编制的会计报表的审计报告、对会计报表中某些特定项目、账户等发表意见的审计报告,对是否符合契约规定或管理法规规定发表意见的审计报告等特殊审计报告。非标准审计报告一般适用于非公布的审计报告
按照审计报告的使用目的	公布目的的审计报告	即一般是用于企业股东、投资者、债权人等非特定利益关系者公布的附有会计报表的审计报告
	非公布目的的审计报告	即一般用于经营管理、合并或业务转让、融通资金等特定目的而实施审计的审计报告。这些审计报告是分发给特定使用者的,如经营者、合并或业务转让的关系人、提供信用的金融机构等

续表

分类标准	类型	简要解释
按照审计报告的详细程度	简式审计报告	又称短式审计报告，指审计人员审计后所编制的简明扼要的审计报告。简式审计报告反映了内容是非特定多数的利害关系人共同认为的必要审计事项，它具有记载事项为法令或审计准则所规定的特征，具有标准格式。因而简式审计报告一般适用于公布目的，具有标准审计报告的特点
	详式审计报告	又称长式审计报告，指对审计对象所有重要的经济业务和情况都要作详细说明和分析的审计报告。详式审计报告主要用于帮助企业改善经营管理，故其内容较简式审计报告丰富得多、详细得多。详式审计报告一般适用于非公布目的，具有非标准审计报告的特点
按照出具报告的时间	中期报告	即审计过程中的报告，主要用于通报那些要立即引起注意的问题；审计范围的变动；以及由于审计延续期较长，需要向管理层通报进展的问题。中期报告可以用书面形式，也可以用口头形式；可以正式报送，也可以非正式报送
	总结报告	即主要是通报某个问题的审计结果，使被审单位的上级可以及时了解情况。总结报告可以单独报送，也可以与最终报告一起报送
按照出具报告的时间	最终报告	即审计工作结束时的报告，也是最重要的报告
	修正报告	在最终报告中有差错时，审计主管要发布修正报告给所有接到最初报告的人员。"差错"是指非故意性的错误说明，或重要信息的遗漏

审计发现问题汇总表

客户：		签名		日期	
项目：审计发现问题汇总		编制人		索引号	
截止日：		复核人		页次	
序号	性质	问题定性及处理意见		工作底稿索引号	

审计差异调整表

客户：									签名		日期	
项目：审计差异调整							编制人				索引号	
截止日：							复核人				页次	

序号	原底稿索引号	调整原因	调整分录	借方		贷方		资产负债表调整（金额）		损益表调整（金额）	
				一级	二级	一级	二级	借方	贷方	借方	贷方
			合计								

与被审计单位交换意见记录

客户：				日期	
项目：与被审计单位交换意见记录		编制人：		索引号：	
截止日：		复核人：		页次：	
审计组长		审计组参加人员			
被审计单位参加交换意见主要负责人		被审计单位参加人员			
序号	问题摘要	主要事实		被审计单位意见	备注

审计方案执行情况核对表

客户：		签名		日期	
项目：审计方案执行情况核对	编制人			索引号	
截止日：	复核人			页次	

项目	是	否	不适用
1. 上年度审计所结转下来的事项是否全部处理？			
2. 各项审计程序是否全部完成？			
3. 审计范围是否完全没有受到限制？			
4. 上年度审计意见及审计决定是否全部落实？			
5. 是否考虑期后事项的财务影响？			
6. 是否考虑或有损失的财务影响？			
7. 是否检查审计报告日以前的董事会会议以及其他有关会议纪要？			
8. 是否存在借款人合约、信托契约的违约情况？			
9. 是否完成审计工作底稿、复核备忘录中的追加、调整事项？			
10. 审计组成员的各项分工是否全部完成？			
11. 下年度审计时需要考虑的重要事项的备忘录是否整理完毕？			
12. 被审计单位的承诺资料是否齐全？			
13. 所有群众举报问题是否进行调查？			
14. 被审计单位否认可所有审计发现的问题？			

审计工作小结

客户：			签名		日期	
项目：审计工作小结			编制人		索引号	
截止日：			复核人		页次	
被审计单位名称				会计年度		
审计组组长				审计组成员		
工作耗用时间	计划	年	月	日	外勤共	人日
	实际	年	月	日	外勤共	人日
1. 被审计单位概况						
2. 审计依据，审计范围、内容、方式						
3. 审计风险及重要性水平						
4. 审计方案的执行情况						
5. 审前调查情况					部门负责人意见	
6. 内部控制测试、评价结果及发现的问题						
7 实质性测试发现的主要问题						
8. 与被审计单位交换意见						
9. 时重大问题的处理						
10. 对下一年度工作的建议和意见						
审计组组长：						

审计报告流转控制表

被审计单位名称			
项目类别			
实施审计的时间			
报告书编号			
项目	签名		日期
撰稿			
修改			
审阅			
打印			
校对			
复印装订			
送出审计报告（征求意见稿）			
收到被审计单位的反馈意见			
根据反馈意见修改			
复核			
报告签收人			
审计机构审定			

第 11 章 审计管理融合

随着人们对管理重要作用认识的提高,随着中国审计事业的日益发展壮大,作为主要以揭露被审计单位问题、促进其提升管理水平为目的审计机构提升自身管理水平应提到议事日程。如何提升审计管理水平,是一个值得深入研究和探索的实践课题。

从审计实践视角,中天恒 3C 框架课题组在认真学习研究各种审计管理的基础上,总结中天恒 20 多年审计实践经验,构建了由审计战略管理、审计计划管理、审计人员管理、审计项目管理、审计质量管理、审计绩效管理构成的基于审计实践的审计管理融合体系。其中,审计人员管理、审计项目管理、审计质量管理是这个审计管理体系的基础。

11.1 审计管理定义

(1) 管理定义。

管理是指"负责某项工作使其顺利进行"。管理是管理者按照一定目标,通过一定职能(决策、计划、组织、指导和控制),有效地利用资源(人、财、物)的过程。管理是为了实现目标,人与机构内资源一起工作。

管理体现为各种管理。按其客体内容分,管理有经济管理、文化管理、政治管理、军事管理、社会管理等;按其主体职能分,管理有预算(计划)管理、生产管理、物资管理、设备管理、销售管理、劳动管理、会计管理和审计管理等;按其管理范围分,管理有国家管理、社会管理、部门管理、地区管理和企业事业单位管理等。

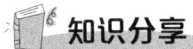

企业管理

从经济界来看,类似管理的概念是企业管理。企业管理是企业生产经营活动中各项管理工作的总称。其内容主要包括组织管理、计划管理、生产管理、技术管理、劳动人事管理、市场与销售管理、财务管理、生活服务管理等。

凡是管理都是一定组织和人的有目的的活动过程。有目的就必然要采用相应的手段,既然是活动过程就有活动的对象。可以说,管理是一定组织和人为达到一定目标,采用相应的方法,作用于对象的活动过程。这是抽象的一般管理。它包括管理主体、管理目标、管理方法和管理客体四项要素。

(2) 审计管理定义。

审计管理是审计主体运用现代化管理科学与方法,为提高审计工作效率与效果、实现一定的目标,对审计业务及其所体现的审计关系所进行的计划、组织、指挥、协调、控制等一系列活动的总称。审计管理是保证审计工作质量,提高审计工作效率。审计管理的本质是协调审计活动。其主要任务是:提高审计效率,保证审计质量,降低审计成本,增加审计效果。

11.2 审计管理的对象

审计管理的对象是审计活动。由于对审计活动有不同认识,相应审计管理的对象也不同。对审计活动一般有三种理解:

- 认为审计活动是审计单位的审计行政管理工作活动,那么审计管理对象则是审计行政管理;
- 认为审计活动是审计单位在被审计单位的审计业务活动,那么审计管理对象则是审计业务管理;
- 认为审计活动包括审计单位的审计行政管理工作活动和在被审计单位的审计业务活动,那么审计管理对象则是审计行政管理和审计业务管理。

从我国审计组织的实际情况分析,国家审计机关、社会审计组织和内部审计机构都是相对独立的单位,其审计工作是一个整体,都包括本单位的审计行政工作和审计业务工作,对这两部分工作都要进行管理。所以,审计管理的对象是审计行政管理和审计业务管理。审计行政管理和审计业务管理体现了审计单位内部各方面的关系,以及审计单位与被审计单位的各方面的关系,相应要依据有关规范处理好这些关系。

11.3　审计管理体系

审计管理体系是由各种审计管理要素相互联系、相互制约而形成的有机整体。关于审计管理体系如何构成，人们进行了不懈的探索。审计机构作为一个独立的组织或部门（内部审计为一个部门），其管理涉及一般管理的所有内容。中天恒 3C 基于审计实践的审计管理整合体系包括：

- 审计战略管理。对一定时期的影响全局或有重大影响的审计事项进行审计决策，确定审计的方向、内容和方法，相应采取重大策略和改革措施。
- 审计计划管理。依据审计战略制订审计中长期计划和年度计划，组织实施审计计划，一定时期检查、考核和评价审计计划的执行结果。
- 审计人员管理。确定审计人员的结构、审计人员的选拔、使用和培训。提高审计人员的思想素质和业务素质，增强宏观意识，扩大知识面，提高理论水平，掌握新技能。在审计工作中，强调审计人员实施审计工作的相对独立性和应承担的责任。
- 审计项目管理。审计项目实行统一领导、分级负责管理。制订年度审计项目计划，确定审计项目及其目标、时间、经费和人员要求。实行审计项目计划、组织、监控和执行报告制度。
- 审计质量管理。确定审计质量管理的内容，考核控制审计工作质量的方法及提高审计工作质量的途径。对编制审计方案、收集审计证据、编写审计日记和审计工作底稿、出具审计报告、归集审计档案等全过程实行质量控制。
- 审计绩效管理。对一定时期审计工作的成绩进行考核。确定绩效的考核原则、考核目的、考核内容和考核方法。通过绩效考核，鼓励先进、鞭策后进、激活机制、促进发展。

这里需要说明的是，为切实加强审计机关对内部审计工作的业务指导和监督，2018 年审计署颁发《审计署关于内部审计工作的规定》（审计署 11 号令）（以下简称《规定》），从以下两个方面进行了规定：一是明确审计机关指导和监督的职责范围。包括：起草有关内部审计的法规草案；制定有关内部审计工作的规章制度和规划；推动单位建立健全内部审计制度；指导内部审计统筹安排审计计划，突出审计重点；监督内部审计职责履行情况，检查内部审计业务质量；指导内部审计自律组织开展工作等。二是明确指导和监督的主要方式，指导主要通过业务培训、交流研讨等方式展开，监督主要通过日常监督、结合审计项目监督和专项检查等方式展开，此外审计机关还可以通过向内部审计自律组织购买服务进行业务指导和监督。特别是此次修订《规定》时，一并研究制定了《审计署关于加强内部审计工作业务指导和监督的意见》，对《规定》内容进行了进一步细化和具体化，为今后审计机关加强内部审计指导监督工作提供了基本依据，必将促进《规定》更好地贯彻执行。

知识分享

2018 年审计署颁发《审计署关于内部审计工作的规定》（审计署 11 号令），其中第五章"对内部审计工作的指导和监督"做出如下规定：

"第二十三条 审计机关应当依法对内部审计工作进行业务指导和监督，明确内部职能机构和专职人员，并履行下列职责：

（一）起草有关内部审计工作的法规草案；

（二）制定有关内部审计工作的规章制度和规划；

（三）推动单位建立健全内部审计制度；

（四）指导内部审计统筹安排审计计划，突出审计重点；

（五）监督内部审计职责履行情况，检查内部审计业务质量；

（六）指导内部审计自律组织开展工作；

（七）法律、法规规定的其他职责。"

11.4 审计管理职能

审计管理职能是审计管理组织在管理过程中应具有的功能。关于审计管理具有哪些具体职能，有多种认识。审计管理的基本职能是计划职能、组织职能、协调职能和控制职能等。

- 计划职能。依据审计战略制订审计中长期计划和年度计划，组织实施审计计划，一定时期检查、考核和评价审计计划的执行结果。
- 组织职能。确定组织结构，划分职能部门，设置管理层次和环节，明确部门、岗位职责，理顺内部沟通，提高工作效能。实施学习型组织，进行知识管理。
- 协调职能。依据行为规范，相互尊重，在部门与部门、单位与单位、人与人之间，能正确地进行沟通，交流信息，正面宣传，取得理解和共识，求同存异，正确地处理各种关系，达到相互配合。
- 控制职能。通过审计管理工作，以审计规范为标准，使审计活动达到审计目标的进行过程。

在审计管理的四项职能中，计划职能和控制职能是纵向审计管理过程中的职能，组织职能和协调职能是横向审计管理中的职能，各项职能相互结合，发挥审计管理的整体功能。

11.5　审计管理目标

审计管理目标是通过审计管理活动应完成的任务。审计管理目标决定着审计管理活动的方向、内容、方法、组织和人员等。审计管理目标具有导向和激励作用，还具有控制行为的标准作用。具体包括：

- 保证审计质量。审计的结果是合法、真实和全面的，能揭露问题，促进改革开放、经济发展和反腐倡廉，谋求社会公共利益。
- 提高审计效率。在保证审计质量的前提下，能按时完成审计任务。
- 做到审计公正。依据审计规范和客观事实进行审计，做到公开、公平和公正。

11.6　审计管理原则

审计管理原则是指管理者在审计管理活动中应遵循的行为准则。审计管理原则是审计管理实践经验总结的理性认识，并借以指导审计管理工作。审计管理原则有基本原则或一般原则，适用于审计管理的各种管理；有具体原则或特殊原则，适用于各种具体的管理。审计管理的基本原则如下：

- 人本原则。
- 系统原则。
- 全面原则。
- 重点原则。
- 协调原则。
- 责权利原则。

- 绩效考核原则。
- 规范原则。
- 民主集中原则。
- 创新原则。

11.7　审计管理方法

审计管理主要采用以下管理方法：

（1）行政方法。采用行政手段有两种方法：一种是下达式，直接将有关行政决议、决定、命令、纪律和措施等下达到被管理者，责成其在一定时期内执行；另一种是下点式，由有关工作人员下到属下有关单位或被管理者，对需要管理的内容采用一定的方法，进行检查或抽查等。行政方法依靠权威，具有直接性、单一性和强制性等特点。采用行政方法要树立为下级或被管理者服务的观念，指导并协助下级或被管理者搞好管理工作，提高管理工作水平，实现审计管理目标。

（2）经济方法。经济手段主要是经济杠杆、经济核算和经济合同等，其中，经济杠杆主要有价格、成本、工资、奖金、利润、利息、货币、财政、信贷、税收等，经济杠杆是客观经济规律作用的一种具体形式。采用经济方法实质上是运用各种经济杠杆，调节管理人员的经济利益关系和审计活动中的经济关系。

（3）法律方法。采用法律方法实质上是对管理行为实行强制性的控制、检查、制约和调节。

（4）思想政治教育方法。

（5）系统方法。系统方法是把审计管理对象作为系统，进行综合和分析，实行量化和优化，建立模型，以揭示其本质与规律的方法。

（6）信息方法。信息方法是运用信息论基本原理，把系统的运动当作信息流动的过程，通过对审计管理系统信息的收集、加工、传递、贮存和利用，实现系统目标的方法。从系统整体出发，用信息联系、信息转化的观点从信息的流程上对系统对象进行综合的、全面的、系统的处理。

（7）控制方法。控制方法是运用控制论基本原理，依据控制的标准，通过审计管理系统的信息流程，使系统达到最佳状态的方法。控制方法一般是指内部管理控制方法，其内容包括组织规划控制、授权批准控制、文件记录控制、实物保护控制、风险评估控制、职工素质控制和内部报告控制等。控制方法的实施过程，实际上就是实施控制的过程。通过控制方法的实施，在实时控制中及时发现问题，及时采取措施，克服存在的问题，使审计管理得到正常进行；揭示影响审计管理的各种因素的变化情况，与相关方面及时沟通，不断调整各种影响因素，采取相应的措施，使审计管理的进行与各方面保持协调，调动各方面的积极性，努力实现审计管理目标。

（8）调查方法。调查方法是按照有关要求，采用一定的形式，对管理对象进行调查，以获取相关资料的方法。

11.8 审计管理融合

当今世界已进入大整合时代，大至国家，小至个人，无时无刻不在自我整合，以期实现各自的目标，更好地完善自己。

在这个整合时代，随着互联网等信息技术日益发展，各项管理逐步走向融合，审计管理也不例外。

审计管理通过融合，有利于审计资源配置的优化，实现科学化的审计管理。审计管理融合的实质就是审计资源的合理配置、优化配置的过程。通过审计资源的合理配置，可以对有限的宝贵资源进行科学有效的配置、分配和使用，将其运用到最重要、最必需而又能取得最佳效益的地方，使审计资源形成最优化组合，提高审计效率，提升审计成果的质量和水平，最大限度地发挥审计机构整体功效。

附录　图表工具

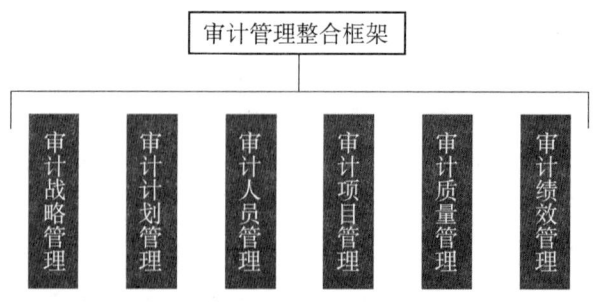

中天恒3C基于实践的审计管理整合框架图

中天恒3C基于实践的审计管理整合框架表

编号	管理体系	简要解释
1	审计战略管理	即对一定时期的影响全局或有重大影响的审计事项进行审计决策，确定审计的方向、内容和方法，相应采取重大策略和改革措施
2	审计计划管理	即依据审计战略制订审计中长期计划和年度计划，组织实施审计计划，一定时期检查、考核和评价审计计划的执行结果
3	审计人员管理	即确定审计人员的结构，以及审计人员的选拔、使用和培训，以提高审计人员的思想素质和业务素质，增强宏观意识，扩大知识面，提高理论水平，掌握新技能；在审计工作中，强调审计人员实施审计工作的相对独立性和应承担的责任
4	审计项目管理	即审计项目实行统一领导、分级负责管理；制订年度审计项目计划，确定审计项目及其目标、时间、经费和人员要求；实行审计项目计划、组织、监控和执行报告制度
5	审计质量管理	即确定审计质量管理的内容，考核控制审计工作质量的方法及提高审计工作质量的途径；对编制审计方案、收集审计证据、编写审计日记和审计工作底稿、出具审计报告、归集审计档案等全过程实行质量控制
6	审计绩效管理	即对一定时期审计工作的成绩进行考核；确定绩效的考核原则、考核目的、考核内容和考核方法。通过绩效考核，鼓励先进、鞭策后进、激活机制、促进发展

下篇　操作案例分析

销售与收款循环审计案例分析
采购与付款循环审计案例分析
生产与存货循环审计案例分析
投资与筹资循环审计案例分析
工薪与人事循环审计案例分析
固定资产循环审计案例分析
货币资金循环审计案例分析

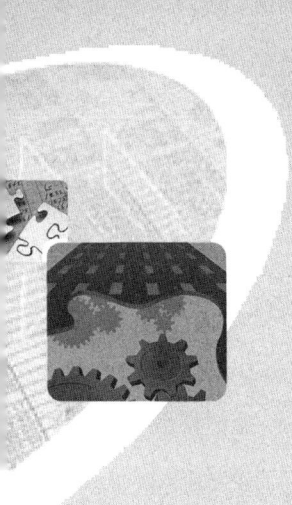

第 *12* 章
销售与收款循环审计案例分析

2017年1月15日,ZTH会计师事务所有限公司受中雄集团审计部委托派出审计组对伍德股份公司进行2016年度报表审计,其中,李静一、哲艳阳负责销售与收款循环审计。审计人员先对被审计单位销售与收款循环相关的内部控制制度进行了了解,然后对内部控制制度的设计合理性以及执行的有效性进行了符合性测试,再根据符合性测试的结果,评估了审计风险,实施了实质性测试。

【阅读提示】

本书下篇各类审计案例仅仅是为了说明审计程序、各种审计程序的注意事项、审计人员有可能存在哪些失误、被审计单位有可能存在哪些问题等,案例之间并不存在必然勾稽关系。比如,A案例说明某一科目没有问题,B案例可能就说该科目存在问题。所以,读者不必纠结于案例之间的矛盾或者不一致。

12.1　了解伍德股份公司主要产品

伍德公司主要的产品为A系列、B系列、C系列产品。A系列、B系列为老产品,已经有成熟的市场;C系列为新研发产品,科技含量相对较高,处于成长期,毛利相对A系列、B系列较高。

12.2　了解与销售和收款相关的内部控制制度

ZTH会计师事务所有限公司审计人员通过访谈有关人员,以及取得并研究有关内部控制制度的方式,了解了与销售和收款有关的内部控制制度,并完成了底稿《了解销售与收款流程、执行穿行测试汇总表》中了解描述内部控制相关的部分（明细表中的 E 列）。

通过对销售和收款相关内部控制制度的了解，审计组成员获取了如下重要信息：

- 伍德股份公司制定了与销售收款相关的内部控制制度。
- 产品价格都在经有权部门确定并形成价格目录，偏离目录价格的需经销售部、经营办负责人及相应主管领导审批后执行。
- 对于大型或有特殊技术（敏感技术）的合同，由产品经理、销售业务部门负责人（或主管负责人）、法律事务部、研发部及业务员共同参与谈判，并形成交易备忘录，确保销售谈判有相互监督体系。
- 对客户有评估、有选择、有管理、有控制，对销售回款有一定保障。
- 对于赊销有控制，给予客户的信用额度、信用期间都经过适当的审批，并与销售职责相分离。
- 销售合同的签订、发货、发票的开具，都有不同部门、岗位的人员相互稽核，保证与订单相符。
- 对于收入的确认，是在签订合同、货物发出、收到对方签字确认的验收收货单据之后方确认，符合会计制度规定的收入确认条件："对于在某一时点履行的履约义务，企业应当在客户取得相关商品控制权时点确认收入。在判断客户是否已取得商品控制权时，企业应当考虑下列迹象：（一）企业就该商品享有现时收款权利，即客户就该商品负有现时付款义务。（二）企业已将该商品的法定所有权转移给客户，即客户已拥有该商品的法定所有权。（三）企业已将该商品实物转移给客户，即客户已实物占有该商品。（四）企业已将该商品所有权上的主要风险和报酬转移给客户，即客户已取得该商品所有权上的主要风险和报酬。（五）客户已接受该商品。（六）其他表明客户已取得商品控制权的迹象。"
- 主营业务成本结转及时，并与主营业务收入相配比。
- 应收账款的额度、信用期间、定期对账、催收等措施保证了应收账款的金额正确、及时回收。
- 销售退回有授权审批。

ZTH 会计师事务所有限公司审计人员通过对了解到的与销售、收款相关的内部控制制度进行分析，发现有如下缺陷：对于应收账款的坏账损失，制度中没有追究相关人员责任方面的规定，有可能存在销售人员为了完成销售业务而对客户选择降低标准的情况，有可能相关人员对销售款催收力度不足。除以上问题，与销售和收款相关的内部控制制度基本健全，未发现严重缺陷。

经验分享

对于业务流程以及内部控制的了解是必须的，如果不了解，在后面的审计程序中就失去判断标准。比如，了解到被审计单位以收到对方签字的验收单为依据确认收入，那么在后面的凭证抽查过程中，就要检查收入凭证，有没有对方签字的验收单。

12.3 穿行测试

为加深对销售和收款流程相关内部控制的了解，并确认内部控制制度设计是否合理、是否执行有效，ZTH 会计师事务所有限公司审计人员随机抽取了几单收入业务样本，追踪交易在财务报告信息系统中的处理过程（穿行测试），要求相关业务部门提供所有所抽取业务样本的运行记录，并将穿行测试过程记录在相关底稿中，编制了销售与收款流程—穿行测试（与销售有关）、销售与收款流程—穿行测试（与销售退回有关）两部分底稿。

通过穿行测试，审计人员更直观地了解了企业的业务流程及内部控制关键点、相关凭证及信息系统的处理过程，确认被审计单位的业务流程及控制与了解的内部控制制度相符，未发现内部控制设计存在缺陷。

知识分享

穿行测试可以使审计人员对被审计单位的业务流程、关键控制点、有关控制凭证等有一个直观的认识，并判断被审计单位内部控制是否设计合理。至于是否有效执行，则要通过符合性测试判断。

12.4 符合性测试

ZTH 会计师事务所有限公司审计人员在对被审计单位内部控制进行初评的基础上，为证实该控制是否在实际工作中得以贯彻执行、贯彻执行的实际效果是否符合设立该控制的初衷，对伍德股份公司销售与收款循环流程进行了符合性测试，并编制了相关工作底稿《销售与收款流程控制测试（制造业）》，包括销售订单测试、销售合同测试、客户管理测试、销售发货测试、财务管理测试、发票测试、收款测试、销售折扣与折让控制测试、销售退回测试等。

12.4.1 符合性测试

经过符合性测试，发现被审计单位的内部控制制度都得到执行，且运行有效。通过对销售订单测试，发现选择的订单样本均满足下列条件：

- 符合企业管理层的授权标准，在信用额度内的订单直接接受。
- 有销售订货单及销售合同，且业经管理层核准。
- 赊销业务有信用管理部门对客户信用状况的审核手续。
- 销售订单均完整及准确地转入发货及开具发票活动。
- 顾客未被列入已批准销售的顾客名单，由销售单管理部门的主管来决定是否同意销售。
- 已记录的销售订单的内容准确。
- 订单及取消的订单已准确输入。

12.4.2 销售合同测试

通过对销售合同测试，发现选择的订单合同均满足下列条件：

- 有销售合同，且业经管理层核准。
- 按订单签署销售合同。
- 合同内容完整，权利义务对等。
- 销售合同连续编号。
- 销售合同经双方确认后盖章、签字。

12.4.3 客户管理测试

通过对客户管理测试，发现选择的客户样本均满足下列条件：

- 顾客档案的变更真实有效。
- 顾客档案变更后更准确。
- 确保顾客档案数据及时更新。
- 所有顾客档案变更均已进行输入及处理。
- 对顾客档案变更均已于适当期间进行处理。

12.4.4 销售发货测试

通过对销售发货测试，发现选择的发货样本均满足下列条件：

- 仓库只有在收到经过批准的销售单时才供货。
- 提货单一式多联,且连续编号。
- 已审批的销货审批单和销售通知单与客户订单内容一致。
- 装运部门职员在装运之前独立验证,从仓库提取的商品都附有经批准的销售单。
- 装运凭证由装运部门保管。
- 提货单与仓储保管账核对一致。

12.4.5 财务管理测试

通过对财务管理测试,发现选择的样本均满足下列条件:

- 依据附有有效装运凭证和销售单的销售发票记录销售。
- 独立检查已处理销售发票上的销售金额同会计记录金额的一致性。
- 定期独立检查应收账款的明细账与总账的一致性。
- 控制销售发票的连续编号。
- 记录销售的职责与处理销售交易的其他功能相分离。
- 定期向顾客寄送对账单,并要求顾客将任何例外情况直接向指定的未执行或记录销售交易的会计主管报告。

12.4.6 发票管理测试

通过对发票管理测试,发现选择的样本均满足下列条件:

- 开具账单部门职员在编制每张销售发票之前,独立检查是否存在装运凭证和相应的经批准的销售单。
- 注意销售折扣及折让是否合理。
- 将装运凭证上的商品总数与相对应的销售发票上的商品总数进行比较。
- 已开具的销售发票中所列商品的单价与商品价目表核对。
- 独立检查销售发票计价和计算的正确性。

12.4.7 收款管理测试

通过对收款管理测试,发现选择的样本均满足下列条件:

- 独立检查已签收支票的总额与所开具发票总额的一致性。
- 被授权签署收取支票的人员应确定支票付款人姓名和金额与发票内容一致。

- 收款均已记录。
- 准确记录收款。
- 全部货币资金如数、及时地记入库存现金、银行存款日记账。
- 由被授权的财务部门的人员负责收取支票。
- 收款是真实发生的且仅输入一次。
- 收款均已记录于收到的期间内。
- 准确计提坏账准备和核销坏账,并记录于恰当期间。

12.4.8 销售折扣与折让管理测试

通过对销售折扣与折让管理测试,发现选择的样本均满足下列条件:

- 已记录的销售折扣与折让及应收账款的调整及均已经按照政策执行。
- 已发生的销售折扣与折让均已记录。
- 已记录的销售折扣与折让均业经核准。
- 已发生的销售折扣与折让均记录于恰当期间。

12.4.9 销售退回管理测试

通过对销售退回管理测试,发现选择的样本均满足下列条件:

- 申请、开票及核准不相容职务已分开设置并得到执行。
- 有销售退货通知单,且业经管理层核准。
- 退回的商品具有质检部门签发的验收单。
- 退回的商品具有仓库签发的退货入库单。
- 开具的红字发票业经管理层核准。
- 退货入库单的内容、金额与红字发票的内容、金额一致。
- 红字发票的内容、金额与记账凭证一致。
- 销售退回已正确记入销售明细账、应收账款(现金、银行存款)账。
- 销售退回具有对方税务局开具的有关证明。

经过选择一定数量的样本进行实质性测试,发现伍德公司的内部控制设计合理、运行有效,未发现任何异常。

> **知识分享**
>
> 符合性测试是对内部控制流程是否有效执行、能否防范错误和舞弊进行判断,但是,通过符合性测试得出的结论不见得是一成不变的,如果在实质性测试

阶段发现被审计单位存在错误或者舞弊的迹象，审计人员要改变对内部控制的信赖。

12.5 计划实质性测试程序

ZTH 会计师事务所有限公司审计人员根据符合性测试结果，计划实质性程序。在计划实质性测试程序过程中，审计组成员产生了意见分歧：

哲艳阳认为：被审计单位的内部控制设计合理，运行有效，能够有效避免错误和舞弊，控制风险相对较低，按照审计准则相关规定，可以接受较高的检查风险，实质性审计程序可以执行相对少一些。

组长李静一认为：第一，内部控制有固有的局限性，不可以过于依赖。被审计单位已经实现信息化管理，业务在设定的程序控制之下进行，经过多个部门、岗位审核，出现错误的可能性较小，某个人或者部门舞弊的可能性也不大，但是，如果被审计单位有组织地舞弊，即使设计良好的内部控制制度也很难再发挥作用；再者，在设计良好的内部控制流程指导下，被审计单位各个环节的与内部控制相关的文件都真假难辨，舞弊更隐蔽，更难以发现。第二，按照审计准则有关规定，符合测试结果如何，对账户和交易的实质性测试程序都不可缺少。第三，被审计单位是上市公司，很可能更重视良好的经营业绩，会计造假的可能性很大，固有风险很大。第四，结合前期对被审计单位所在行业基本情况的了解，因为国家政策管控的原因，该行业并不是很景气，但是，被审计单位的收入和成本利润都比上年有了 30% 以上的上涨，这是不正常的。综上，应该执行严格的实质性测试程序。

经征求该项目牵头人的意见，牵头人同意李静一的意见，认为会计科目之间都是普遍联系、密切相关的，除了与销售和收款循环相关的会计科目要执行严谨的审计程序外，其他科目也应该注意与销售和收款循环相关的事项。

结合对业务流程、内部控制的了解，审计人员制定了一系列实质性审计程序，并逐一执行。

经验分享

无论符合性测试结果如何，实质性测试都是不能省略的。符合性测试是对内部控制的了解，是为了计划实质性测试程序，不能代替实质性程序。

12.6 实质性测试程序

12.6.1 主营业务收入科目的实质性测试程序

项目小组按照计划的实质性测试程序，履行了下列审计程序，并将有关分析判断记录在底稿中。

12.6.1.1 账账、账表等相关资料核对

对报表、明细账、总账、科目余额表等进行核对，账账相符，账表相符。

程序说明

核对报表、明细账、总账、科目余额表等相符，是最基本的审计程序。在当前信息化技术高度发达的情况下，核对不符的情况不多，但是审计实践中，也有不符的情况存在，如果核对出了不符的情况，往往说明存在着严重的会计差错或者舞弊。

程序执行情况

伍德公司审计组将与科目有关的报表、明细账、总账、科目余额表等进行了核对，核对相符，没有发现异常。

12.6.1.2 确认企业收入确认会计政策是否符合会计准则规定

相关底稿

收入确认原则检查表。

程序说明

收入确认的会计政策是衡量收入完整正确的基础和根本，应该先检查企业的收入确认是否符合会计准则的规定。如果被审计单位的会计政策不符合会计制度的规定，那么从根本上来说，会计报表就严重偏离了会计核算法规的规定。

程序执行情况

伍德公司审计组人员编制了收入确认原则检查表。在了解销售有关的内部控制和穿行测试环节，已经了解了相关的销售管理流程以及收入确认政策，将所了解的收入确认流程关键点记录在这个底稿上即可。

伍德股份公司的销售收入确认，是在签订合同、货物发出、收到对方签字确认的验收收货单据之后方确认，符合会计制度规定的收入确认条件，即："对于在某一时点履行的履约义务，企业应当在客户取得相关商品控制权时点确认收

入。在判断客户是否已取得商品控制权时,企业应当考虑下列迹象:(一)企业就该商品享有现时收款权利,即客户就该商品负有现时付款义务。(二)企业已将该商品的法定所有权转移给客户,即客户已拥有该商品的法定所有权。(三)企业已将该商品实物转移给客户,即客户已实物占有该商品。(四)企业已将该商品所有权上的主要风险和报酬转移给客户,即客户已取得该商品所有权上的主要风险和报酬。(五)客户已接受该商品。(六)其他表明客户已取得商品控制权的迹象。"企业会计核算健全,已经发出的商品都确定生产成本。

综合来看,伍德公司的收入确认政策符合会计准则规定。

经验分享

收入审计是报表审计的重中之重,对收入核算的会计政策的了解,更是重中之重。只有了解了被审计单位收入确认的具体标准,以后的审计程序才有判断标准。

12.6.1.3 分析性复核

程序说明

分析性复核是风险导向审计中实质性程序的一种类型。

在分析性复核的过程中,对于异常的变动,被审计单位可能会给出一些看似合理的解释,审计人员需要分析解释的合理性,要取得证据证明被审计单位的解释是客观的、有依据的。

程序执行情况

伍德公司审计组履行了如下的分析性复核程序。

(1)编制主营业务收入明细表。

相关底稿

主营业务收入明细表。

程序说明

编制主营业务收入明细表的目的是了解企业的主要收入来源,确认审计关注重点。

程序执行情况

通过伍德公司主营业务明细表可以看出,被审计单位的主要收入来源于A系列、B系列、C系列三个类别的产品。通过了解得知:A、B系列产品单价相对低,销售量比较大,各月都有销售,销量不悬殊;C系列产品科技含量相对更高,单价更高,且随客户要求不同单价变化大,毛利更大,销售量小,销售额大，有的月份有销售，有的月份没有销售。

（2）主营业务产品销售分析。

>[相关底稿]

主营业务产品销售分析表。

>[程序说明]

编制主营业务产品销售分析表的主要目的是分析比较主要产品本年度和上年度的毛利率变化情况。对于一个生产经营正常稳定的企业来说，同一种产品的毛利率上下浮动应该不是太大，如果变动大，有可能是业务发生了变化，还有可能存在错误或者舞弊的情况，需要审计人员重点关注，分析原因。

>[程序执行情况]

通过伍德公司主营业务产品销售分析表可以看出，A系列和B系列产品与上年相比，毛利率变动不大，增长幅度也不是很大，C系列产品的单价、销售量、销售额都比上年有了大幅度增长。经了解，C系列属于新研发的产品，科技水平处于行业领先地位，市场处于迅速增长时期，这与了解到的企业战略规划是吻合的，伍德股份公司的战略规划就是加大科技投入，引领行业科技水平，提高市场占有率，强化竞争地位。

（3）主营业务月度毛利率分析。

>[相关底稿]

主营业务月度毛利率分析表。

>[程序说明]

编制主营业务月度毛利率分析表的主要目的是分析同种产品或者同类产品各月度的毛利率变化情况。对于同一种或者同类产品来说，如果收入、成本同步配比结转，各月度毛利率应该浮动不大，相对稳定；如果变动大，则很可能存在错误或者舞弊的情况，需要审计人员重点关注，分析原因。

>[错误做法或观点]

项目组成员哲艳阳编制了主营业务月度毛利率分析表，项目小组长李静一认为这个毛利率分析表是不合格的，主要原因如下：

一是编制完成后，没有对数据进行分析判断，这个工作就失去了意义。应该对毛利情况或者其他的异常进行分析判断，从各月度的毛利来看，毛利变动很大，低的24%，高的45%，相差悬殊，应该分析研究毛利起伏波动大的原因；再者，12月份的收入成本明细大于其他月份，也应该落实原因所在。

二是不应该全年全部产品销售收入编制一个毛利分析表,各种产品的毛利率是不一样的,每种产品各月的销售也是不均衡的,如果放在一个分析表中,各月的毛利就是变动的,如果有异常,也难于发现,应该分别分析。针对伍德股份公司的情况,应该对其主营业务产品 A 系列、B 系列、C 系列分别分析。

表 12 - 1 为错误的分析表:

表 12 - 1　主营业务月度毛利率分析表

单位:元

月份	数量	单价	金额	成本	毛利	毛利率
1	23.00	33 120.00	105 690.00	66 041.50	39 648.50	37.51%
2	16.00	27 091.00	44 284.00	33 386.80	10 897.20	24.61%
3	19.00	27 112.00	56 672.00	42 010.40	14 661.60	25.87%
4	21.00	27 114.00	57 581.00	42 612.33	14 968.67	26.00%
5	27.00	37 614.00	172 500.00	100 347.20	72 152.80	41.83%
6	21.00	27 116.00	63 847.00	47 857.67	15 989.33	25.04%
7	23.00	27 107.00	70 884.00	53 033.04	17 850.96	25.18%
8	23.00	27 220.00	75 530.00	56 120.40	19 409.60	25.70%
9	20.00	27 202.00	59 220.00	43 911.42	15 308.58	25.85%
10	31.00	48 113.00	302 699.00	162 365.82	140 333.18	46.36%
11	22.00	27 118.00	59 638.00	45 153.40	14 484.60	24.29%
12	46.00	49 115.00	541 860.00	297 676.80	244 183.20	45.06%
合计			1 610 405.00	990 516.78	619 888.22	

【程序执行情况】

在李静一指导下,哲艳阳又重新分别编制了分产品系列的主营业务月度毛利率分析表(A 系列、B 系列、C 系列)。

从主营业务月度毛利率分析表(A 系列)(见表 12 - 2)来看,A 系列产品毛利率与上年比波动幅度不大,基本持平,未发现明显异常;12 月的销售额大于以前月份,但是幅度不是太大。通过询问会计人员,他们的解释是有些客户在年终前集中采购或者结算,导致 12 月的收入大于以前月份。审计人员认为,应该加大对 A 系列产品 12 月销售资料的检查,确认销售收入金额的正确性。

表 12 - 2　主营业务月度毛利率分析表(A 系列)

单位:元

月份	数量	单价	金额	成本	毛利	毛利率
1	14	2 010.00	28 140.00	22 512.00	5 628.00	20%

续表

月份	数量	单价	金额	成本	毛利	毛利率
2	12	1 990.00	23 880.00	19 104.00	4 776.00	20%
3	13	2 000.00	26 000.00	20 540.00	5 460.00	21%
4	16	2 001.00	32 016.00	24 972.48	7 043.52	22%
5	15	2 004.00	30 060.00	24 048.00	6 012.00	20%
6	14	2 005.00	28 070.00	22 456.00	5 614.00	20%
7	15	2 004.00	30 060.00	24 048.00	6 012.00	20%
8	14	2 110.00	29 540.00	23 927.40	5 612.60	19%
9	14	2 001.00	28 014.00	22 691.34	5 322.66	19%
10	13	2 003.00	26 039.00	20 310.42	5 728.58	22%
11	17	2 004.00	34 068.00	27 254.40	6 813.60	20%
12	20	2 005.00	40 100.00	32 080.00	8 020.00	20%
合计	177		355 987.00	283 944.04	72 042.96	

从主营业务月度毛利率分析表（B 系列）（见表 12-3）的情况来看，与 A 系列产品的情况基本一样。

表 12-3　主营业务月度毛利率分析表（B 系列）

单位：元

月份	数量	单价	金额	成本	毛利	毛利率
1	5	5 110.00	25 550.00	17 629.50	7 920.50	31%
2	4	5 101.00	20 404.00	14 282.80	6 121.20	30%
3	6	5 112.00	30 672.00	21 470.40	9 201.60	30%
4	5	5 113.00	25 565.00	17 639.85	7 925.15	31%
5	4	5 110.00	20 440.00	13 899.20	6 540.80	32%
6	7	5 111.00	35 777.00	25 401.67	10 375.33	29%
7	8	5 103.00	40 824.00	28 985.04	11 838.96	29%
8	9	5 110.00	45 990.00	32 193.00	13 797.00	30%
9	6	5 201.00	31 206.00	21 220.08	9 985.92	32%
10	6	5 110.00	30 660.00	21 155.40	9 504.60	31%
11	5	5 114.00	25 570.00	17 899.00	7 671.00	30%
12	16	5 110.00	81 760.00	55 596.80	26 163.20	32%
合计	81		414 418.00	287 372.74	127 045.26	

从主营业务月度毛利率分析（C 系列）（见表 12-4）的情况来看，C 系列产品各月度销售极不均衡，12 月份的销售量占了全年一半开外，毛利率与上年

基本持平；C 系列产品对全年的毛利贡献也是最大的，占了全部毛利的 2/3。

表 12－4　主营业务月度毛利率分析表（C 系列）

单位：元

月份	数量	单价	金额	成本	毛利	毛利率
1	2	25 000.00	50 000.00	24 500.00	25 500.00	51%
2		20 000.00				50%
3		20 000.00				50%
4		20 000.00				50%
5	4	30 000.00	120 000.00	61 200.00	58 800.00	49%
6		20 000.00				50%
7		20 000.00				50%
8		20 000.00				50%
9		20 000.00				50%
10	6	35 000.00	210 000.00	102 900.00	107 100.00	51%
11		20 000.00				50%
12	10	42 000.00	420 000.00	210 000.00	210 000.00	50%
合计	22		800 000.00	398 600.00	401 400.00	

审计人员确定将 C 系列产品销售作为销售收入的审计重点。

经验分享

分析性复核的目的是为了发现被审计单位的会计信息有无异常，所以，分析完了，应该有分析有结论；如果只是填表，没有分析和结论，工作就变成了机械填表，徒浪费时间和资源。

（4）主要产品毛利与同行业比较分析表。

相关底稿

主要产品毛利与同行业比较分析表。

程序说明

对于一个成熟行业，如果不存在特殊情况，行业内企业之间的毛利率差别不会很大，如果存在很大的差异，则可能存在会计差错或舞弊。

程序执行情况

审计人员编制了主要产品毛利与同行业比较分析表。从该表看，A 系列和 B 系列属于老产品，毛利与同行业相差不大，没发现异常，而 C 系列产品属于伍德股份公司新研发产品，行业没有可比数据。

（5）生产规模调查。

相关底稿

生产规模调查表。

程序说明

生产规模调查是为了检查被审计单位报表上反映的生产、销售规模是否在客观条件允许的范围内，如果出现超过生产条件及资源限制的情况，则可能存在错误与舞弊的情况。

程序执行情况

从伍德公司的生产规模调查表来看，A 系列产品和 B 系列的产品都在生产线的设计生产能力之内，而 C 系列产品超过了设计生产能力 7 台，据企业相关人员解释，是因为市场需求超过了当初的预计，所以加班加点生产，使全年产量超过了设计的生产能力。

但审计人员感觉到了异常，原因就是超过设计生产能力太多了，相关解释的可信度有些差。

12.6.1.4 收入与发票的核对

相关底稿

收入与发票的核对表。

程序说明

收入与发票的核对程序是确认收入正确的一个佐证证据，但是在实践中，因为发票的开具与收入的确认可能存在时间差，收入金额和发票金额并不绝对相符。

程序执行情况

从收入与发票的核对表来看，每月的收入金额与开具发票金额都有差异。经了解，原因是每单交易，开具发票在先，而确认收入是在收到对方验收单据后，所以存在时间差。审计人员筛选出已开发票未确认收入的销售项目，发现合计金额与收入发票表的差异金额相符，从而印证公司的解释与审计人员了解到的情况是相符的，收入与发票核对没有发现异常。

经验分享

审计实践中发现，有些企业应客户要求为其开具发票，在没有发货的情况下，依据发票提前确认收入，这不符合收入的确认条件，导致收入虚增。

12.6.1.5 截止测试

相关底稿

营业收入截止性测试表。

程序说明

截止测试是实质性测试中常用的一种具体审计技术，被广泛运用于货币资金、往来款项、存货、长短期投资、主营业务收入和期间费用等项目的审计中。目标是确定业务会计记录归属期是否正确，防止跨期事项。

主营业务收入的截止测试是为了确定被审计单位主营业务收入业务的会计记录归属期是否正确；应计入本期或下期的主营业务收入是否被推迟至下期或提前至本期，防止利润操纵行为。

程序执行情况

（1）从发货单到明细账的抽查。

审计人员先是抽查了 2016 年 12 月 31 日前后各 5 单发货单，追查至记账凭证，都在 2016 年 12 月 31 日之前确认收入，都附有 2016 年度的发货单以及客户在 2016 年经签字的验收单，经检查未发现异常。

审计人员又检查了 2017 年年初的 5 单发货单，发现了一单收入截止错误。2017 年 1 月 5 日的 2 号发运单，销售给兴海能源公司的 C 系列电机一台，销售合同虽然是在 2016 年 12 月 28 日签订，但是，存货的发出是在 2017 年 1 月 5 日，相关人员电话确认对方收到货物是在 2017 年 1 月 9 日，收到客户的验收单是在 2017 年 1 月 11 日，该笔销售被确认为 2016 年 12 月 31 日的收入。按伍德公司的收入确认会计政策，应该以收到客户的验收单或者确认电话为依据确认收入，这笔销售的电话和验收单都发生在 2017 年，所以，这单销售不应该确认为 2016 年的收入，经审计人员与被审计单位沟通，被审计单位同意就此事进行审计调整。该事项涉及的含税销售额为 60 840 万元。

（2）从明细账到发货单的抽查。

审计人员抽查了 2016 年 12 月 31 日之前的 5 单收入确认凭证，发现其中销售给兴能能源公司的 C 系列电机合同、发票日期都在 2016 年 12 月，但是，与运输公司的有关单证表明发货日期在 2017 年 1 月 7 日，收到对方单位的验收单据是在 2017 年 1 月 9 日。按伍德公司的收入确认政策，不应该确认为 2016 年的收入，经审计人员与被审计单位沟通，被审计单位同意就此事进行审计调整。

审计人员抽查了 2017 年 1 月入账的几单收入凭证，收入凭证对应的合同、发货单、发票、对方的验收单都在 2017 年 1 月，未发现收入截止错误的情况。

进一步调整风险评估结果及审计计划

审计人员李静一通过这事，认为被审计单位有加大收入以及利润的倾向，又考虑到前期了解基本情况阶段了解到的伍德公司的基本情况，伍德公司急需增发新股以及发行企业债券筹集资金，以增加对 C 系列产品的投入，包括科研投入、生产基地投入、购置生产线投入等，而这一切需要伍德公司良好的财务指标和逐年增长的收入、利润，以获得投资者的青睐。综合目前的情况，收入虚增的风险很大。

经验分享

被审计单位为了虚增利润，会将下一年度的收入提前确认到上一年度，也有可能将上一年度的成本费用确认到下一年度；同理，为了调减利润，会将上一年度应该确认的收入确认到下一年度，也会将下一年度的成本费用确认到上一年度。

12.6.1.6 完整性测试

相关底稿

营业收入完整性测试表。

程序说明

检查营业收入的完整性，主要目的是确定应当计入本期的所有发生的业务收入是否均已计入本期营业收入明细账。

错误做法或观点

关于收入完整性测试，审计人员又产生了意见分歧：

哲艳阳认为，被审计单位为上市公司，只有收入虚增的风险，没有收入不入账的风险，所以，完整性测试是没有必要的。

李静一认为，收入的虚增和收入不入账并不矛盾。被审计单位是上市公司，有募集资金的需要，所以需要一个良好的财务指标，所以有虚增收入的风险，但是被审计单位可能要与各相关方搞好关系，甚至有些领导可能有些奢侈消费，或者其他不能入账的支出，也需要资金，截留收入是这方面资金的可能来源之一，不排除收入不入账的风险，应该进行收入完整性测试。

项目负责人认为李静一的意见正确，所以决定进行完整性测试。

哲艳阳抽查了部分发货单，没有发现不入账的情况。李静一认为，机械地填制底稿已经不能实现审计目的，被审计单位的发货单很多，几个样本代表不了总体情况，应该运用电子表公式，对被审计单位全部发货单与已经入账的发货单核对，从中发现没有入账的情况。

程序执行情况

李静一取得了发运部门的发货单台账，又在管理系统中导出了已经入账的发货单明细，将两个表用电子表的相关函数进行处理，发现一些发运单没有对应的会计处理凭证。检查这些发运单，发现有些收货人是一些个人。经调查，伍德公司生产一些小型电机产品，主要销售给郊区农民，而这些农民不要发票，因为开发票，价款为含税价，不开发票，价款不含税，农民不需要抵扣进项税，所以不含税价更低廉，故这部分产品的销售没有开发票，这部分收入没有纳入账内核算，形成账外资金。该事项涉及金额合计 23 400 万元。

还发现一些发运单，是运送到火车站物流中心的货物，经与相关人员了解，一些商品通过铁路发运给客户，要先运送到当地火车站物流中心。

李静一的工作底稿：发货单对比表。

经验分享

底稿是为审计服务的，如果底稿模板不能实现审计目的，则可以根据审计目的需要进行调整，不可为填制底稿而削足适履。

虚增收入与截留收入并不矛盾。虚增收入是因为有虚增收入的需要，为了粉饰报表；而一些账外支出需要真金白银，截留收入也不是没有可能。

12.6.1.7 关联方审计

相关底稿

关联交易统计表、关联交易检查表。

程序说明

关联方及其交易审计是为了确定关联方及其交易是否真实存在，交易记录是否适当，关联方交易是否按会计准则有关规定充分披露。

关联方及交易审计主要围绕三个重点：一是确定有哪些关联方；二是确定有哪些关联方交易；三是确定关联方及其交易是否按企业会计准则规定披露。

错误做法或观点

审计组成员哲艳阳进行关联方及关联交易测试，经与伍德公司相关人员了解，该公司除了母公司伍德集团公司以及初步业务活动中已经了解并取得相关资料的伍德网络公司、伍德设备公司、伍德新材料公司、伍德劳务公司、伍德包装材料公司等 12 家受同一母公司控制的公司外，没有其他关联方，也没有发生关联方交易。所以，只是在相关底稿上记录一下了解到的情况。

程序执行情况

李静一认为，上市公司在行业监管、业绩压力、税收等压力之下，存在着强烈的作假动机，从行业已经发生的审计失败案例来看，关联方交易是企业作假的主要手段之一，所以关联方交易是审计的高风险区域之一。关联方交易形式多样，目的性强，隐蔽性大，不能只是简单相信被审计单位提供的相关信息。

李静一又执行了如下审计程序：

（1）列出主要客户名单。按销售额，排出最大的前 20 名客户，具体情况如下：

兴邦能源公司；

兴海能源公司；

大江能源公司；

国信能源公司；

……

其中，兴旺能源公司、兴隆能源公司、兴盛能源公司、振兴能源公司、兴邦能源公司等几个公司引起了李静一的警觉，因为这几个公司的名称风格相近，都有些兴旺发达的意思，按常理，不同的公司由不同的人设立，名称如此相近有些怪异，名称如此风格相近，背后的人是否有关联，让人生疑。

（2）通过网络以及公司所在地工商部门查找这些公司的登记信息。考虑到这些公司与被审计单位不在同一地点，为提高效率、降低成本，项目组委托在这些公司所在地的其他项目组帮助查找这些公司的工商登记信息。

（3）查阅股东大会、董事会以及其他重要会议记录，关注有无关联方及交易的信息。

（4）取得伍德公司的管理层名单、职工名册，用前述的电子表公式检索这些人与这些客户单位的主要管理人员、股东姓名、法定代表人、身份证号有无相同。经检索，发现这几家公司的法定代表人都是伍德公司的普通员工，因为姓名和身份证号一样。

另外，这几家公司的注册资金都比较小，分别为 100 万元、50 万元、500 万元不等，这么小的公司，有没有财务实力采购伍德公司几千万元甚至上亿元的机电产品，让审计人员产生怀疑。

另外一个疑点是这些公司注册时间都很短，都是在 2016 年后半年注册成立。

进一步调整风险评估结果及审计计划

以上迹象说明，被审计单位存在着虚构关联方、虚构销售的迹象，审计人员决定履行下一步的审计程序。因为被审计单位存在着很大的造假风险，所以，审计人员决定走访交易额占前十五名的客户，因为前十五名客户销售额已经占到了伍德公司全年销售额的95％，走访前十五名的客户，已经基本能控制被审计单位虚增收入的风险。

经验分享

无论虚构业务，还是转移资产、资金，往往离不开关联方的"配合"，这些关联方有些是真实的，比如母子公司、兄弟公司；一些国企有一些三产、多经企业，也有虚构的，比如这个案例中，虚假注册一些公司。

了解客户的主要客户、主要供应商及其基本情况很重要，审计人员应保持职业警觉，比如客户的名称风格相近，本身就异常，对此应该引起关注。

12.6.1.8 凭证抽查

相关底稿

主营业务收入测试表；主营业务收入重大调整事项核查表；主营业务成本重大调整事项核查表。

程序说明

凭证抽查是对会计核算的基础资料进行抽样检查，应该在了解内部控制流程、业务流程和符合性测试的基础上进行。

错误做法或观点

凭证抽查由项目组成员李萍进行，并制作了主营业务收入测试表（1）。结论是：经抽查凭证，未发现任何异常。

李静一组长认为，李萍进行的凭证抽查工作没有将审计程序执行到位，存在如下问题：

（1）不应该机械地使用底稿模板中的检查内容。一般底稿模板检查内容为：原始凭证内容是否完整；记账凭证与原始凭证内容金额是否相符；账务处理是否正确；是否记录于恰当的会计期间；是否有授权审批；账证的内容、金额是否相符，如果按这个标准，几乎每个收入确认底稿都满足这些条件。应该根据已经了解的被审计单位的会计政策，加入与被审计单位实际情况相关的具体的判断标准；是否签订了销售合同；商品是否已经发出；是否有客户盖章签字的验收单；

赊销金额是否控制在批注的信用额度内。

(2) 选样不应该是毫无目的的随机选样,而应该依据其他审计程序发现的审计风险领域确定样本选取范围。

程序执行情况

从凭证抽查的结果来看,伍德公司有虚增收入和利润的偏向;从各月度销售情况分析来看,12月的销售额远高于其他月份;从关联交易审计的结果来看,兴旺能源公司、兴隆能源公司、兴盛能源公司、振兴能源公司很有可能是为了虚构收入而虚构的公司。所以应该按如下选样方案进行选样:

- 兴旺能源公司、兴隆能源公司、兴盛能源公司、振兴能源公司的全部销售业务凭证、合同以及其他交易过程相关文件都要检查。
- 12月份的凭证要全部检查。
- 除兴旺、兴隆、兴盛、振兴外的其他前五名客户凭证抽查率要达到销售额的80%以上。
- 对年度内的销售退回、主营业务收入、成本的账务调整全部核查。
- 其他月份的凭证随机选样。

在李静一组长的组织下,审计小组重新进行了凭证检查,编制了审计工作底稿主营业务收入测试表(2)、主营业务收入重大调整事项核查表、主营业务成本重大调整事项核查表。通过以上凭证核查,又发现了如下问题:

- 兴旺能源公司、兴隆能源公司、兴盛能源公司、振兴能源公司的对方验收记录异常,虽系不同公司的不同人签字,但是字体都是一样。
- 验收单与其他正常客户的验收单相比,没有什么内容,没有对各项技术指标的详细记录。
- 检查对应的发运记录,发现收货人都是个人,而不是对应的公司名称。
- 国信能源公司、国投能源公司两家公司12月份的销售合同与以前的其他销售合同相比,合同条款有了约定退货条款:"货物验收合格后,将试用三个月,三个月内,如果各项技术指标正常,销售成立;如果有三项技术指标偏离正常值,甲方有权退货。"也就是说,12月份销售给这两家公司的6台C系列电机,在2016年12月31日,商品所有权上的主要风险和报酬还没有转移给购货方,不符合收入的确认标准,含税销售额合计294 840.00万元,其中,国信能源公司含税销售额194 340.00万元,国投能源公司100 500.00万元。
- 检查重大主营业务收入、成本有重大调整,发现在2016年3月存在退回

2015 年 12 月售出商品的情况，从被审计单位 2016 年发生的调整事项对应的合同条款来看，合同规定"如果经过三个月的试运行，达不到技术指标，将退货"，说明在 2015 年年末，这单销售不满足确认收入的条件。上年末确认收入，下年初作销售退回，很可能是被审计单位调节利润的惯用手段之一，尽管 2017 年已经无法取证确认 2015 年年末那些退货是否发出，但是可以对 2016 年度的期后事项进行关注。

根据以上发现的问题，基本可以判断被审计单位存在虚构关联方、虚构收入、提前确认收入的问题，对于兴旺能源公司、兴隆能源公司、兴盛能源公司、振兴能源公司的销售，只有目前的证据，还不能认定被审计单位的部分收入全部是虚构，还应该取得其他的确凿证据。与主要客户国信能源公司、国投能源公司两家公司 12 月份销售的 6 台 C 系列电机，销售额总计 294 840.00 元，不符合收入的确认条件，应该进行审计调整。

进一步调整风险评估结果及审计计划

接下来应该履行哪些审计程序，部分小组成员的意见是应该与被审计单位沟通，令其进行账务调整，否则，审计组将保留意见或者否定意见。李静一组长则认为，如果被审计单位作假，那么，不只是收入作假，成本以及其他科目同样存在造假的问题，其他的运费、电费等同样存在造假的问题，这些都应该查实，而不应该太早与被审计单位沟通，如果其他问题没有查实，被审计单位有了准备时间，对这些没有查实的问题提出一些似是而非的证据，审计进程将很困难。

随后审计组成员分析：如果这些买卖的电机真实存在，在没有真实客户的情况下，这些电机有可能没有发出，或者没有发给真实的客户单位；如果这些销售以及相关成本都是虚构的，那么，成品电机可能实际不存在，但是，相关的原材料可能存在；还有一种可能是全部的收入成本都是虚构的，根本没有相应的原材料。针对前两种情况，应该对存货进行突击盘点，确认存货的状况。

如果是以上第三种情况，有关存货的生产成本、销售费用，包括运输费等，很可能就是虚假的，从原材料到生产成本到库存商品的一系列资料也很可能是假的，这些虚假的资料不可能有真实的资金流出，或者资金流出的凭证就有可能是假的，根据这种情况，审计组拟定了下列的审计程序：突击盘点存货；关注其他与生产相关的费用真实性，包括生产过程中的一系列成本流转资料、电费、运输费、工人工资等真实性；关注 2017 年 1 月 1 日到正在审计时的退货情况，也就是说，关注期后事项。

> 💡 **经验分享**

科目之间是普遍联系的，如收入科目存在问题，相关的科目一定存在问题，而其他看起来不直接相关的科目，比如工资、福利费、存货甚至在建工程、无形资产等其他科目也有可能存在问题。审计忌头痛医头、脚痛医脚，应该用普遍联系的眼光看问题，用普遍联系的思路计划审计程序。

12.6.1.9 关注成本流转资料的真实性

经抽查存货生产成本资料，发现如下问题：

（1）存在电费虚列。从账面上看，电费的增长幅度基本同存货的产量成正比，但是抽查交电费的凭证发现，部分电费没有电费发票，经访谈经手人以及其他相关方，发现存在部分电费虚列情况（详情见采购与付款其他成本支出部分），将这部分虚列的电费从生产成本中扣除，发现被审计单位的电费比上年略降，说明被审计单位的实际生产情况不如上年。

（2）存在工资虚列。从账面上看，工人工资的增长幅度也基本与生产成本总额增长幅度成正比，但是审计人员到车间走访部分工人发现，工人实领工资与账面工资不符，实领工资普遍低于账面金额。

对于应付工资的真实性，有的小组成员主张以工人访谈结果作为证据，说明工资虚列。审计小组长李凯歌认为不应该这样，一是如果以工人的谈话作为审计证据，这部分工人以后在公司可能处境不好，二是部分工人谈话并不能提供到底有多少工资虚列，应该计划其他的审计程序。

审计人员要求伍德公司出纳人员陪同到银行查询公司各月工资发放情况，出纳人员以没有得到领导允许为由，不予配合；审计人员与伍德公司财务总监沟通，要求派员配合到银行查询工资发放情况，财务总监以历年审计都没有查工资发放情况为由拒绝配合；审计人员同伍德公司董事会相关人员沟通，并明确如果公司不配合，审计组将视同审计范围受限，出具非标准无保留意见。伍德公司董事会几经磋商，同意公司出纳配合审计人员到银行查询工资发放情况。

在伍德公司相关人员陪同下，审计人员到银行打印出2016年12个月的工资发放明细，与账面记载相比，远低于账面记录的发放数，账面果然存在虚列工资的情况。将虚列的工资扣除后发现，工人的效益工资基本与上年持平，并没有明显增长。

> 💡 **经验分享**

访谈得到的信息，只能作为了解情况的线索，一般不应该直接作为审计证据，而应该在了解到的信息的基础上，计划进一步的审计程序，取得更确凿的审计证据。

12.6.1.10 存货盘点或监盘

程序说明

存货监盘是检查有形资产的基本程序。检查有形资产是指注册会计师对资产实物进行审查、盘点，确认资产是否账实相符、资产质量以及其他与审计相关的事项等。检查有形资产程序主要适用于存货、固定资产以及其他有形资产等，也适用于现金、有价证券、应收票据等。

检查有形资产可为其存在性提供可靠的审计证据，但不一定能够为权利和义务或计价认定提供可靠的审计证据。

错误做法或观点

关于存货盘点，存货审计小组审计人员文沅和李凯歌产生了意见分歧。

文沅认为，从账面上看，存货的金额非常小，只有几十万元的低值易耗品，远低于审计确认的重要性标准，即使全部盘亏，也不会影响审计意见，所以可不对存货进行盘点。

李凯歌认为，存货盘点的目的不仅要看账面上有的存货实际是不是有，还要看实际上有的存货账面上是不是有，也就是说，既要关注存货高估风险，还应该关注存货低估风险，所以应该盘点存货。

程序执行情况

存货审计小组与销售审计小组沟通后，统一了意见，决定不但要盘点存货，还要在提前不通知被审计单位的情况下突击盘点存货，而且要所有的仓库同时进行，以防止被审计单位有所准备，使审计程序无效。盘点的范围包括被审计单位的全部仓库、伍德公司物流中心以及火车站物流中心。为了掌握被审计单位的全部仓库及所在地，审计人员搜索了被审计单位的固定资产台账，并检查了租赁费用支出，检查有无租赁的仓库，掌握了全部仓储地点。

审计人员分成了几个小组，突击实施存货盘点程序。在与被审计单位有关审计联络人以及仓储部人员提出盘点存货时，同去银行查询工资发放情况一样，这些人员以各种理由阻挠盘点，要求推迟盘点时间，审计人员开诚布公地表示：如果被审计单位不按审计人员要求的时间和地点配合存货盘点，将视同审计范围受限，不能出具标准无保留意见审计报告；如果被审计单位要求推迟盘点时间，那么就存在有准备地让审计人员盘点的嫌疑，审计程序将失去效力。

被审计单位无奈，只好派出人员陪同盘点，盘点结果是库存严重与账面情况不符。具体情况如下：

- 账面除低值易耗品外的其他原材料、产成品等为0，但实际发现仓库中存在大量的钢材以及若干B系列电机产品；
- 火车站物流中心保存着伍德公司的6台C系列产品；从车站物流中心了解，这6台C系列产品是伍德公司寄存的，还没有明确的发运地址及发运计划。经核对，这6台C系列产品的型号参数与国信能源公司、国投能源公司两份销售合同上的商品规格型号参数是一样的。

盘点结果与前期了解到的伍德公司的情况严重不同，按风险评估阶段了解的被审计单位的情况，伍德公司接收订单之后，才组织生产，并与供应商联系组织原材料供应，这样以保持零库存，避免存货占用资金。

经验分享

实践中应注意审计程序的不可预见性，不要让被审计单位预见，被审计单位预见了，就会有所准备，审计程序也就失去了效果，不能控制审计风险。

12.6.1.11 期后事项

审计人员对截止到目前，也就是2017年3月15日之前，伍德公司的退货情况进行审计，对全部退货凭证进行检查。检查发现，国信能源公司购买的4台设备已经退回，理由是按照合同的约定，在试用期内，主要技术参数不符合要求则退货。进一步证明，2016年12月对国信能源公司、国投能源公司两家公司的附有退货条件的销售很可能是为了调节2016年的利润，伙同国信能源公司、国投能源公司进行的虚假销售行为。

12.6.2 应收账款科目的实质性测试程序

12.6.2.1 获取或编制应收账款明细表

相关底稿

应收账款明细表。

计划的主要审计程序

（1）复核加计是否正确，并与总账数和明细账合计数核对是否相符；结合坏账准备科目与报表数核对是否相符。

（2）检查非记账本位币应收账款的折算汇率及折算是否正确。

（3）分析有贷方余额的项目，查明原因，必要时，做重分类调整。

（4）结合其他应收款、预收账款等往来项目的明细余额，调查有无同一客户多处挂账、异常余额或与销售无关的其他款项（如代销账户、关联方账户或雇员账户）。如有，应做出记录，必要时做调整。

（5）标识重要的欠款单位，计算其欠款合计数占应收账款余额的比例。

|错误做法或观点|

以上审计程序由项目组成员刘月明履行。经项目组长李静一进行复核，认为刘月明的基本审计程序没有执行到位，没有将明细表、明细账、总账与报表进行核对。刘月明认为，被审计单位会计电算化，高度发达的信息系统管理不可能出现账账不符、账表不符的情况，所以只是用审计软件导出了相关数据，形成了明细表，并没有进行账面账账的核对。

|程序执行情况|

经李静一复核发现，被审计单位明细账、明细表、总账是相符的，但是与对外报出的报表并不相符。后来，应付账款项目组核对，发现应付账款也存在报表数与总账明细账等不符的问题。

经核对，应收账款、应付账款、其他应收款、其他应付款都存在与报表不符的问题。核对发现，应收款项、应付款项合计都与报表相差 30 亿元。经向被审计单位财务总监了解，是被审计单位将应收款项与应付款项进行了报表的对冲，主要原因是因为资产负债率太高了，报表不好看；另外，被审计单位的母公司对于资产负债率、应收账款周转率等都有考核任务，所以，被审计单位才进行了这种会计处理。被审计单位认为，这样的处理并没有什么不妥，因为净资产没有发生变化。审计组认为，净资产确实没有发生变化，但是一系列财务比率，包括偿债能力比率、相关周转率等都会变化；再者，会计准则的基本要求就是账实相符、账表相符，如果报表不能反映企业的基本财务状况，那么就失去了存在的意义。经与被审计单位沟通，被审计单位同意对报表进行审计调整。

12.6.2.2 应收账款分析性复核

|相关底稿|

应收账款账分析性检查表。

|计划的主要审计程序|

分析应收账款占收入比率、应收账款周转率、应收账款借方发生额与主营业务收入的勾稽关系是否正常。

> 程序执行情况

审计人员编制了应收账款分析性检查表,发现伍德公司应收账款余额占收入比重较以前年度大幅度增加。2014年度为34.00%,2015年度为33.67%,2016年度达到52.10%,经检查被审计单位的会议纪要等文件,伍德公司在2016年度放宽了信用政策,而且被审计单位披露了信用政策的改变。不能说被审计单位收入确认存在问题,但是,审计组仍然发现了被审计单位存在扩大收入、利润的倾向,存在收入高估风险。

所以,审计小组决定扩大函证比例、增加大客户访谈、增加截止测试和期后收款测试的比例等方式,加强应收账款的实质性测试程序。

12.6.2.3 应收账款的函证

> 相关底稿

应收账款函证结果明细表;应收账款询证函;根据被审计单位情况修改后询证函。

> 程序说明

函证是指注册会计师为了获取影响财务报表或相关披露认定的项目的信息,通过直接来自第三方的对有关信息和现存状况的声明,获取和评价审计证据的过程。例如对应收账款余额或银行存款的函证。通过函证获取的证据可靠性较高,因此,函证是受到高度重视并经常被使用的一种重要审计程序。

常见的函证程序主要适用于对往来账、投资、融资、建造合同等与外部单位的交易事项的审计。

> 错误做法或观点

函证程序由项目组成员刘月明执行,并编制应收账款函证结果明细表(1)。

经李静一复核后,认为应收账款函证程序严重不符合准则的规定。

> 程序执行情况

通过执行以上审计程序,发现主要存在以下问题:

(1) 审计人员没有控制函证过程。

刘月明将询证函模板拷给被审计单位财务人员,由被审计单位财务人员随机发函,回函地址是被审计单位财务部门所在地,收件人是被审计单位财务人员,由财务人员将询证函回函交给审计人员,审计人员没有控制函证过程,存在被审计单位人员函证造假、审计人员不能发现的风险。

(2) 回函地址以及时间有问题。

从被函证单位所在地看,分布于全国多个省市,但是从询证函回函的信封来看，这些回函的发出地址都是北京朝阳区某地。被审计单位解释，这些回函地址都是客户单位驻京办事处地址。所有客户单位的驻京办事处都在一个地址也说不通的，再者，不可能所有客户单位的财务部门都在朝阳区的驻京办事处；而且，所有的询证函都是同一天回函，有几个回函的 EMS 编号都是连续的，显然，很可能存在询证函造假的行为。

另外，有的询证函签章人不是被函证的单位，名称不符；有的询证函签章不清楚，看不出来是不是被函证单位，显然都不能作为核对相符的证据。

（3）函证选样存在问题。

按注册会计师审计准则及指南的要求，函证选样的要求如下：金额较大的项目；账龄较长的项目；交易频繁但期末余额较小的项目；重大关联方交易；重大或者异常的交易；可能存在争议、舞弊或者错误的交易。

但是，伍德公司的应收账款回函并没有将前 10 名最大金额的应收账款包含在内，也没有将期末余额小但交易频繁的项目包含在内。

与国信能源公司、国投能源公司两家单位签订的合同存在退货条款，但是没有函证这两个单位的询证函。

知识分享

所谓的随机选样，并非没有选择标准。无论什么选样方式，都应该遵循如下基本原则：

《中国注册会计师审计准则第 1231 号——针对评估的重大错报风险采取的应对措施》规定，注册会计师应当针对评估的财务报表层次重大错报风险，设计和实施总体应对措施，针对评估的认定层次重大错报风险，设计和实施进一步审计程序（包括审计程序的性质、时间安排和范围）；无论评估的重大错报风险结果如何，注册会计师都应当针对所有重大类别的交易、账户余额和披露，设计和实施实质性程序；注册会计师应当考虑是否将函证程序用作实质性程序。

（4）对于回函不符的处理存在问题。

对于兴邦能源公司的回函金额比账面金额少 5 400 万元，刘月波认为调节相符，就不存在问题。所谓的调节相符，是购销双方入账时间存在时间差，对于 5 400 万元的销售，伍德公司 2016 年 12 月 31 日之前入账，而对方单位是 2017 年 1 月 18 日入账，调节相符，不能说存在错误。

而李静一认为，不能说调节相符就不存在问题，还要看看双方差异的具体原因是什么。经检查与 5 400 万元差额相关的凭证，5 400 万元对应的电机是双方在 2017 年验收的，验收之后，对方单位才确认应付账款，按伍德公司的会计制度，不应该在 2016 年确认收入，所以，应该进行审计调整。

> **经验分享**
>
> 审计最终目标是为了鉴证报表是否反映实际的财务状况，是否符合企业会计准则，而不是检查是不是"调节相符"。

（5）替代测试过于机械。

对账龄较长的 ZZZ 公司进行替代测试。据被审计单位有关人员反映，这个单位一直不回函，以前审计的会计师事务所也是进行替代测试，也就是检查交易发生时的合同、发运单、发票等。李静一认为，连续几年检查并复印交易发生时的原始资料没有意义，交易发生时的原始资料只能证明交易发生时的情况，不能证明应收账款的现状，对 ZZZ 公司的情况应该进一步落实。

> **经验分享**
>
> 审计证据是为了证明审计截止日的余额、发生额是否真实、完整、正确，交易发生时的余额、凭证等，只能说明交易发生时的情况，能说明历史，但说明不了现状，甚至都说明不了真实的历史。以历史资料证明现状，无异于刻舟求剑。

（6）部分询证函没有债务人签章。

李静一在复核过程中发现，一些询证函缺对方单位盖章。经询问刘月波，刘月波认为，对于已经发函，但是对方没有回函的账户，将一个被审计单位盖章而没有对方单位盖章的询证函放在底稿中，也比什么都没有要好，因为证明我们努力了，只是没有达到目的而已。

李静一认为，这是无效底稿，审计只有两个选择，取得了充分适当的审计证据，就标准无保留意见；没有充分充当的审计证据，就不能标准无保留意见。没有对方盖章的无效审计证据，只是浪费纸张浪费时间而已。这些没有用的东西，应该作废。实践中很多人将证明自己"苦劳"的无效底稿置于底稿中，说明他们还是不清楚审计的总体目标：取得审计证据，证明被审计会计报表符合编制基础的规定。

程序执行情况

综上，应收账款函证相关审计程序应该重新履行。

在李静一的指导下，重新进行应收账款函证，主要方案如下：

（1）由被审计单位提供客户方的名称、地址、联系人、联系电话等信息，审计人员亲自控制函证过程。

（2）余额大的、账龄长的、交易频繁的、关联方的、通过已履行的审计程序已经发现异常的等账户，应将通信地址、单位名称等，与交易合同对照检查相关信息是否异常，以防范造假行为。

（3）针对多个其他省市询证函出自朝阳区的情况，被审计单位的解释是会计李某嫌麻烦，自己造了相符的回函提供给审计人员，实际上真的没有发生财务造假行为。

以上情况视同询证函没有发出过，按计划重新函证，但对被审计单位的诚信已经不可信，由于存在着造假风险，风险评估结论以及内部控制测试阶段的对内部控制有效性的评估结论都要修正，审计风险评估为高风险。

（4）函证样本选择要修改，不要随机选样，要选择如下样本：

- 金额最大的前十个账户，经计算，前十个账户的余额合计已经占到应收账款科目余额的90%以上，基本可以控制应收账款高估风险；
- 账龄最长的前五个账户；
- 当年销售额最大的前十个账户，包括期末余额已经为0的账户；
- 在主营业务收入审计过程中已经发现疑点的几个账户：国信能源公司、国投能源公司、兴旺能源公司、兴隆能源公司、兴盛能源公司、振兴能源公司。

（5）修改既定的询证函模板。

一般的往来账询证函模板只是对余额进行询证，针对目前评估的比较高的审计风险，要对交易额也进行函证。

知识分享

《中国注册会计师审计准则第1231号——针对评估的重大错报风险采取的应对措施》规定，注册会计师应当针对评估的财务报表层次重大错报风险，设计和实施总体应对措施，针对评估的认定层次重大错报风险，设计和实施进一步审计程序（包括审计程序的性质、时间安排和范围）；无论评估的重大错报风险结果如何，注册会计师都应当针对所有重大类别的交易、账户余额和披露，设计和实施实质性程序；注册会计师应当考虑是否将函证程序用作实质性程序。

也就是说，函证的范围，不但包括往来账，还可以是交易；不但是余额，也可以是发生额。根据需要，函证审计人员需要外部证据的信息。

（6）对于不能回函的情况，应该进行二次函证，如果还不能回函，应该检查是否按会计准则以及企业集团的会计制度计提坏账准备；根据确定的重要性水平确定是否要出具非标准无保留意见报告。

（7）对于替代测试，不应该机械复印当年交易发生时的原始凭证，而应该检查有没有期后回款的情况。如果没有期后回款，也不能取得询证函，视重要性水平，计划履行其他审计程序，包括查询被函证单位的现状、检查坏账准备的计提等审计程序；根据确定的重要性水平确定是否要出具非标准无保留意见报告。

（8）根据前期审计工作，发现被审计单位存在较大的舞弊可能性，所以要加大函证的范围，提高函证比例，对应收账款函证比率、户数和金额都要达到95%以上。

在李静一的指导下，对应收账函证第二次函证发现如下问题：

（1）部分2016年发生交易的单位不回函。兴旺能源公司、兴隆能源公司、兴盛能源公司、振兴能源公司没有回函，也联系不上对方单位人员，电话无人接听。考虑到这四家公司应收账款虽然余额为0，但是，发生额合计339 330万元，远超过重要性水平，如果不能取得充分适当的证据，将要影响审计报告的意见类型。

（2）部分单位回函不符。

一是提前确认收入导致的不符。国信能源公司、国投能源公司两家公司回函不符，国信能源公司账面数294 858.00万元，回函确认金额为100 518.00万元，差额194 340.00万元；国投能源公司账面100 500.00万元，回函确认为0元，年度销售总额也存在着同样金额的差额。以上差额恰与12月份两公司的附有销售退回条款的合同金额相符。

对方在询证函说明事项中说明12月份的购买的商品正在试运行中，尚未确认采购。说明伍德公司不应该确认销售收入。

经验分享

造假存在着各种可能，如果被审计单位与两家单位配合得很好，回函也可能相符，那么与大客户配合造假的情况也就不能在函证过程中发现，需要采取其他的审计程序。

提前确认收入会导致应收账款不符，同理，推迟确认收入也会导致应收账款回函不符，所以，对于不符的情况，一定要追究不符的原因，与会计准则对照，确认是否要进行审计调整。

二是收付款不入账导致的不符。NBA公司回函与账面不符，账面2 000万元，回函为0，经审计人员联系对方，对方说该笔款项已于2015年还清，现在已经不欠伍德公司款项。

按风险评估以及内部测试阶段了解的情况，被审计单位的货币资金内部控制良好，按时登记银行日记账，每月编制银行存款调节表，出纳与编制调节表的人员是分离的。而这 2 000 万元是已入账没有冲 NBA 的应收账款？还是没有入账？还是入错其他账户？

审计人员追查 2015 年的对账单以及银行日记账，发现这 2 000 万元在银行对账单上一进一出，都没有做账，所以，期末银行对账单和银行日记账仍然相符。经追查，这笔款项被转入工会账户，被用做发放部分员工奖金。

审计组提出，在函证过程中发现的 NBA 公司已付款、转入工会账户的 2 000 万元应该收回，不应当发放的奖金应该追回。伍德公司接受审计组的建议。

三是余额相符，发生额不符。FFF 公司应收账款余额 230 万元，回函相符，但是，发生额回函不符，账面发生额为 6 230 万元，回函发生额为 8 230 万元，回函列明了发生额及回款明细，经审计人员与银行日记账及对账单核对，发现差异的 2 000 万元，销售时，没有作应收账款和主营业务收入的增加，收回时也没有冲减应收账款，所以双方余额仍然相符。从银行存款明细账来看，这 2 000 万元收回时，没有记银行存款增加；转入伍德公司下属培训中心账户，也没有作银行存款减少，也就是说，收回以及转出都没有体现在银行日记账上，但是银行对账单上能看出来收款以及付款。

经延伸审计培训中心账户，发现这是以工会名义注册的单位，转移到这个账户的资金都用于发放奖金、职工活动、退休职工慰问金等支出。

审计组提出，FFF 公司已经付款转入培训中心的 2 000 万元应该收回，不应当发放的奖金应该追回，伍德公司接受审计组的建议。

经验分享

当余额相符、发生额不符时，也可能是对方的错误。到底是谁的错误，需要审计人员仔细分析相关资料来确定。

四是收付款核算错误导致的不符。ADD 公司回函与账面不符，账面 500 万元，回函为 0。经查，属于会计核算错误，将收款误冲了 DFF 公司的款项，审计人员进行了审计调整，会计人员也进行了差错更正。

经验分享

实践中的错误可能源自不同债务人账户之间入账的错误，也可能是误冲了同一客户的其他往来科目。

五是由于双方入账时间差导致的不符。NHH 公司回函不符，伍德公司余额为 5 000 万元，NHH 公司回函为 2 500 万元。经核对，对 2016 年 12 月发生的最后一笔交易，伍德公司已经取得对方的验收单，而对方单位还没有入账，所以导致双方发生额和余额都出现了 2 500 万元的差额。

伍德公司是在取得了对方的验收单的情况下确认收入的，出现差额并不是伍德公司的问题，所以伍德公司不用进行审计调整。

（3）没有回函，但是，期后已回款。MMJ 公司余额 3 000 万元，NNQ 公司余额 3 100 万元，没有回函，已于 2017 年 1 月将销售款收回，回款金额与欠款额相符。审计人员复印相关凭证，作为替代测试证据，并编制了应收账款未回函替代测试表。

（4）部分账龄长的债务人没有回函。ZZZ 公司等一些账龄长、余额小的单位没有回函，经了解，这些单位已经 2 年以上没有与伍德公司发生交易，对方经营状况不好，有些已经停止经营，经核查，已经按照会计制度计提了坏账准备。而且这些小金额的金额合计数也较小，远低于重要性水平，即使不回函，也不影响审计报告意见类型。

除以上问题外，其他账户均取得了回函，且回函相符。

李静一根据以上回函编制了应收账款函证结果明细表（2），并将以上发现的问题，以及最后解决的过程记录于审计工作底稿（在该底稿示例中，回函相符的省略。假设发现的问题都得到解决，且审计证据充分、适当，被审计单位同意调整）。

进一步调整风险评估结果及审计计划

从函证程序的结果来看，被审计单位存在如下风险：

（1）银行存款收支均不记账，存在截留收入、转移资金的风险，针对这种情况，应该通知货币资金审计小组，将银行对账单和银行日记账进行对比，检查是否存在截留转移资金的情况，以及是否存在虚构货币资金收支的风险。

经验分享

既然有虚构应收账款的风险，当然存在虚构应收账款收回的风险，也当然存在货币资金收支虚构的风险。

（2）被审计单位可能存在账外实体，目前发现的培训中心受被审计单位的控制，按相关准则规定，应该纳入被审计单位的合并范围，对其收支情况应该进行延伸审计。

（3）通知合并报表小组关注被审计单位是否存在其他未纳入合并范围的但是存在控制关系的实体或者账套。

（4）对应收账款进行凭证抽查，关注应收账款收回是否存在异常。

经验分享

随着审计程序的进行，对被审计单位的风险判断变化，应该不断地调整审计程序，以适应变化了的风险评估，控制审计风险。

12.6.2.4 应收账款的凭证抽查

程序说明

根据前期的审计程序执行情况，确定如下应收账款凭证抽查方案：

（1）选样范围。

- 结合主营业务收入凭证，检查前十名客户的全部应收账款发生以及收回的凭证；
- 检查 12 月份的全部调整凭证；
- 已经发现疑点的几个账户（国信能源公司、国投能源公司、兴旺能源公司、兴隆能源公司、兴盛能源公司、振兴能源公司）的凭证要全部检查；
- 分录涉及不相关、异常或很少使用的账户；
- 分录由平时不负责做会计分录的人员做（例如，管理员或财务总监所做的通常由较低级别财务人员做的会计分录）；
- 分录在期末或结账过程中做出（比如关账分录或在期末后不久冲销的会计分录），且没有科目代码；
- 账户配对出现异常的，比如借应收账款、贷费用类账户；
- 描述中包含一项短语（例如："由某某"）标明或意味着是在另一位员工的指使下所做的分录；
- 影响收入的异常会计分录；
- 与应收账款相关的包含复杂或性质异常的交易的账户。

（2）关注的重点。

除一般底稿中规定的"1. 原始凭证内容完整。2. 记账凭证与原始凭证内容金额相符。3. 账务处理正确。4. 记录于恰当的会计期间。5. 有授权审批。6. 账证的内容、金额相符"六项内容外，根据伍德公司的前期审计发现的情况，还要关注是否存在以下问题：

- 应收账款的增加是否因为主营业务收入的增加，如果对应科目为主营业务收入以外的其他科目，调查原因；
- 因回收货款减少应收账款的，是否有银行盖章的进账单单据，收款人户名、账号是否与被审计单位银行存款明细表中的账号、户名相符（当然，要进行银行存款函证以及对账单检查等证明这些账号及余额客观存在），有无虚构银行账户、虚构货款回收的情况；付款人是否是销售的对方单位，名称、账号与销售合同是否相符，有无以其他来源的资金虚构货款回收的情况；
- 如果应收账款减少，对应是银行存款以外的其他科目的，调查相关业务内容，判断是否真实、会计处理是否合规。

错误做法或观点

凭证抽查工作由李萍完成，经组长李静一检查后，认为李萍进行的凭证抽查工作存在如下问题：

- 样本量少。只抽查了5个凭证，无法控制审计风险，抽查凭证流于形式。
- 为作底稿而作底稿，与主营业务收入的凭证抽查内容重复，将在主营业务收入科目中抽查过的凭证号又抄写了一遍，没有关注其他样本。将主营业务收入凭证抽查表中已经记录的凭证再抄写一遍，没有意义。
- 凭证抽查没有针对性。没有针对伍德公司的风险评估结果有针对性地选择样本、确定判断标准，而是机械地使用原底稿模板中的检查内容：原始凭证内容完整；记账凭证与原始凭证内容金额相符；账务处理正确；记录于恰当的会计期间；有授权审批；账证的内容、金额相符。

程序执行情况

在李静一的指导下，按着修正后的凭证抽查方案重新检查了相关凭证，考虑到已经在主营业务收入科目检查了应收账款增加的凭证，通过穿行测试以及符合性测试了解到伍德公司的会计核算过程，所有的销售都先借记应收账款增加，且通过应收账款分析表证实应收账款借方增加额恰好等于主营业务收入与增值税销项税的合计，所以，不再对应收账款的增加进行凭证检查，而是把重点放在应收账款的贷方发生额，关注应收账款贷方发生额的去向。当然，如果需要，可以将应收账款收回与应收账款发生的凭证进行对照，以确认相关信息有无异常。

结果发现了如下问题：

（1）销售回款提前入账。

个别应收账款回款凭证所附银行进账单为 2017 年度回款，伍德公司却将其提前列入 2016 年，以减少应收账款余额。据了解，伍德公司之所以出现这样的情况，是为了完成上级单位对伍德公司下达的应收账款的控制指标，将 2017 年的销售回款提前入账到 2016 年，以减少 2016 年末的应收账款余额。

经验分享

审计实践中也存在着为了规避上级单位或者集团公司对货币资金的管控，而将属于上一年度进账的货币资金放在下一年度入账的情况。

（2）应收账款保理业务处理错误。

经审计人员前期阅读被审计单位会议纪要，以及抽查应收账款凭证，发现被审计单位有应收账款保理业务，涉及应收账款 100 000 万元。

应收账款保理是企业将赊销形成的未到期应收账款在满足一定条件的情况下转让给商业银行，以获得银行的流动资金支持，加快资金周转。理论上讲，保理可以分为有追索权保理（非买断型）和无追索权保理（买断型）、明保理和暗保理、折扣保理和到期保理。

经检查被审计单位与银行、客户单位签订的保理合同，该合同属于有追索权的保理，也就是说，在有追索权的保理业务中，应收账款出售时与之相应的坏账风险并没有转移，根据相关规定及实质重于形式原则，相当于以应收债权为质押取得借款，其会计处理应为：

借：银行存款（按协议企业从银行实际取得的款项）
　　财务费用（保理手续费）
　贷：短期借款

应该增加短期借款，不应该冲减应收账款，但是，被审计单位直接冲减了应收账款，应该作审计调整，调增应收账款以及短期借款 10 亿元，以及相应其他财务费用等。

（3）虚构销售回款。

发现兴旺能源公司的销售回款凭证没有银行进账单据，经过与货币资金审计小组沟通，得知银行存款日记账各账户与银行对账单调节都相符，或者余额相等，既然银行存款增加没有银行进账单，那么肯定存在银行存款减少也没有单据的情况，否则，银行存款对账单和日记账期末无法相符。经货币资金审计小组核查，果然发现了没有银行单据的货币资金支出的情况。没有银行单据的货币资金支出为原材料采购，以及支付在建项目的工程款。

💡 **经验分享**

实践中,有些作假都有真实的银行单据,有些是虚假注册的客户真实的资金流;有些是将款项转给真实的客户,由真实的客户以销售回款的方式转回被审计单位,而虚构的毛利则要转入在建工程、无形资产等资产类科目;有的是假造银行进账单据,让每笔与货币资金相关的收入、支出都有充分的依据。这些造假手段通过凭证抽查发现破绽很困难。

当然,最后的虚构利润也要体现在一些非货币类资产上。这就需要核查这些非货币资产的真实性,以及利用专家工作等对在建工程等非货币资产的造价进行核实。

当然,假账水平低的,也有直接将应收账款转入非货币性资产的,或者直接与应付账款进行对冲的,当然,该应付账款也是虚构的。

各种情况都有可能,其目的就要将虚构的利润转移到一些非货币性资产中去,因为,应收账款一般要收回,而且要经得起审计师函证;银行存款要与银行对账单相符,也要经得起审计师函证;只有非货币资产造价不直观,是虚构利润比较好的藏身之所。

(4)应收账款坏账核销没有依据。

2016年核销了QQQ公司560万元的应收账款,主要原因是QQQ公司一直不还款,这笔钱的账龄达到五年以上,当时与交易相关的人均已离职,难以催收。

审计人员认为QQQ公司正常经营,不符合伍德公司所在企业集团应收账款核销的条件,即:"(一)因债务人被宣告破产、撤销注销工商登记或者被政府责令关闭等导致无法收回的应收款项,应当根据法院的破产公告、破产清算文件、工商部门的撤销注销证明、政府部门有关文件等进行认定。已经清算的,应当对扣除清偿部分后不能收回的款项认定为损失。(二)债务人死亡或者依法被宣告失踪、死亡,其财产或者遗产不足清偿且没有继承人的应收款项,应当在取得相关法律文件后认定为损失。(三)因不可抗力因素(自然灾害、意外事故)无法收回的应收款项,由单位做出专项说明,可以根据社会中介机构出具的经济鉴证证明认定损失。(四)涉诉的应收款项,已生效的人民法院判决书、裁定书判定、裁定其败诉的,或者虽然胜诉但因无法执行被裁定终止执行的,认定为损失。(五)逾期3年以上、单笔数额较小、不足以弥补清收成本的,由单位做出专项说明,根据社会中介机构出具的经济鉴证证明认定损失"。

审计人员建议进行审计调整:

借:坏账准备 −560万元

　　贷:应收账款 −560万元

(5) 异常客户的凭证抽查结果。

对于前期审计过程中锁定的异常单位兴旺能源公司、兴隆能源公司、兴盛能源公司、振兴能源公司、兴邦能源公司的应收账款回收凭证检查,除兴旺能源公司外,其他几个单位并没有发现异常,应收账款回收凭证有银行进账单,进账单有银行盖章,付款单位名称、合同名称相符。有些是以银行承兑汇票的形式收回,审计人员检查了应收票据,并未发现异常。

国信能源公司、国投能源公司的货款回收凭证未发现异常,日常回款凭证都有银行进账单,进账单付款单位名称与合同对方名称、应收账款明细表的单位名称等核对相符,未发现任何异常。

12.6.2.5 应收账款的账龄分析以及坏账准备测试

相关底稿

应收账款账龄测试表;应收账款账龄检查表;应收账款坏账准备测试表。

计划的主要审计程序

从上阶段审计过程中发现的被审计单位的倾向来看,被审计单位有高估利润的倾向,所以审计组决定对被审计单位的账龄分析以及坏账准备履行检查程序。

取得应收账款明细表,对应收账款明细表进行账龄分析,发现一些客户账龄与上年比,没有变化。例如 PPP 公司,余额 3 000 万元,上年账龄为一年以内,本年没有发生额,期末账龄还是一年以内,显然,上年既然是一年以内的账龄,本年也应该是 1~2 年。这表明被审计单位肯定存在通过调整应收款项的账龄以调整坏账准备的情况,所以对应收账款账龄进行检查,步骤如下:

(1) 分析应收账款明细表,对于部分单位,上年末、本年末应收账款账龄都在一年以内,而且本年有发生额,贷方发生额大于应收账款年初数的,相当于本期将期初欠款全部收回,年末应收账款账龄在 1 年以内的,没有问题,可以不进行分析。

(2) 对于上年末、本年末账龄都在 5 年以上的账户,且当年没有发生额的,不进行分析,因为账龄超过 5 年,坏账准备已经不变,对损益没有影响。

(3) 对于余额较大,本期贷方发生额小于期初数的余额大于 100 万元的账户,通过检查凭证等,逐户分析账龄情况。

程序执行情况

经检查,被审计单位存在调节账龄的情况,高估 1 年以内账龄 20 000 万元,高估 1~2 年内账龄 10 000 万元,低估 4~5 年内账龄 10 000 万元,低估 5 年以上账龄 20 000 万元,按被审计单位的坏账准备计提政策,1 年以内的坏账准备为 0,

1~2年坏账准备为10%，2~3年坏账准备为20%，3~4年坏账准备为30%，4~5年为50%，5年以上为100%，故共少提坏账准备：

$-20\ 000 * 0 = 0$（万元）

$-10\ 000 * 10\% = -1\ 000$（万元）

$10\ 000 * 50\% = 5\ 000$（万元）

$20\ 000 * 100\% = 20\ 000$（万元）

以上合计导致少计提坏账准备24 000万元，应该调整增加坏账准备24 000万元。

经与被审计单位沟通，被审计单位同意调整。

12.7 与被审计单位沟通

通过上述审计程序，审计人员发现以下异常尚未落实原因，提请被审计单位解释：

- 通过生产能力调查，C系列产品实际生产22台，超过设计生产能力15台，几乎达到正常生产能力的50%，按设计的工艺和能力，是不可能实现的，请被审计单位管理层解释原因。

- 经审计小组对工商资料进行审查以及现场走访，发现兴旺能源公司、兴隆能源公司、兴盛能源公司、振兴能源公司注册资本过低，且没有正常的生产经营场所，不可能有能力买几个亿的机电产品。通过凭证抽查发现，相关验收单签收人字体异常，与其他公司的销售相比，验收单对各项技术指标没有详细记录，通过函证程序，不能取得对方回函，而且电话也联系不上对方人员，请被审计单位管理层解释原因。

  NHD、NHDA、NHDB、NHDC等几个公司，有的是小公司，实际的经营范围没有与伍德公司相关的原材料、建材等，伍德公司不可能在这几个公司买到原材料和建材。有的早已经停产，靠出租厂房给退休下岗人员开工资。伍德公司也不可能在这样的公司买到与生产相关的原材料和建材。

- 12月份销售给国信能源公司、国投能源公司两家公司6台C系列电机，合同规定了退货条款，在退货期满之前，与商品所有权上的主要风险和报酬还没有转移给购货方，不符合收入的确认标准，而且从应收账款的函证回函上来看，对方并没有确认交易的实现，应该审计调整。

通过对 2017 年 3 月 15 日之前伍德公司的退货情况进行审计，对全部退货凭证进行检查发现，国信能源公司购买的 4 台设备已经退回，理由是按照合同的约定，在试用期结束时，主要技术参数不符合要求则退货。这也说明销售给国信能源公司、国投能源公司不符合收入确认的条件，应该进行审计调整。

- 生产成本未报销的电费，请被审计单位提供电费发票，并对审计人员与经手人谈话所作的访谈笔录解释原因。
- 对于银行出具的工资发放明细与公司账面工资发放支出不符的情况，请被审计单位管理层解释原因。
- 对于账面已经为 0，但是物流中心还堆积着大量的钢材等原材料，请被审计单位管理层解释原因。
- 关于火车站物流中心保存着伍德公司的 6 台 C 系列产品，经与车站物流中心了解，这六台 C 系列产品是伍德公司寄存的，还没有明确的发运地址，但截止 2016 年 12 月 31 日，账面没有这 6 台 C 系列产品，请被审计单位管理层解释原因。
- 已经转让的、编号为 X×××1# 的银行承兑汇票，金额为 30 000 万元，所得资金纳入公司出纳李琴以个人名义开的账户。根据对这个账户延伸审计结果，资金来往的单位都是伍德公司的供应商以及客户，请被审计单位管理层解释原因。
- 虚构应收票据以及贴现金额 5 000 万元、伪造银行承兑汇票金额 4 000 万元、以及出票人 A 公司、背书人 B 公司都不肯确认的银行承兑汇票 6 000 万元，真相是什么，请被审计单位管理层解释原因。

在以上铁的证据面前，被审计单位无可抵赖，终于说明了真相：

- 兴旺能源公司、兴隆能源公司、兴盛能源公司、振兴能源公司是以员工身份证注册的公司，主要是为了调整收入使用，并没有真实的交易，所以，与这几家公司相关的全部收入成本都纯属虚构，这也是账面原材料为 0、而仓库堆着大量原材料的原因；同时，这么做也是考虑到以往会计师事务所审计时，对实物资产抽盘一定的比例，所以账面原材料清零，全部通过生产成本转入库存商品，并作销售，结转主营业务成本，以为这次审计的会计师不会再盘点了，没想到，事务所对于账面原材料已经为 0 的情况，也要查看仓库；工资的银行明细与账面不符、电费没有发票，也是因为虚构生产成本导致。

因为虚构了销售，出于配比的需要，也就要同步虚构原材料采购等，与 NHD、NHDA、NHDB、NHDC 等几个公司的采购就是属于虚构的采购业务。这几个公司是伍德公司有关管理人员亲属开的小公司，主要经营日常生活用品。这些虚构的销售采购业务，有的有真实的资金流，比如通过李琴账户的资金流就是用于虚构有资金流的销售采购，通过李琴账户将资金转移给兴旺能源等虚假注册的公司账户，通过虚构的销售交易将资金转回伍德公司账户；再通过虚构采购交易，将资金转移给 NHD 等公司，由 NHD 等公司转入李琴账户；有些虚构的交易没有真实的资金流，通过虚构应收票据结算、采购、贴现等，完成一个供、产、销循环。

而虚构的利润，主要沉淀在在建工程、固定资产中。这些虚构的利润不能以货币资金的状态存在，因为无法与银行账户相符，容易被发现；也不能在往来账户中核算，因为报表审计过程中，注册会计师会函证。其最好的隐身之处是固定资产及在建工程，因为是非货币性资产，无法直观地判断价值。

- 12 月份销售给国信能源公司、国投能源公司两家公司 6 台 C 系列电机，是利用伍德公司在行业中的主导地位，与下游客户达成协议，先签订合同，合同中约定退货条款，报表日后再陆续退回，实际并没有发货，而将其储存在火车站货场。

以上对收入的虚增，主要原因是出于为维持良好的市场形象，募集股权资金以及债权资金，加大 C 系列产品的投入，保持行业的领先地位。

经验分享

以上案例仅仅为了说明各种审计程序的必要，实践中，这种造假相对来说并不高明，高明的造假有真实的资金流、物流甚至跨境，有真实的出入境手续，相对难以发现破绽。

第 13 章
采购与付款循环审计案例分析

2017年1月15日，ZTH会计师事务所有限公司受中雄集团审计部委托派出审计组对伍德股份公司进行2016年度报表审计，其中，张明志、文芜负责采购与付款循环审计。审计人员先了解了被审计单位与采购与付款循环相关的内部控制制度，然后对内部控制制度的设计合理性以及执行有效性进行了符合性测试，再根据符合性测试的结果，评估了审计风险，实施了实质性测试。

13.1 了解伍德股份公司生产有关情况

项目小组通过访谈生产技术相关负责人了解到如下基本情况：伍德股份公司主要产品为A系列、B系列、C系列机电产品；主要原料包括铸铁、铸铝合金、型钢（钢管）、钢板、整流管、压敏电阻、电容等；主要供应商为大夏钢铁股份公司、盛唐金属股份公司、大辽金属股份公司、天机电子技术股份公司、通宇电子科技有限公司等，这些供应商主要通过招标的方式成为伍德股份公司的入围供应商，签订框架协议，并每单采购另行签订采购协议，根据市场价格的95%确定成交价格。

13.2 了解与采购和付款相关的内部控制制度

ZTH会计师事务所有限公司审计人员通过访谈有关人员，以及取得并研究有关内部控制制度的方式，了解了伍德公司与销售和收款有关的内部控制制度，并完成了底稿《了解采购与付款流程、执行穿行测试汇总表》中了解描述内部控制相关的部分。

通过对销售和收款相关内部控制制度的了解，审计组成员获取了如下重要信息：

（1）伍德股份公司制定了与采购与付款相关的内部控制制度，明确规定采购与付款分离。

（2）确保每年对供应商进行评审，供应商的新增经过严格的调查和审核。

（3）采购计划纳入全面预算管理，年度采购计划、月度采购计划依据生产经营计划制定，由总公司审批，并确定供应商，纳入信息系统管理。

（4）确保采购订单按照采购计划生成，订单经过严格审批。

（5）采购合同经过严格的审批。对于重大的战略性合同，采用总公司规定的合同范本，合同审核单在经监审处、厂长批准的基础上，还需要总公司战略采购部批准；对于一般性合同，采用监审处制定的合同范本，由于之前招投标已经经过厂长批准，合同审核单只需要经过监审处的批准即可；日常采购计划也根据月度排产会的生产计划制定，确定供应商、货品量及价格之后，由采购部门拟定采购合同，报送审批，依次经部门主管，最后由总经理批准；若是未出现在月生产计划中的临时生产计划，有特殊订单或其他原因导致的额外生产，生产经营办需提交临时生产计划任务单，交由分管副总审批；如果有车间生产中紧急需求的物品，首先由需要物品的车间提交紧急采购申请表，由主管采购的副总审批，采购员再根据临时需求，制定采购申请，报送采购部门主管及分管领导审核。

（6）入库验收之前经过严格检测及审批。先由物流仓储部门检查物品数量，确认无误，然后由质量检测部门对货品的质量进行抽样检查，只有通过检测才能够进入下一步骤继续入库。仓库管理员需填称重计量单，确认货物数量正确，在系统中制作采购收货凭证，由验收方和收货方共同签字，然后在系统中录入，确认收货。收到发票后，将发票与入库单、采购订单进行三单核对，核对无误后，财务部确认存货及应付账款。

（7）确保对未收到发票的采购物资进行暂估入库，做到账实相符。

（8）付款经过审批。采购部门在收到供应商开具的发票之后，编写付款计划且有部门负责人和总经理签字，然后连同采购订单、采购收货凭证和付款计划一同交予财务，财务检查以上三样是否齐全且数额正确，并检查付款计划是否有各部门及总经理签字，有以上三者则做凭证入账，然后付款。

（9）建立了预付账款和定金管理机制。公司与供应商签订合同后，根据合同条款约定需要支付定金或者预付货款，需要采购员填写《借款申请单》，经部门领导、监审处、厂长、财务处审批后进行付款。

13.3 穿行测试

为加深对被审计单位采购和付款流程相关的内部控制的了解，并确认内部控制制度设计合理、执行有效，ZTH 会计师事务所有限公司审计人员随机抽取了几单材料采购业务样本，追踪交易在财务报告信息系统中的处理过程（穿行测试），要求受监察的单位提供所有所抽取业务样本的运行记录，并将穿行测试过程记录在相关底稿中，编制了采购与付款流程—穿行测试（与采购材料有关）、采购与付款流程—穿行测试（与付款有关）两份底稿。

通过穿行测试，审计人员更直观地了解了被审计单位的业务流程和内部控制关键点、相关凭证以及信息系统的处理过程，确认被审计单位的业务流程及控制与了解的内部控制制度相符，未发现内部控制设计存在缺陷。

13.4 符合性测试

ZTH 会计师事务所有限公司审计人员在对被审计单位内部控制进行初评的基础上，为证实该控制是否在实际工作中得以贯彻执行、贯彻执行的实际效果是否符合设立该控制的初衷，对伍德股份公司采购与付款的各业务环节内部控制制度执行情况进行符合性测试，并编制了相关工作底稿《控制测试—采购与付款流程控制测试测试表》，包括供应商选择及档案维护测试、请购与审批测试、订购测试、采购与验收测试、付款控制测试、付款测试、付款测试等部分。

经过符合性测试，发现被审计单位的内部控制制度均得到执行，内部控制制度运行有效。

13.4.1 供应商选择及档案维护测试

通过对供应商选择及档案维护测试，发现选择的样本均满足下列条件：

- 供应商档案的变更真实有效；
- 供应商档案变更后更准确；
- 所有供应商档案变更均已进行输入及处理；
- 对供应商档案变更均已于适当期间进行处理；
- 确保供应商档案数据及时更新。

13.4.2 请购与审批测试

通过对请购与审批测试,发现选择的订单样本均满足下列条件:

- 对正常经营所需物资的购买均作一般授权;
- 对资本支出和租赁合同,企业政策则通常要求作特别授权,只允许指定人员提出请购;
- 所有采购均已按规定编制请购单;
- 每张请购单已经过对这类支出预算负责的主管人员签字批准;
- 请购申请均经过批准,超预算和预算外采购符合规定。

13.4.3 订购测试

通过对订购测试,发现选择的样本均满足下列条件:

- 采购部门在收到请购单后,只对经过批准的请购单发出订购单;
- 订购单应正确填写所需要的商品品名、数量、价格、厂商名称和地址等;
- 正联应送交供应商,副联则送至企业内部的验收部门、应付凭单部门和编制请购单的部门;
- 对大额、重要的采购项目,签署采购合同;
- 对大额、重要的采购项目,应采取竞价方式来确定供应商;
- 预先予以编号并经过被授权的采购人员签名;
- 独立检查订购单的处理,以确定是否确实收到商品并正确入账。

13.4.4 采购与验收测试

通过对采购与验收测试,发现选择的发货样本均满足下列条件:

- 所收商品与订购单上的要求相符;
- 验收部门应对已收货的每张订购单编制一式多联、预先编号的验收单;
- 验收人员还应将其中一联验收单送交应付凭单部门;
- 验收时盘点商品并检查商品有无损坏;
- 验收人员将商品送交仓库或其他请购部门时,应取得经过签字的收据。

13.4.5 付款控制测试

通过对付款控制测试,发现选择的样本均满足下列条件:

- 确定供应商发票内容与相关的验收单、订购单的一致性;

- 编制有预先编号的付款凭单,并附上支持性凭证(如订购单、验收单和供应商发票等);
- 在付款凭单上填入应借记的资产或费用账户名称;
- 由被授权人员在凭单上签字,以示批准照此凭单要求付款;
- 确定供应商发票计算的正确性;
- 独立检查付款凭单计算的正确性;
- 由被授权人员在凭单上签字,以示批准照此凭单要求付款。

13.4.6 付款测试

通过对付款测试,发现选择的样本均满足下列条件:

- 独立检查已签发支票的总额与所处理的付款凭单总额的一致性;
- 被授权签署支票的人员应确定每张支票都附有一张已经批准的付款凭单,并确定支票受款人姓名和金额与凭单内容一致;
- 支票签署人不签发无记名及空白的支票;
- 确保只有被授权的人员才能接近未经使用的空白支票;
- 应由被授权的财务部门人员负责签署支票;
- 支票一经签署就应在其凭单和支持性凭证上用加盖印戳或打洞等方式将其注销;
- 支票应预先连续编号,保证支出支票存根的完整性和作废支票处理的恰当性。

13.4.7 应付账款测试

通过对记录应付账款测试,发现选择的样本均满足下列条件:

- 发票所记载的品名、规格、价格、数量、条件及运费与订货单上的有关资料核对;
- 将已批准的未付款凭单送达会计部门,据以编制有关记账凭证及登记有关账簿;
- 定期核对编制记账凭证的日期与凭单副联的日期;
- 负责独立检查会计人员定期应付账款总账余额与应付凭单部门未付款凭单档案中的总金额是否一致;
- 发票上所记载的品名、规格、价格、数量、条件及运费与验收单上的资料是否一致;

- 会计主管监督记账凭证中账户分类的适当性；
- 独立检查会计人员核对所记录的凭单总数与应付凭单部门送来的每日凭单汇总表是否一致。

13.5 实质性测试总体思路与策略

经过前期了解伍德股份公司的采购管理制度以及内部控制流程，伍德股份公司主要是按销售订单制定生产计划，按生产计划确定原材料采购品种、数量，以降低库存占用资金。对于因为市场价格波动而需要大量囤积的，不与生产计划挂钩。

13.5.1 采购与付款审计的总体思路

13.5.1.1 认识采购与付款审计的意义

生产要素的采购是企业生产经营循环的起点，如果原材料、辅料以及其他与生产有关的要素采购是真实的，且账务处理正确，则按着生产过程中的价值流转过程，转入生产成本、半成品、产成品、主营业务成本的价值就是真实的，所以，采购和付款是存货与生产循环的基础和起点。采购和付款循环审计，要控制价值循环的起点的风险。

13.5.1.2 计划利用专家的工作，必要时，就相关事项咨询专家

审计小组计划利用专家的工作，通过伍德股份公司所在行业协会找到专家 A 先生，通过访谈以及网络公开资料，判断 A 先生具备足够的专业胜任能力和独立性。

> **经验分享**
>
> 审计人员的长项是财务会计知识丰富，不可能对任意一个行业的技术都有了解，然而，不了解被审计单位生产经营相关的技术知识，其判断力就受限制，无法对业务的真实、合法、效益进行判断。

13.5.1.3 和专家一起，对负责生产技术的人员进行访谈，了解相关情况

对于审计过程中遇到的问题，计划由 A 先生和审计人员一起，对伍德股份公司相关的业务人员、技术人员等进行访谈。

13.5.2 采购与付款循环主要审计策略

13.5.2.1 业务划分

考虑到采购与付款循环涉及原辅材料、在建项目、固定资产等多项业务，内

部控制流程、负责的部门都不一样，所以将原辅材料采购、应付账款、预付账款、货币资金科目纳入采购与付款循环审计，由张明志、文沅负责；在建工程、固定资产，由另外的项目小组负责。

而存货又涉及原材料、辅助材料、在产品、生产成本等多个分类，将直接支付货币资金的材料采购纳入采购与付款循环，其他纳入生产与存货循环。

13.5.2.2 主要审计策略

（1）通过抽查凭证、检查采购合同、分析性符合等审计程序，确认：记录的原材料由被审计单位拥有或控制；原材料以恰当的金额包括在财务报表中，与之相关的计价调整已恰当记录；原材料已按照企业会计准则的规定在财务报表中做出恰当列报。

（2）通过盘点存货实物资产等审计程序，确认资产负债表中记录的原材料是存在的、所有应当记录的原材料均已记录。

（3）及时与其他项目小组沟通，调整审计风险判断，判断风险领域，调整审计计划。

> **经验分享**
>
> 通过定期、不定期会议以及其他各种方式及时沟通、共享信息很重要，会计要素之间是普遍联系的，一个会计问题往往涉及多个会计科目或者业务循环。

13.6 实质性测试程序

13.6.1 材料采购业务的实质性测试程序

经了解，伍德股份公司的采购与付款核算按制度规定采用计划成本核算，全部的材料采购都通过材料采购和材料成本差异进行核算，全部的付款都通过应付账款核算。审计小组根据 ZTH 公司报表审计底稿模板中规定的具体审计计划执行了如下审计程序：

13.6.1.1 账账、账表等核对

（1）获取或编制材料采购（在途物资）的明细表，复核加计是否正确，并与总账数、明细账合计数核对是否相符。

（2）获取或编制原材料的明细表，复核加计是否正确，并与总账数、明细账合计数核对是否相符。

（3）取得生产部门及仓储部门的材料收、发、存数量资料，与财务部门记录的数量核对，确认财务、业务是否相符。

伍德股份公司信息化水平较高，经核对，明细账、总账、报表、仓库账完全相符，未发现异常。

> 💡 **经验分享**
>
> 本案例设定伍德股份公司会计核算、管理水平较高，经审计未发现账账不符、账表不符等低级错误，审计实践中，账账不符、账表不符的情况很多，如仓库账与财务账不符等。

（4）利用专家工作，检查原材料明细表。

伍德股份公司存货审计小组请专家 A 先生阅读分析了原材料明细表，确定这些原材料是否与伍德股份公司的产品相关，有无与产品没有关系的原材料；各系列产品的单位消耗是否合理，有无异常；这些原材料有无过时、减值的迹象。

A 先生检查相关明细表后，发现原材料中有多种型号电子元件已经过时，市场上已经没有这种元件在销售，而是出现了科技含量更高、性能更好的可替代元件。

审计人员将 A 先生标志的全部原材料列明细，并检查账面资料，发现这些原材料已经 2 年没有发生额，也就是说，没有购买，也没有领用，账龄长达 2 年以上，这样的存货金额共计 234 万元；而这些电子元件的替代产品也在伍德股份公司的原材料明细表上，说明在伍德股份公司这些电子元件已经被淘汰。审计组依据专家的结论以及两年以上没有领用为由，认为这些存货已经没有价值，应该对这些存货全额计提减值准备。

伍德公司认可审计人员的意见，同意进行审计调整。

> 💡 **经验分享**
>
> 实践中很多审计失败案例的原因之一就是审计人员对于与生产经营相关的工程技术不了解，如果财务资料是完备的，就无法发现被审计单位的舞弊行为，为控制审计风险，应该利用专家的工作。

13.6.1.2 材料采购的凭证检查

相关底稿

采购业务检查表（合同—明细账）；采购业务检查表（明细账—合同）。

程序说明

主要检查项目如下：

（1）针对异常或大额交易及重大调整事项（如大额的购货折扣或退回，会计处理异常的交易，未经授权的交易，或缺乏支持性凭证的交易等），检查相关原始凭证和会计记录，以分析交易的真实性、合理性。

（2）对大额材料采购或在途物资，追查至相关的购货合同及购货发票，复核采购成本的正确性，并抽查期后入库情况。

（3）检查期末材料采购或在途物资，核对有关凭证，查看是否存在不属于材料采购（在途物资）核算的交易或事项。

（4）检查月末转入原材料等科目的会计处理是否正确。

错误做法或观点

文沅按照ZTN会计师事务所底稿模板进行了凭证抽查，未发现异常，所检查的样本都符合下列条件：

- 所有采购都有合同；
- 合同按权限规定经过审批；
- 发票所列货名、型号、规格、数量、单价与合同一致；
- 发票入账前经主管人员审核批准；
- 入库单货名、型号、规格、数量、金额与发票一致；
- 存货入库前经过质量验收；
- 存物经仓库保管员签收；
- 记账凭证会计分录是否正确；
- 记账金额是否正确；
- 是否登记明细分类账；
- 是否登记总账。

程序执行情况

张明志复核文沅的工作底稿后认为，伍德股份公司内部控制制度健全，管理相对规范，审计面临的风险是管理层凌驾于内部控制制度之上的风险，在健全的内部控制制度下，即使是虚假的业务，也会有健全的审批程序、全面的合同凭证，所以，所抽查的凭证只满足以上条件远远不够，应该全面了解业务实质。

同时，提出除了关注所抽查的样本是不是满足以上基本条件外，还应该关注以下细节：

- 账面上记载的供应商有哪些；
- 这些供应商的入围程序是否规范；
- 有无隐匿的关联方；
- 这些供应商的供应价格是否公允，与市场价格的偏离度是否异常；
- 有无其他异常迹象。

主要控制如下风险：

- 交易价格明显高于其他供应商可比价格或者市场价格，贪污舞弊或者调节利润；
- 交易价格明显低于市场价格或其他供应商可比价格，调节利润；
- 交易价格与其他供应商可比价格比没有异常，但是虚构采购。

在张明志的指点下，审计小组履行了下列程序：

（1）了解账面记载的供应商。从伍德公司账套系统中导出了供应商明细表，通过该表掌握供应商编号、名称、交易金额、欠款金额等信息。

（2）对于年度累计交易金额较大的供应商，检查相关的凭证，了解该供应商的主要供应材料名称、类别、交易价格，并与市场价格比较。

相关底稿

主要供应商采购分析表。

程序执行情况

通过凭证检查，发现了如下异常情况：

（1）疑似关联方交易转移利润。

1）交易价格异常。

再次抽查凭证，从中发现异常：原材料中某种型号的硅钢片，大夏钢铁股份公司的供应价格为1.3万元/吨，而一家名为经纬物资有限公司的供应价格为1.6万元/吨。大夏钢铁股份公司（简称大夏钢铁）是行业知名企业，是伍德股份公司主要供应商之一，而经纬物资有限公司（简称经纬物资）审计人员并没有听说过，从知名度上看，显然经纬物资远逊于大夏钢铁。审计人员迅速上网查询经纬物资的工商注册信息，发现经纬物资的注册资本为100万元，法人代表为李峻屹，审计人员搜索了伍德股份公司员工名册，并没有李峻屹这个人，但是同样型号的钢材，伍德公司不是全从大夏钢铁进货，反而从经纬物资高价采购了一部分，实属异常。经统计，伍德公司在经纬物资采购金额全年合计2.72亿元。经审计人员比较，大夏钢铁的采购价格是按伍德公司的制度，即按市场价格的

95%确定采购价格，如果照与大夏钢铁的交易价格计算，在经纬物资的采购多支出了5 100万元，具体计算数据如下：

合同编号	与经纬的交易量（吨）	与经纬的交易单价（万元/吨）	与经纬的交易额（万元）	与大夏的交易价格（万元/吨）	折算交易额（万元）	多支出（万元）
CG012	2 000	1.6	3 200	1.3	2 600	600
CG017	2 000	1.7	3 400	1.3	2 600	800
CG019	2 000	1.5	3 000	1.3	2 600	400
CG020	2 400	1.6	3 840	1.3	3 120	720
CG100	2 600	1.6	4 160	1.3	3 380	780
CG104	3 000	1.6	4 800	1.3	3 900	900
CG108	3 000	1.6	4 800	1.3	3 900	900
合计	17 000		27 200		22 100	5 100

审计人员继续比较各种原材料的进货价格，又发现了两家异常公司：长信物资有限公司（简称长信物资），注册资本100万元，伍德股份公司与其交易30 000万元，与同种材料的主要供应商盛唐金属股份公司的交易价格相比，共多支出6 200万元；天元物资有限公司（简称天元物资），注册资本200万元，伍德股份公司与其交易10 000万元，与同种材料的主要供应商盛唐金属股份公司的交易价格相比，共多支出1 500万元。以上交易相关的凭证，单独看都没有异常，采购订单、合同都经过审批，货物验收、入库都有相关工作人员的签字，付款都按内部控制流程由相关人员审批。

2）难以判断是否存在关联方关系。

审计人员到当地工商局查询上述三家公司的工商注册信息，这三家公司的现任法定代表人以及高管人员都不是伍德公司的员工，但是通过查询工商变更信息，发现这三家公司在2015年年末进行过工商变更，之前的法定代表人李文华是伍德股份公司主管销售的副总经理。

从工商注册资料上来看，2015年之前，应该是伍德股份公司的关联方，属于会计准则定义的被关键管理人员控制的企业。2016年是不是伍德股份公司的关联方，审计人员无法判断。

伍德股份公司管理层提供给审计组的关联方名单并没有这三家公司，经与管理层相关人员访谈，伍德公司管理层不承认这几家公司是关联方，有关人员承认2015年之前确实为李文华所控制，但为了遵守有关监管规定，规避关联交易不公允的嫌疑，已于2016年年末将股权转移给没有关联关系的第三方了。

关于交易价格高于同期的主要供应商交易价格，伍德公司管理层解释是因为大夏钢铁、盛唐金属等主要供应商供应不足，为了不耽误生产，在销售合同规定的交货日期之前交货，只好高价从这几家公司采购原材料。

审计人员判断上述的说法纯粹无稽之谈，但是，没有证据反驳。

经验分享

这个案例假设审计人员找不到证据证明是否存在关联方关系，从而分析在这种情况下应该怎样处理。实践中，有很多能查到是否关联方关系的线索，比如工商信息查询、相关人员访谈等。

3）供应商准入程序不完善。

审计人员请伍德公司管理层提供经纬物资有限公司、长信物资有限公司、天元物资有限公司的准入资料，按伍德公司相关规定，对于入围供应商，应该有招投标资料，伍德公司管理层只提供了经纬物资的资料，却一直未能提供长信物资和天元物资的资料，有关人员反馈的信息是"找不到了，丢失了"。审计人员无法判断是没有招标，还是真的招标资料丢失，还是招标程序不规范不想提供给审计组。而通过经纬物资有限公司的招标资料，发现招标过程不规范，4份投标资料上的联系人与联系电话都是一个人的，属于虚假招标行为。

4）对供应商访谈。

审计人员提出对部分供应商现场访谈，其中包括大夏钢铁股份公司、盛唐金属股份公司、经纬物资有限公司、长信物资有限公司、天元物资有限公司，经过访谈了解到，伍德股份公司是大夏钢铁股份公司、盛唐金属股份公司长期合作的大客户，几年来，没有出现过商品不足、不能满足供应的情况，所以，伍德公司有关人员所谓大夏钢铁股份公司、盛唐金属股份公司供应不能满足生产需求的说法被否定。

通过现场访谈察看，发现经纬物资、长信物资、天元物资只是街头小商铺，长信物资、天元物资经营的是木材，只有很少一部分钢材，而且管理人员拒绝与审计人员见面，店内服务人员说不认识伍德股份公司任何人，实际上就是拒绝与审计人员沟通的表示。

5）对审计报告的影响。

通过以上审计程序，审计人员归纳疑点如下：

- 交易价格不公允。
- 没有证据证明这几家公司作为伍德公司的供应商履行了规范的招标程序；

特别经纬物资有限公司的招投标资料，证明了经纬公司的进入是虚假招标的结果。
- 这几家小公司作为伍德公司的供应商本身异常。这几家小公司规模小，注册资本都在200万元以下，特别是从交易量上来看，其供应量只占需求量的一小部分，而大夏钢铁股份公司、盛唐金属股份公司完全有能力供应伍德公司生产经营所需要的同种型号钢材。

审计人员初步猜测，上述问题应该是内外勾结的转移资金行为，可能是这三家公司低价购买钢材转卖给伍德股份公司，挣取差价，属于舞弊贪污行为。但是却没有明确证据，仅仅停留于猜测。注册会计师审计的局限性，不能延伸审计这三家公司，查明资金来源去向，也无法查明这三家公司股东及所有者与伍德股份公司的关系。

如何处理这种审计结果，审计人员存在不同意见。一种意见认为，因为无法取得证据证明以上交易是违法的，而没有证据的猜测是难以说服被审计单位的，所以不应该在审计报告中披露；另一种意见认为，报表审计的目标是取得证据证明会计报表符合企业会计准则，对于以上交易，疑点重重，而且因为审计范围受限，也没有取得证据证明其合法，不应该出具标准无保留意见审计报告。

经审计小组会议讨论，板块副总李致远和质控主管江慕认为：显然第二种意见是正确的，决定如果到计划审计工作结束仍然无法取得证据证明交易是合法的，应该保留意见或者无法表示意见；至于是保留意见还是无法表示意见，待审计结束后，根据报表总体情况而定。

初步措辞如下：

伍德股份有限公司以超过同期其他供应商及市场同期价格水平的价格从经纬物资有限公司、长信物资有限公司、天元物资有限公司合计采购6.72亿元物资，与同期其他供应商相同规格的商品对比，共多支出价款1.28亿元，审计人员无法对这三家公司延伸审计以确定资金流向，故无法确定这三家公司与伍德公司是否有关联方关系，也无法确定伍德公司会计处理是否正确，以及对关联方及交易的披露是否充分。

经验分享

报表审计的目的，是取得证据证明报表总体上符合企业会计准则，如果没有证据证明账户余额或者交易层次的合法、公允，本身就不具备标准无保留意见的条件，就不应该出具标准无保留意见报告。

本案例是假设被审计单位通过高于市场价格或者其他可比价格购买商品转移利润，而实践中存在更为简单粗暴的做法，没有实物验收资料，没有合同；或者有合同，合同简单空洞没有内容，甚至发票是假发票，业务实质就是虚列支出套取资金，相对来说更容易发现。

（2）疑似关联方交易调节利润。

审计人员检查凭证发现，2016年12月，伍德公司自NHD公司购入某材料一批，数量30 000吨，单价2 000元/吨，又以2 500元/吨的价格卖给NHDA公司，从中赚取差价1 500万元。

经审计人员市场询价，发现这批材料当时的市场价格为每吨2 540元左右，伍德公司以远低于市场价格的价格购入，以接近市场价格的价格卖出，存在利用关联交易调节利润的嫌疑。但是，与经纬公司等几家公司一样，审计人员没有查出NHD公司、NHDA公司与伍德股份公司是否存在关联方关系。

伍德股份公司管理层的解释是购销人员通过个人关系，知道NHD公司有一批货急于出手盘活资金，而NHDA公司需要这么一批货，所以就联系成了这笔购销业务，伍德股份公司从中赚取利润。审计人员同样感觉牵强，但没有证据证明交易的真实商业理由。

（3）账面供应商与访谈信息对比异常。

张明志对审计人员的阶段性底稿进行分析复核，又发现异常，那就是通过凭证抽查发现存在问题的供应商经纬物资、长信物资、天元物资、NHD公司、NHDA公司，与前期对伍德股份公司生产技术人员访谈得到的信息存在差异，在与生产技术人员沟通时，生产技术人员对主要供应商及供应商提供的产品质量、性能等都很熟悉，如数家珍，审计人员将生产技术人员提到的主要供应商名称都记录在访谈底稿中，这些供应商中，没有经纬物资、长信物资、天元物资以及NHD公司、NHDA公司等。

审计人员分析，生产技术人员主要负责生产技术工作，一般情况下，对供应商以及产品很熟悉，如果生产技术人员根本不知道有这些供应商，那很可能存在异常；一般情况下，财务造假，知情范围不会很广，生产技术人员很可能不知道这些财务内幕。

审计人员将账套中导出的供应商名单，选择2016年发生交易的部分，与访谈底稿对照，除了上述五家存在异常的公司外，还有NHDB公司、NHDC公司也不在访谈底稿中记录的名单中。

审计人员又对原来访谈的生产技术人员进行二次访谈，主要询问其是否了解这些公司的情况，该生产技术人员明显有顾虑，但是又不知道怎样回答，只是说不了解相关情况，并且解释，不了解也正常，伍德公司这么大的生产规模，一个人不可能了解所有的情况。审计人员又访谈了其他生产技术人员，这些人只是简单回答不清楚，并不多谈。

通过对生产技术人员的二次访谈，虽然没有得到明确答案，但是已经肯定这几家供应商存在异常，与这几个供应商的交易存在异常。

于是，审计人员计划规划进一步审计程序，对与 NHD 公司、NHDA 公司、NHDB 公司、NHDC 公司的全部交易凭证进行检查。但是，检查后，并未发现异常，全部采购都有合同，与订单、发票、合同、验收单、入库单等单据上的采购商品名称、数量、规格均相符。

> **经验分享**
>
> 如果被审计单位作假手段严谨，抽查凭证很难发现问题。了解被审计单位真实的业务情况，是有效的突破口。

（4）采购费用分配错误调节利润。

检查原材料余额，审计人员发现两种材料明细的名称有些奇怪，B 材料 200 万元，B 材料运费 100 万元。审计人员感觉这个运费占了材料金额的一半，比例太高了，检查有关凭证发现，2016 年 11 月，伍德股份公司购入两种材料，A 材料 900 吨和 B 材料 100 吨，运费合计 100 万元，但是伍德股份公司并没有将运费在这两种材料之间按重量进行分摊计入两种材料的成本，而是将运费全部计入 B 材料成本，A 材料已经全部领用，相关产品已经销售，只有 B 材料的采购成本和运费还在挂账，这种处理方式导致 A 材料的成本少计 90 万元（100 * 900/(900 + 100)）、主营业务成本少计 90 万元、存货期末多计 90 万元。

13.6.1.3 截止测试

> **相关底稿**
>
> 原材料入库截止性测试表；原材料出库截止性测试表。

> **程序说明**

主要检查临近 12 月 31 日前后的出库、入库业务是否记录在恰当的会计期间。主要包括：

（1）分别 12 月 31 日前、后，从原材料明细账的借方发生额中抽取样本与入库记录核对，以确定原材料入库被记录在正确的会计期间。

（2）分别 12 月 31 日前、后，从原材料入库记录抽取样本与明细账的借方发生额核对,以确定原材料入库被记录在正确的会计期间。

(3)分别12月31日前、后,从原材料明细账的贷方发生额中抽取样本与出库记录核对,以确定原材料出库被记录在正确的会计期间。

(4)分别12月31日前、后,从原材料出库记录抽取样本与明细账的贷方发生额核对,以确定原材料出库被记录在正确的会计期间。

经验分享

以上审计程序很重要,常有企业利用截止日前后短暂的时间差,通过会计记录比实际的业务提前或者推迟,从而调整报表。

截止测试的判断标准为:实际业务发生日期应该与入账的日期在同一年度,否则,就是截止错误。

程序执行情况

(1)检查截止日前会计凭证,发现材料采购业务提前入账的情况。

审计人员文芫在原材料明细账上,选择2016年12月25日到12月31日的大额借方凭证,检查对应的入库凭证,发现2016年12月30日的转账121号凭证,采购钢材1 170万元,对应的验收入库凭证时间为2017年1月2日,从入库凭单的时间来看,应该是2017年的业务,应在2017年作为材料采购入账,而不应该计入2016年度。

(2)检查截止日前会计凭证,发现存在材料出库业务提前入账的情况。

审计人员文芫在原材料明细账上,选择2016年12月25日到12月31日的大额贷方凭证,检查对应的出库凭证,发现2016年12月31日的转账122号凭证,出库钢材1 170万元,转入其他业务支出,业务内容为材料销售,对应的出库单时间为2017年1月3日,从入库凭单的时间来看,应该是2017年的业务,应在2017年结转其他业务支出,不应该计入2016年度损益。

审计人员检查相应的资料,发现上述提前入库的钢材和提前出库的钢材是一批钢材。经与相关人员了解情况,是市场部人员利用所了解的信息,从A公司购入,销售给B公司。从材料出入库单来看,应该是2017年发生的业务,在2016年记账,导致相关盈利提前计入2016年;检查相关销售凭证,该材料销售取得其他业务收入1 270万元,该业务提前入账导致2016年利润多记100万元。审计人员认为应该进行审计调整,将该业务对应的其他业务收入、其他业务支出按出入库单对应的日期调整记入2017年度。

（3）检查截止日前出入库单，发现存在材料领用推迟入账的情况。

审计人员取得 12 月 25 日之后、12 月 31 日之前的大额出、入库单，检查财务入账情况，发现 2016 年 12 月 28 日，办公领用材料一批，对应金额为 240 万元，应该记入 2016 年管理费用，但是财务会计没有在 2016 年进行账务处理，却记入 2017 年的管理费用。该截止错误导致 2016 年管理费用少记 240 万元，利润多记 240 万元。审计人员认为应该进行审计调整，记入 2016 年的管理费用。

经验分享

本例中的伍德公司设定为上市公司，有高估利润的倾向，所以，通过错误的截止调增利润。实践中，一些企业出于某种目的需要，也可以利用截止错误调减利润，将应该记入上一年度的收支记入下一年度，从而将应属于上一年度的利润记入下一年度。

（4）检查截止日后会计凭证，发现有材料采购推迟入账的情况。

审计人员检查 2017 年 1 月 1 日至审计人员审计当天（2017 年 2 月 15 日）的大额材料明细账借、贷方凭证，发现 2017 年 1 月的 125 号凭证，采购电子元件一批，金额 200 万元，入库单日期为 2016 年 12 月 31 日。审计人员认为，该批材料采购应该在 2016 年入账，应该审计调整，调增 2016 年的原材料和应付账款 200 万元。

（5）检查截止日后出入库单，发现有材料采购提前入账的情况。

审计人员检查 2017 年 1 月 1 日至审计人员审计当天（2017 年 2 月 15 日）的大额出入库凭证，并检查这些凭证的入账时间，发现有一笔 2017 年 1 月 1 日的入库单，金额 200 万元，作为 2016 年的业务在 2016 年入账，导致 2016 年末的原材料和应付账款多计，审计人员认为应该进行审计调整。

13.6.2 其他成本支出实质性程序

13.6.2.1 虚假技术研发费用

审计人员检查制造费用发生的凭证，发现伍德股份公司 2016 年 9 月与某实业公司签订了 1 份技术服务合同（"钢塑复合网研究与开发"），合同金额 300 万元，2016 年 10 月底伍德股份公司出具《科技进步项目验收书》（伍德科验字〔2016〕08 号）确认研发结果。

实际了解的情况如下：

- 2005 年钢塑复合网已在 S 市市场上公开销售。

- 根据对市场调查了解，2005 年钢塑复合网技术及产品已经出现，技术设备及产品已经应用于生产，产品性能技术指标已经公开。
- 经过对市场参数与签约研发的参数对比，实业公司与甲方签约的研发产品主要技术指标与市场参数雷同，实业公司关于钢塑复合网的研发并无原创性。
- 研发项目与伍德股份公司生产经营无关。
- 经咨询专家 A 先生，这个技术与伍德股份公司的生产经营没有关系。
- 经访谈伍德股份公司技术人员，技术人员并不知道有这个技术。

综上，这个技术与伍德公司没有什么关系，这个交易属于套取资金行为（经其他审计程序确认，该实业公司是由伍股份公司控制、与伍德股份公司没有股权关系的三产企业，详情见其他审计程序）。

经验分享

实践中发现很多企业列支似是而非的各种技术研发支出，若没有专家的帮助，不与技术人员了解相关情况，财务审计人员很难判断真假，审计风险很高。

13.6.2.2 虚假的大修费用

审计人员对比伍德公司 12 个月的大修费用，发现 2016 年 12 月的大修费用远高于其他月份，几乎占了全年的 90%。审计人员通过财务人员了解到，这些支出主要是 A 系列和 B 系列产品的生产线进行大修发生的支出，审计人员检查了相关凭证，以下几个凭证引起了审计人员注意，为落实该事项，审计组针对相关风险，履行了一系列的审计程序：

检查文件和记录

2016 年 3 月的 81、82 号凭证，分别列支应付给山西电力建设某公司的 A 系列、B 系列生产线修费 550 万元、450 万元，凭证附件分别为 A 系列、B 系列生产线从开始大修到完工的完整的工作节点性资料单证，包括伍德股份公司合同审查表（盖有伍德股份公司设备管理部、建设管理部、经营管理部、财务部的章）、承揽合同、工程验收单、发票等。

以上凭证中，过于整齐的金额引起了审计人员的怀疑，工程承揽合同一般都有计费依据，包括人工费、材料费、税金、利润等，整整 550 万元、450 万元，实践中不太可能。但是，相关凭证附件齐全，审批手续齐全，从前期的合同审批到完工后的验收都有书面资料，有相关人员签字，手续完备，资料齐全，不能因为数字过于整齐而定性为问题。

利用专家的工作

从财务资料无法确认这笔大修业务存在问题，审计人员为此咨询了专家 A 先生。A 先生认为，这么大型的设备大修，应该有大修记录，建议审计人员可检查一下大修记录。审计人员向伍德公司索要设备的大修记录，相关人员只提供了 A 系列设备的大修记录，B 系列的一直未能提供，而且也没有解释不提供的原因，审计人员开始怀疑 B 系列设备的大修真实性。

经验分享

本例中，审计人员如果没有专家 A 先生提供专业技术方面的咨询，或者说，不了解一些与被审计单位专业技术方面的管理知识，审计就难以取得突破。

考虑到不能提供大修记录不能作为大修业务不真实的证据，被审计单位可以提出有关大修记录因为保管不当原因丢失，或者其他说辞，甚至还可以编造假的大修记录，而审计人员是无法辨别大修记录的真假的，所以，审计人员提请伍德股份公司相关部门要在一个小时之内提供 B 系列的大修记录，如果不能在一个小时之内提供，相关证据将作为无效的审计证据，以防止相关人员有充分的时间去造假。

走访相关专业技术部门与人员

审计组想走访相关人员，这就存在一个问题，要找到对的人，如果是被审计单位指定的人员，其说辞有可能向着有利于被审计单位的方向，真实性就存在问题。所以，审计组查阅了伍德股份公司大修方面的管理制度，按制度规定，设备的大修、小修都由生产技术处负责。

审计人员按相关管理制度找到负责大修工作的技术负责人，提出如下问题：

请问：2016 年年末，哪台设备大修了？

回答：A 系列产品生产线。

请问：是请哪家公司进行的大修？

回答：秦川建设某公司。

请问：请问秦川建设某公司还进行过哪台设备大修？

回答：我当时只忙于 A 系列产品生产线的大修工作，其他的不清楚。

对于以上问答，审计人员当场作了记录，并请技术科长签字确认。

经验分享

这个程序很重要，应当时作记录，并取得被询问人的确认，否则，没有书面证据，日后被询问人有可能迫于压力而改变说法或不承认当时说过的话，不能形成审计证据。

另外要注意，审计人员询问应该用特殊疑问句，让被询问人作填空题，不要用一般疑问句，不要让被询问人作选择题，如果被询问人没有参加造假，不了解造假的情况，则只能回答真实的情况。

对审计报告的影响

以上的问答本身就说明 A、B 系列生产线大修的真实性存在问题，理由如下：一是作为统管全公司大修的技术科长不知道有 B 系列生产线大修的事，是不可思议的；二是技术科长并没有提到山西电力建设某公司，但伍德股份公司支付给山西电力建设某公司的 A 系列、B 系列生产线大修费 550 万元、450 万元，而技术科长提到的大修施工方是秦川建设某公司，经审计人员查阅账面资料，只支付了 22 万元的大修费用；三是不能提供 B 系列生产线大修记录的情况。

以上异常只能说明：A 系列生产线大修过，但是施工方很可能不是山西电力建设某公司，工程费用很可能不是支付给山西电力建设某公司的 550 万元，而是支付给秦川建设某公司的 22 万元；B 系列生产线很可能没有大修过。所以，550 万元、450 万元大修费很可能是虚列的。

但是，以上证据是推理性的，不是直接证据，仍然存在没有直接证据证明大修虚假的问题。针对以上事项，审计人员无法延伸审计工程施工方山西电力建设某公司，无法确认大修事项是否真实，也无法确认资金的真实流向，审计人员可视同审计范围受限，将出具保留意见，或者无法表示意见审计报告，初步拟定审计报告如下措辞：

伍德股份公司 2016 年 12 月发生 A 系列生产线大修费用 550 万元、B 系列生产线大修 450 万元，对于这个大修事项，伍德公司不能提供 B 系列生产线大修记录（而其他大修、小修，技术部门都有记录），负责大修事项的工程技术部门相关人员并不知道有 B 系列生产线大修事项存在，也不知道 A、B 系列生产线大修的施工方山西电力建设某公司的存在，工程技术部门相关人员反映，负责 A 系列生产线大修的是秦川建设某公司，伍德股份公司账面记录支付给秦川建设某公司的大修费用是 22 万元。因为无法延伸审计山西电力建设某公司，无法取得证据证明 A、B 系列生产线大修支出的真实性。

13.6.2.3 虚列技改支出

审计人员发现，2016 年 12 月，伍德公司发生了多笔技改支出，内容为对与生产相关的 A 设备进行技术改造，提高其技术性能。

审计人员抽查相关的凭证，典型的支出如下：

伍德股份公司 2016 年 12 月的 130 号凭证、135 号凭证、136 号凭证，在制造费用中分别列支 307、308 号设备技改费用 435.68 万元、792 号设备技改工程款 629.00 万元、338、339 号设备技改工程款 279.00 万元，这些凭证都附有从签约到竣工结算的凭证附件，具体包括：工程结算审核表（由伍德股份公司监察审计部和煤炭工业造价专业人员盖章）；伍德股份公司合同审查表（合同表的盖章部门包括伍德股份公司财务部、经营管理部、建设管理部，还有合同法律审核专用章）；发票；工程验收单。

以上凭证齐全、审批手续完备，从凭证上来看，看不出来任何异常。

经验分享

很多审计人员看到这么健全的凭证，常常不认为会有异常，加上局限于对被审计单位技术的陌生，不知道如何进一步取得突破，往往到此止步。

张明志对调取的伍德公司电子版固定资产台账进行搜索，发现台账中并没有编号为 307、308、338、339、792 号设备，如果这几个设备事实上不存在，那就谈不上什么技改，技改支出也无处而来。审计人员推测，这些技改支出很可能又是虚构的。

于是，审计人员规划进一步审计程序，计划对固定资产进行盘点，主要目的是确认是否存在这 5 台设备。为了防止被审计单位有所准备，审计人员并没有透露出来对这 5 台设备的疑虑，只是说要进行常规的固定资产盘点。

在盘点过程中，对于列示于资产盘点表的这五台设备，伍德公司资产管理处相关人员反映，这五台设备计划购置，也就是说，实际并没有这 5 台设备。对于不存在的设备进行技术改造，显然，相关支出纯属虚列。

13.6.2.4　对金额较小的成本项目关注

审计小组成员文沅在张明志的指点下，对于伍德公司与生产要素相关的主要采购项目进行了检查，包括原辅材料采购、制造费用中其他要素的采购等，除了上述问题外，没有发现其他异常。

小组长张明志复核了文沅的底稿资料，发现文沅对一些小的成本项目没有关注。文沅有不同意见，认为那些小的成本项目，全部合计起来，还达不到审计组对存货科目确定的重要性水平。

张明志认为文沅的观点是错误的，小的成本项目也是企业生产不可缺少的要素，如果这个要素表现异常，就说明被审计单位账面反映的生产成本流转可能存在问题。

张明志的说法是正确的,就象银广厦造假案例,其子公司天津广厦的生产量和销售量大幅上涨,而电费不涨反降,这是不符合客观规律的。

张明志分析了12个月各种小成本项目的金额与产量的关系,这些小成本项目的发生额波动幅度基本与产量一致,未发现异常。

但是,抽查交电费的凭证,却发现部分电费没有电费发票,只是个人的借款凭证,据会计解释,是经办人还没有来报销;但同一个月的电费凭证,有的有发票,有的没有发票,有的报销了,有的没有报销,十分异常。审计人员找到经办人询问,经办人对没有报销的事并不知情,只是说忘了,当月交几次电费都要忘,也不是一般的异常了。审计人员对该当时人强调,如果都报销了,那么便不欠公司债务;如果没有报销,那么所欠公司近500多万元债务将构成违法占用公司资金。闻此,经手人承认,每月交一次电费,取得一张发票,当天报销,不存在没有报销的电费。审计人员将与该经手人的谈话作成访谈笔录,并请他签字确认。

将生产成本电费中这部分没有报销凭证的电费扣除,发现被审计单位的电费比上年略降,说明被审计单位的实际生产情况不如上年。

经验分享

小费用中发现了大问题!

审计人员不要落入对重要性理解的误区,低于重要性的错误在一定条件下可以不影响审计报告的意见类型,但并不代表审计人员可以不关注,小支出可能关联着大问题。

13.6.3　应付账款的实质性测试程序

应付账款、预付账款都是和采购与付款循环相关的会计科目,与材料采购业务的审计同时进行,一些审计程序交乎查验了原材料、辅助材料科目、应付账款、预付账款相关内容。

对应付账款的主要审计程序如下:

13.6.3.1　账账、账表等核对

相关底稿

应付账款明细表。

计划的审计程序

获取或编制应付账款明细表：

(1) 复核加计正确，并与报表数、总账数和明细账合计数核对是否相符；

(2) 检查非记账本位币应付账款的折算汇率及折算是否正确；

(3) 分析出现借方余额的项目，查明原因；必要时，作重分类调整；

(4) 结合预付账款等往来项目的明细余额，调查有无同时挂账的项目、异常余额或与购货无关的其他款项（如关联方账户或雇员账户）；如有，应做出记录，必要时做出调整。

程序执行情况

除总账与报表相差30亿元外，未发现其他异常。账表不符的原因主要是被审计单位为了提高报表资产负债率，将报表上的应收款项与应付款项简单对冲，具体情况详见销售与收款循环部分内容。

13.6.3.2 对应付账款执行实质性分析程序

相关底稿

应付账款明细表；应付账款分析表；应付账款详细分析表；主要供应商采购分析表；主要外协厂商采购分析表。

计划的审计程序

(1) 比较当年度及以前年度应付账款及周转率的增减变动，并对异常情况落实原因。

(2) 比较当年度及以前年度应付账款的构成、账龄及主要供货商的变化，并对异常情况落实原因。

(3) 对应付账款借方发生额与货币资金流出、应付票据贷方发生额等进行分析，判断是否存在为虚增利润而虚构采购交易产生的应付账款、关联交易产生的应付账款、为贸易融资进行的三方虚拟交易产生的应付融资款及将虚构的长期挂账应付账款作为无需支付款项转入营业外收入的可能。

程序执行情况

经计算分析伍德股份公司连续三年的应付账款周转率，没有明显波动，未发现异常。

经验分享

本案例假设伍德公司以真实的资金流虚构购销交易，所以周转率没有明显异常。如果被审计单位只是虚构交易而没有资金流，则应付账款周转率可能会有明显波动；如果被审计单位每年采取同一方式虚构购销交易，即使没有资金流，各年度的应付账款周转率也可能没有明显波动。

2016年度与2015年比，供应商发生了很大变化。经了解，伍德股份公司为督促供应商提高服务水平和产品质量，每年都对现有供应商进行考核，并且时时关注市场上出现的新材料，与现有供应商提供的原材料进行对比，如果新材料在产品质量、科技含量、服务等方面超过现有材料，会立即试用，如果经试用确实强于现有材料，则会立即更换供应商。

审计人员查询了网上相关信息，主要的供应商在行业中均有一定知名度。但是网上没有查到NHD公司、NHDA公司、NHDB公司、NHDC公司的相关信息，说明这几家公司没有太高的知名度，这引起了审计人员的关注。

通过供应商分析，发现自经纬物资有限公司、长信物资有限公司、天元物资有限公司采购的货物价格明显高于其他供应商的同种原材料价格，与采购凭证抽查发现的问题一致。

13.6.3.3 检查有无未入账的应付款项

[相关底稿]

未处理的供应商发票测试表；期后付款测试表；采购付款测试表。

[程序执行情况]

(1) 对账单检查发现未入账应付账款。

[计划的审计程序] 获取被审计单位与其供应商之间的对账单（应从非财务部门，如采购部门获取），并将对账单和被审计单位财务记录之间的差异进行调节（如在途款项、在途货物、付款折扣、未记录的负债等），查找有无未入账的应付账款，确定应付账款金额的准确性。

[发现的问题] 审计人员通过检查采购部门的对账单，发现与大辽金属股份公司的应付账款余额与对账单不符，应付账款余额为0，而对账单为2 000万元；主要原因是12月31日刚刚验收，有关发票、验收单、入库单尚未传到财务部门。按会计分期原则，这笔进货应该计入2016年12月31日，审计组提出审计调整，伍德股份公司相关人员同意调整。

(2) 入库单检查发现未暂估入库材料。

[计划的审计程序] 检查债务形成的相关原始凭证，如供应商发票、验收报告或入库单等，检查有无未及时入账的应付账款，确定应付账款金额的准确性。

[发现的问题] 审计人员检查仓储部门的入库单，发现天机电子技术股份公司的入库单，商品已经验收入库，但是尚未收到发票，为真实反映存货的实际情况，审计人员建议按照合同规定的不含税价格暂估入账，金额500万元，伍德股份公司相关人员同意调整。

（3）未处理发票检查发现未及时入账应付账款。

[计划的审计程序] 复核截至审计现场工作日的全部未处理的供应商发票，并询问是否存在其他未处理的供应商发票，确认所有的负债都记录在正确的会计期间内。

[发现的问题] 审计人员检查了全部未入处理发票，发现未处理发票分类分为以下几类：

一是发票于2017年取得，对应的原材料于2017年1月1日以后验收，伍德股份公司将于2017年相应月份进行会计处理，审计人员认为没有问题；

二是发票于2017年取得，但相应的原材料已经于2016年12月31日之前验收，对于这部分材料，应该于2016年12月31日前暂估入账，经审计人员检查，发现有500万元的原材料没有暂估入账，应该调整2016年年末的存货和应付账款，作暂估入账；

三是发票于2016年取得，但截至2016年12月31日，材料暂时没有验收入库，货款也没有支付，伍德股份公司要等到材料验收入库再进行账务处理，对于2017年材料已经验收入库的，将在2017年入库当月进行会计处理，审计人员认为没有问题；

四是发票于2016年取得，材料没有验收，但款项已经于2016年12月31日之前支付，应该借记"材料采购"，贷记"银行存款"，但是伍德股份公司没有进行账务处理的项目，金额400万元，审计人员认为应该作账务调整，调整2016年的"材料采购"和"银行存款"400万元；

五是发票于2016年取得，材料于2016年验收，金额1 000万元，这部分材料款应该于2016年12月31日之前进行会计处理，借记"原材料"及"增值税进项税"，贷记"应付账款"、"银行存款"等。

（4）日后付款检查发现未入账应付账款。

[计划的审计程序] 针对资产负债表日后付款项目，检查银行对账单及有关付款凭证（如银行划款通知、供应商收据等），询问被审计单位内部或外部的知情人员，查找有无未及时入账的应付账款。

[发现的问题] 检查发现2017年2月15日一笔付给江左科技有限公司购电子原件款800万元，因为之前没有应付账款挂账，导致这个账户余额出现借方余

额。检查相应合同，发现按该合同的规定，相关原材料已经于 2016 年 12 月 25 日验收，并取得发票。按合同规定，先支付货款 80%，货物全部使用，未发现质量问题，再付其余的 20%。审计人员认为，这批原件已经于 2016 年 12 月 31 日之前验收，应该列入 2016 年度的采购，应该审计调整，增加 2016 年 12 月 31 日"存货"和"应付账款" 1 000 万元。

（5）检查日后应付账款贷方凭证发现入账时间不合理。

[计划的审计程序]　检查资产负债表日后应付账款明细账贷方发生额的相应凭证，关注其购货发票的日期，确认其入账时间是否合理。

[发现的问题]　审计人员检查了 2017 年 1 月 1 日到审计日当天的大额应付账款贷方发生额凭证，发现其中一份凭证的发票日期为 2016 年 12 月 28 日。审计人员认为，这笔业务应该在 2016 年 12 月 31 日之前入账，如果原材料没有验收入库，则应该借记"材料采购"，贷记"应付账款"。

（6）检查资产负债表日前偿付的应付账款确定是否真实偿付。

[计划的审计程序]　针对已偿付的应付账款，追查至银行对账单、银行付款单据和其他原始凭证，检查其是否在资产负债表日前真实偿付。

[发现的问题]　审计人员检查发现，2016 年 12 月 31 日，银付 234 号凭证，付大夏钢铁股份公司货款 40 000 万元，有关银行结算单据的日期是 2017 年 1 月 2 日，这笔付款的会计处理时间应该是 2017 年 1 月 2 日之后，但是伍德公司的做法使年末应付账款和货币资金都减少 40 000 万元，导致资产负债率不真实。审计人员认为应该进行账务调整。

对于以上应该进行审计调整的项目，伍德公司同意调整。

13.6.3.4　应付账款函证

[相关底稿]

应付账款函证结果明细表；询证函；函证结果调节表；未回函替代测试表。

[程序说明]

（1）选择应付账款的重要项目（包括零账户）函证其余额和交易条款，对未回函的再次发函或实施替代的检查程序（检查原始凭单，如合同、发票、验收单，核实应付账款的真实性）。

（2）对应付账款函证的要求与应收账款的要求一致，包括控制函证过程、关注回函地址以及时间是否有异常、函证选样要求、对回函不符的处理、替代测试等，详细内容参见应收账款函证部分。这里仅仅阐述与应收账款不一致的部分。）

错误做法或观点

对于应付账款的函证，审计小组有不同意见：

文沅认为，一般情况下，上市公司不会虚增成本，也就不会虚增负债；此外，应付账款以发票、合同等外部证据为依据入账，依据相对充分，造假的可能性小，所以，对应付账款可以不函证，或者函证很小的比例。

张明志认为，文沅的说法是错误的。一是大量审计失败的案例表明，被审计单位为了让虚增的利润看起来真实，往往收入、成本配比虚构，甚至其他的如电费、运杂费等相关的支出也配比增加，而且，随着大量的审计失败案例曝光，企业财务造假水平也在不断地提高，审计难度加大；二是虚构的收入无法停留在某项资产上，只能通过采购转出，所以应付账款不会造假的说法是没有依据的。应付账款还是应该履行充分的审计程序，应该函证，以控制审计风险。

经验分享

张明志的说法是靠谱的。绿大地等多个审计失败的案例说明，应付账款造假也是大量存在的。

程序执行情况

经对应付账款进行函证，发现了个别余额不符的情况，审计人员分析了不符的原因，有的是供应商的原因，有的是伍德股份公司入账不及时或者提前入账导致的不符，对于伍德股份公司入账不及时或者提前入账导致的不符，按照会计核算的分期原则进行了审计调整。

审计人员因为前述疑似不公允的交易，以及生产技术人员对其不了解的原因，已经怀疑的 NHD 公司、NHDA 公司、NHDB 公司、NHDC 公司回函与账面相符，审计人员检查了函件发出地点，与工商信息对比，也未发现异常，但是审计人员还是注意到几家公司的询证函来自于不同的单位，经办人不同，但经办人签字字体看起来几乎一样。

审计人员加重了对这几家公司的怀疑，计划进一步的审计程序，对 NHD 公司、NHDA 公司、NHDB 公司、NHDC 公司进行走访，并到工商部门查询公司资料，对其规模、经营范围、资信实力等进行了解。

后来，经实地走访发现，NHD、NHDA、NHDB、NHDC 等几家公司，有的是小公司，实际经营范围没有与伍德股份公司相关的原材料、建材等，伍德股份公司不可能在它们那里买到原材料和建材；有的早已经停产，靠出租厂房给退休下岗人员开工资，伍德股份公司也不可能在这样的公司买到与生产相关的原材料和建材。

工商查询的结果得知这几家公司都是注册资金在 200 万元以下的小公司，审计人员检查了这几家公司的股东、法定代表人，没有发现伍德股份公司管理人员以及员工的迹象。

销售及收款审计小组通过一张盘亏的应收票据，发现这张票据的贴现资金存入了出纳李琴的个人账户，经审计人员延伸审计李琴的个人账户，发现这个账户的资金与多个供应商、客户都有资金往来，这些供应商包括 NHD、NHDA、NHDB、NHDC 等几家公司，最后得到的真相是伍德公司以管理人员亲属开的公司，以真实的资金流，虚构了一系列购销交易，以达到调节利润的目的。详细情况参见销售与收款部分。

经验分享

从前面关于 NHD 等几家公司的审计程序来看，凭证抽查没有发现问题，函证环节如果审计人员没有注意到经手人字体一样，也看不出来问题，是实地走访发现了异常，所以，某一种或者某几种审计程序不一定能发现异常，有时需要多种审计程序组合，才能发现异常。

13.6.2.5　应付账款相关凭证抽查

计划的审计程序

（1）针对异常或大额交易及重大调整事项（如大额的购货折扣或退回、会计处理异常的交易、未经授权的交易或缺乏支持性凭证的交易等），检查相关原始凭证和会计记录，以分析交易的真实性、合理性。

（2）检查带有现金折扣的应付账款是否按发票上记载的全部应付金额入账，在实际获得现金折扣时再冲减财务费用。

（3）被审计单位与债权人进行债务重组的，检查不同债务重组方式下的会计处理是否正确。

程序执行情况

伍德股份公司的管理系统按科学完善的内部控制流程来设计，所以几乎所有的购货凭证都按照业务流程，有请购单、订货单、合同审批、验收、入库单等，并在管理系统中有相关部门审批的痕迹；在凭证检查过程中，除了经纬公司等三家公司的采购价格超过了其他供应商的可比价格外，没有发现其他异常。

审计人员在凭证检查的过程中，着重关注了与本年新增供应商的交易，对 NHD 公司、NHDA 公司、NHDB 公司、NHDC 公司等几家已经产生怀疑的公司的采购交易，与其他交易对比，程序一致，也未发现异常（假设此时还没有对这几家公司实地走访）。

经验分享

在设计完善的内部控制制度下，有时通过凭证抽查往往难以发现异常，在完善的内部控制流程指导下，即使是虚构的业务，也是手续齐全、凭据充分的。

13.6.2.6 检查长期挂账应付账款

相关底稿

长期挂账及核销检查表。

计划的审计程序

（1）检查应付账款长期挂账的原因并做出记录，注意其是否可能无需支付；

（2）对确实无需支付的应付账款的会计处理是否正确，依据是否充分；

（3）关注账龄超过3年的大额应付账款在资产负债表日后是否偿还，检查偿还记录及单据，并披露。

程序执行情况

审计人员发现应付账款——秦川物资股份公司余额3 000万元，账龄达到3年以上。询问财务人员，财务人员反映，该款项一直没有支付，是因为3年前从秦川公司购入的材料存在质量问题，没有使用，一直堆在仓库中。审计人员检查当时的原始凭证，发现该采购合同金额10 000万元，已经付款7 000万元，追查相关会议纪要，了解到法务部门一直在索赔，并提起诉讼，但是秦川物资股份公司没有资金或资产偿还该合同的付款。

从了解到的情况来看，3 000万元的合同尾款已经不可能支付，应该进行审计调整。对于这3 000万元的无需支付款项，是贷记"营业外收入"还是贷记"年初未分配利润"，审计人员与伍德股份公司财务人员产生了分歧。伍德股份公司相关人员认为，这笔款项是通过与秦川公司一段时间的交涉才确定无需支付的，所以，应该调增2016年度的营业外收入。审计人员认为，从会议纪要等相关资料来看，这笔款项在3年前就确认无需支付，而且已经支付的货款也收不回来，所以，相关的会计处理应该在3年前进行，应该调增年初未分配利润，而不是2016年度的营业外收入。

同时，张明志检查了仓储部门与该合同对应的存货，并取得技术部门关于该存货质量存在问题不能使用的说明；同时又检查了仓库账、财务账与这批材料相关的记录，发现该批材料以当时的合同价记录于账面，并没有按会计制度规定计提减值准备。

同样，这批存货也应该在 3 年前计提存货减值准备，因为该批存货不但存在质量问题，3 年的时间使其技术上也存在贬值。经咨询专家 A 先生了解到，该批存货属于淘汰产品，市场上已经没有类似的产品销售，同时，该批产品连卖废品的价值都没有，所以，审计人员建议按账面余额 10 000 万元全额计提减值准备，并且调整年初未分配利润。

综上，这个事项对未分配润的影响是 –7 000 万元。

经验分享

会计要素是普遍联系的，看似付不出去的一笔款项，可能影响到存货减值，审计人员还应该关注得更广，比如，那批存货在生产中被领用，可能直接影响到伍德公司的产品质量，导致伍德公司与客户可能因为产品质量问题存在纠纷，有没有相关的或有损失、或有负债。

第 14 章
生产与存货循环审计案例分析

2017年1月15日，ZTH会计师事务所有限公司受中雄集团审计部委托派出审计组对伍德股份公司进行2016年度报表审计，其中，张明志、韩丽负责生产与存货循环审计。审计人员先了解了被审计单位与生产与存货循环相关的内部控制制度，然后对内部控制制度的设计合理以及执行有效性进行了符合性测试，再根据符合性测试的结果，评估了审计风险，实施了实质性测试。

14.1 了解伍德股份公司生产有关情况

审计小组通过访谈成本核算会计人员了解到如下基本情况：

(1) 伍德公司的产品大部分属于大型机电产品，成本核算主要采用分批法，以订单为成本核算对象；一个订单有两个以上不同产品的，以同种产品为成本核算对象；几个订单同时购买同一产品的，将几个订单汇总作为成本核算对象。

(2) 直到订单或该批次的产品完工，才能计算出该批产品成本；成本计算期与产品生产周期一致，不必按会计期间每月计算产品成本，没有完工产品的月份，归集累计生产费用。

(3) 能够确定产品批别的直接费用，直接计入按产品批别或订单所设置的产品成本明细账；不能直接确定归属对象的间接费用，先按发生的地点、部门归集，然后采用定额比例的方法，在各批产品之间进行分配。归集起来的间接费用，每月只对当月完工产品分配，在产品不负担间接费用。

(4) 伍德公司原辅材料的一部分来源于外购，一部分来源于委托加工，一部分为自产，自产部分以生产通知单为成本核算对象，进行成本核算。

14.2 了解与生产和存货循环相关的内部控制制度

ZTH 会计师事务所有限公司审计人员通过访谈有关人员，以及取得并研究有关内部控制制度的方式，了解了与生产与存货循环有关的内部控制制度，并完成了底稿《了解存货与成本流程、执行穿行测试和控制测试汇总表》中了解描述内部控制相关的部分。

14.2.1 材料验收与仓储

按照伍德股份公司材料验收与仓储相关内部控制制度，采购部门根据系统显示的"待处理"采购订单信息及购买合同，安排供应商发货。采购的材料运达后，质量检查部门比较所收材料与采购订单上的要求是否相符，并检查其质量等级。验收无误后，质量检验员签发预先编号的验收单，作为检验材料的依据。

根据验收单，仓库管理员清点商品数量并在验收单签字，对已验收商品进行保管。仓储区应相对独立，限制无关人员接近。仓库管理员负责将购入材料的采购订单编号、验收单编号以及材料数量、规格等信息输入系统，经仓储经理复核并以电子签名方式确认后，系统将采购订单状态自动更改为"已收货"，并更新材料明细台账。

如某种原材料库存不足，仓库管理员会编制待购材料明细表，经仓储经理复核后，及时通知生产部门及采购部门原材料的库存情况。

14.2.2 计划与安排生产

根据伍德股份公司相关内部控制制度，生产计划部门根据顾客订单或者对销售预测和产品市场需求等信息编写月度生产计划书，经生产计划经理审批后由总经理批准。根据经审批的月度生产计划书，生产计划经理签发预先编号的生产通知单，该生产通知单一式五联，分别用于通知仓储部门组织材料发放、各生产车间组织产品生产、财务部门组织成本计算及生产计划部门按编号归档管理。

14.2.3 生产与发运

(1) 发出原材料、半成品入库及领用。

第一生产车间接到生产通知单后，由车间主任编制日生产加工指令单，经生产计划经理审批。

第一车间各生产小组编制原材料领用申请单，并经车间主任签字批准。

仓库管理员根据经审批的原材料领用申请单核发材料，填制预先编号的原材料出库单。该原材料出库单一式四联：一联仓库发料、一联仓库留存、一联车间记录、一联递交财务部作为记账凭证。同时，仓库管理员还需将原材料领用申请单、出库单编号、领用数量、规格等信息输入系统，经仓储经理复核并以电子签名方式确认后，系统自动更新材料明细台账。

第一车间生产过程结束后，质量检验员检查并签发半成品验收单，生产小组将半成品送交仓库。仓库管理员检查半成品验收单，并清点半成品数量，填写一式四联的半成品入库单，其中：一联仓库收料、一联仓库留存、一联车间记录、一联递交财务部作为记账凭证。仓库管理员还需将半成品入库单编号、入库数量、规格等信息输入系统，经仓储经理复核并以电子签名方式确认后，系统自动更新半成品明细台账。

第二车间生产小组领用半成品时，需编制半成品领用申请单，经车间主任批准领用。仓库管理员根据经审批的半成品领用申请单核发出库，填制预先编号的半成品出库单，并将半成品领用申请单、出库单编号、出库数量、规格等信息输入系统，经仓储经理复核并以电子签名方式确认后，系统自动更新半成品明细台账。

（2）产成品入库。

生产结束后，质量检验员检查并签发预先编号的产成品验收单，生产小组将产成品送交仓库。仓库管理员检查产成品验收单，并清点产成品数量，填写预先编号的产成品入库单（一式四联：一联仓库收货、一联仓库留存、一联车间记录、一联递交财务部门作为记账凭证）。仓库管理员将产成品入库单信息输入系统，经仓储经理复核并以电子签名方式确认后，系统自动更新产成品明细台账。

生产完成后，业务员根据系统显示的产成品明细、销售订单信息和销售合同约定的交货日期，更改系统内的销售订单状态，由"在产"自动更改为"已完工"。

（3）产成品发运。

业务员根据系统显示的"已完工"销售订单信息和销售合同约定的交货日期，开具连续编号的出运通知单并由销售经理审批。

仓储经理根据系统显示的出运通知单信息，安排组织发运。仓库管理员根据系统显示的出运通知单信息，填写预先连续编号的出库单。仓储经理在装运之前，需独立检查出库单、销售订单和出运通知单，确定从仓库提取的成品附有经批准的销售订单，并且，所提取产品的内容与销售订单一致。经检查无误后，批准出库单（一式六联）一联留存，其他五联分别传递至销售部、财务部、客户、客户确认回单、门卫。送货单应由司机和仓库保管员、仓储经理签字。

完成成品出库工作后，仓库管理员及时将产成品出库单信息输入系统，经仓储经理复核并以电子签名方式确认后，信息系统自动更新产成品明细台账，并与出运通知单编号核对。

（4）生产管理。

生产计划经理根据生产计划和日生产工作安排进行产成品生产监督和管理。系统自动生成对原材料、半成品、产成品的生产记录日报表，经生产计划经理审核确认。

每月月末，信息系统汇总生产原材料、半成品、产成品收发存报表，由车间、仓库与采购、销售部门进行核对，经采购经理、仓储经理、车间主任、生产计划经理、销售经理签字确认。

（5）生产成本归集。

- 材料。生产成本记账员根据原材料出库单，编制原材料领用凭证，与信息系统自动生成的收发存报表核对材料耗用和流转信息编制生产成本计算表；由财务经理审核无误后，生成记账凭证并过账至生产成本及原材料明细账。

- 人工成本。系统的工资模块根据已核对无误的工时和出勤纪录，计算所有员工的当月工资金额（包括工资、加班费、奖金、各项补贴、社会保险费扣除金额、个人所得税扣除金额等），并汇总各部门员工的各项工资费用总额，自动生成员工工资明细表和员工工资汇总表。应付职工薪酬记账员根据员工工资汇总表编制工资费用分录，经会计主管复核后，将工资费用分别计入生产成本、制造费用、管理费用和销售费用等科目。

- 制造费用。制造费用归集环节控制活动记录于采购于付款循环的审计工作底稿。

（6）生产成本的分配。

系统对生产成本中各项组成部分进行归集，按照预设的分摊公式和方法，自动将当月发生的生产成本在完工产品和在产品中按比例分配；同时，将完工产品成本在各不同产品类别中分配，生成生产成本分配表（人工费用分配表、制造费用分配表）。生产成本记账员编制成生产成本结转凭证，经经理审核批准后进行账务处理。

（7）产成品成本的结转。

每月月末，生产成本记账员根据系统内状态为"已处理"的订单数量，编制销售成本结转凭证，结转相应的销售成本，经财务经理审核批准后进行账务处理。

（8）成本分析。

每月月末，生产成本记账员和应收账款记账员共同编制本月生产成本及毛利分析报告，列示每笔订单的毛利率，对毛利率低于20%的订单分别从销售价格、单位成本等方面进行综合分析，经财务经理复核后，分别提交生产计划经理、销售经理和总经理审阅。对于亏损订单，总经理将视亏损原因，要求生产计划经理、销售经理进行调查。

14.2.4 存货管理

（1）盘点制度。

仓库分别于每月、每季和年度终了，对存货进行盘点，财务部门对盘点结果进行复盘。仓库管理员编写存货盘点明细表，发现差异及时处理，经仓储经理、财务经理、生产经理复核后调整入账。

（2）存货跌价准备。

系统物流子系统设有存货库龄分析功能，会对库龄超过一年的存货进行提示。在盘点时，盘点人员也需关注是否需要计提存货跌价准备。

如果出现毁损、陈旧、过时及残次存货，仓库管理员编制不良存货明细表，经仓储经理复核后，提交给采购经理和销售经理，他们将分析这些存货的可变现净值，如需计提存货跌价准备，由生产成本记账员编制存货价值调整建议，由财务经理复核后，报董事会审批。

14.3 穿行测试

为加深对于生产与存货循环流程相关的内部控制的了解，并确认内部控制制度设计合理、执行有效，ZTH会计师事务所有限公司审计人员随机抽取了几单生产通知单，追踪生产通知单的处理过程（穿行测试），要求受监察的单位提供所有所抽取业务样本的运行记录，并将穿行测试过程记录在相关底稿中，编制了生产与存货循环相关穿行测试底稿。

通过穿行测试，审计人员更直观地了解了被审计单位的业务流程及内部控制关键点、相关凭证，以及信息系统的处理过程，确认被审计单位的业务流程及控制，与已经了解的内部控制制度相符，未发现内部控制设计存在缺陷。

14.4 符合性测试

ZTH会计师事务所有限公司审计人员在对被审计单位内部控制进行初评的基础上,为证实该控制是否在实际工作中得以贯彻执行、贯彻执行的实际效果是否符合设立该控制的初衷,对伍德股份公司生产与存货循环进行符合性测试,并编制了相关工作底稿《控制测试—生产与存货循环—控制测试测试表》,包括材料验收与仓储、计划与安排生产、生产与发运、存货管理等环节。

经过符合性测试,发现被审计单位的内部控制制度都得到了执行,内部控制制度运行有效。具体测试情况如下:

14.4.1 材料验收与仓储测试

通过对材料验收与仓储测试,发现选择的样本均满足下列条件:

- 验收单与采购订单进行核对,保证已验收材料均附有有效采购订单;
- 管理层定期复核,以确保记录的正确性,保证已验收材料均已准确记录;
- 验收单均预先连续编号并已记录,保证已验收材料均已记录;
- 定期由不负责日常存货保管或存货记录的人员来盘点实地存货,如有差异应及时调查和处理,保证已验收材料均已记录于适当期间。

14.4.2 计划与安排生产测试

通过对计划与安排生产测试,发现选择的样本均满足下列条件,即:生产指令应经适当管理层批准确保生产经管理层授权进行。

14.4.3 生产与发运测试

通过生产与发运进行测试,发现选择的样本均满足下列条件:

- 管理层定期复核,以确保记录的正确性,保证发出材料均已准确记录;
- 定期由不负责日常存货保管或存货记录的人员来盘点实地存货,发现差异应予以调整,保证发出材料均记录于适当期间;
- 管理层定期复核,以确保生产成本与其支持性文件一致,保证已记录的生产成本均真实发生且与实际成本一致;
- 管理层定期复核,以确保生产成本与其支持性文件一致,保证已发生的生产成本均已记录;

- 管理层定期复核，以确保生产成本与其支持性文件一致，保证已发生的生产成本均记录于适当期间；
- 管理层定期复核，以确保生产成本与其支持性文件一致，保证存货流转均已准确地记录于适当期间；
- 验收单均预先连续编号并已记录入账，保证完工产品均已准确地记录于适当期间；
- 出库单均事先连续编号并已记录入账，保证产成品发运均已记录；
- 管理层定期复核，以确保记录的正确性，保证产成品发运均已准确记录；
- 货物发运之前应由独立人员核对销售订单和发运货物，保证已发运产成品均附有有效销售订单；
- 定期由不负责日常存货保管或存货记录的人员来盘点实地存货，发现差异应予以调整，保证产成品发运均已记录于适当期间。

14.4.4 存货管理测试

通过对存货管理方面进行测试，发现选择的样本均满足下列条件：

- 适当保管存货并限制无关人员接近；
- 对存货库龄进行分析，以准确记录存货价值；
- 管理层复核并批准存货价值调整，保证存货价值调整已于适当期间记录；
- 管理层复核并批准存货价值调整，以保证存货价值调整是真实发生的；
- 管理层复核并批准存货价值调整，以保证存货价值调整均已记录。

14.5 存货审计的总体思路

存货审计小组组长张明志根据已了解的伍德股份公司的基本情况，有如下思路：

处在每种形态的存货期末余额都由两个因素来确定：数量 a、单价 b。该状态下的存货 M = a×b。则每种存货的价值流转都满足下面的公式：

$$M^{期初} + M^{增加} - M^{减少} = M^{期末}$$

审计的目标是履行审计程序，证明 $M^{期初}$、$M^{增加}$、$M^{减少}$、$M^{期末}$ 真实、完整、会计处理正确。要证明这几个会计要素的正确性，则要确认存货价值流转各环节的数量真实，计价正确。

对于 $M^{期初}$、$M^{增加}$、$M^{减少}$ 三个环节的计价、数量，只能通过检查账面资料确认数量、单价正确,而对于 $M^{期末}$ 的数量,除通过账面资料检查外,还可以通过存货盘点或者监盘来确认数量是正确的,存货盘点是账面资料与实际相互印证的唯一程序。

对于期初余额 $M^{期初}$,通过利用前任注册会计师的审计报告确任(假设已经评估前任注册会计师的专业胜任能力,认为其工作成果可以利用),或者本事务所上年审计结果确认;

对于本期增加存货 $M^{增加}$,通过凭证抽查、函证等方式确认;

对于本期减少存货 $M^{减少}$,可以通过检查相关凭证、计价测试等确定减少的数量真实、计价正确;

再通过盘点或者监盘审计程序,确认期末存货数量正确,则期末存货金额 $M^{期末}$ 等于数量乘以单价也就是正确的。

对于产成品或者库存商品,通过必要的审计程序,证明 $M^{期初}+M^{增加}$ 没有异常,盘点以及计价测试等审计程序证明 $M^{期末}$ 没有异常,则反过来也证明主营业务成本也是正确的。

综上,明确以下具体操作思路:

14.5.1　存货循环起点:原材料等生产要素的采购

原材料、辅料以及其他与生产有关的要素采购,是购产销价值循环的起点。采购业务真实、账务处理正确,则价值循环的起点没有风险。

关于这个环节的审计程序,详见本书第 13 章"采购与付款循环审计案例"。

14.5.2　原材料等生产要素价值转入生产成本

原材料、辅料通过领用进入生产循环,价值转入生产成本。如果领料数量是真实的、计价是正确的,则转入生产成本的价值等于各要素的数量乘以单价也是正确的。

对于这个环节,要通过检查相关凭证等方式,确定领料是否真实;通过计价测试,确定领用材料等计价正确,则原材料、辅料等减少的正确性得到确认,相关生产成本发生额的正确性得到确认;

如果生产工艺涉及多道环节,则要检查每一环节的领料、计价正确,则是上一环节存货的减少、下一环节成本增加的正确性得到确认,则各环节半成品的期末数量、单价正确,从而余额就是正确的。

14.5.3　生产成本价值转入库存商品或者产成品

完工产品转入库存商品,价值由生产成本转入库存商品或产成品。如果生产成本的核算方式符合伍德股份公司的生产情况，成本核算正确，在在产品和完工产品之间的分配正确，则转入完工产品的成本金额正确，那么，库存商品或者产成品的借方发生额就是正确的。

对于这个环节，首先要了解并分析伍德股份公司的成本核算制度是否符合伍德股份公司的实际情况；检查伍德股份公司的成本核算是否按既定的政策执行，从而确定库存商品或者产成品的本期增加正确。

14.5.4 库存商品或产成品价值转入主营业务成本

库存商品因为销售而转入主营业务成本，如果销售是真实的，商品发出的计价是正确的，则主营业务成本就是正确的。

因为通过对生产环节的审计程序确定了库存商品的增加是正确的，主营业务成本的发生额（也就是库存商品的减少）是正确的，则期末库存商品的余额是正确的。

14.5.5 通过存货监盘或者抽查盘点确认存货的数量正确

前面一系列检查凭证、合同、计价测试等，是检查确认账面信息是否正确、账务处理是否符合会计制度，而账面的存货是否真实存在、有没有账外存货，还是要通过盘点确认。

经验分享

存货审计相对复杂，张明志的以上审计思路是正确的。很多人在复杂的存货底稿中迷失，将大量的精力耗费在编制那些复杂的底稿上，却忘了最终的目的是什么，没有思路，会导致审计没有效率，达不到应有的效果。

14.5.6 必要时利用专家的工作

对于伍德股份公司的生产、技术，审计人员可能缺乏相关的专业知识，从而导致对业务事项的真实性无法判断，所以对存货与生产循环的审计，仍旧要随时准备利用专家的工作，咨询专家的意见。

14.5.7 随时就相关事项对一线生产技术人员进行访谈

审计判断应该建立在对被审计单位业务了解的基础上，在审计过程中，需要随时就生产过程中的相关事项访谈相关生产技术人员，以了解业务的真实情况。

14.6 实质性测试程序

14.6.1 存货总体情况分析

14.6.1.1 账账、账表等核对

相关底稿

存货明细表。

计划的审计程序

获取或编制按类别的存货明细表,复核加计正确并与总账数、报表数及明细账合计数核对是否相符。

经验分享

通过以上明细表,对于存货的主要大类建立感性认识,为计划盘点等审计程序作准备。

14.6.1.2 对存货相关的会计政策进行检查

相关底稿

存货核算方法检查表。

计划的审计程序

主要了解以下内容:

(1) 存货的分类:包括在途物资、原材料、周转材料、库存商品、在产品、发出商品、委托加工物资、消耗性生物资产等。

(2) 存货购入的计价方法:实际成本法/计划成本法。

(3) 存货发出的计价方法:先进先出法/加权平均法/个别认定法。

(4) 周转材料的摊销方法:

- 低值易耗品采用:一次摊销法/五五摊销法;
- 包装物采用:一次摊销法/五五摊销法。

(5) 存货的盘存制度:永续盘存制/实地盘存制。

(6) 存货跌价准备的计提方法。

对以上制度了解之后,要做出两个判断:一是要与《企业会计准则》进行比较,确定是否符合会计制度规定,如果被审计所在的企业集团有统一的会计制

度，还要判断是否与企业集团统一的会计制度一致；二是要与上年度的会计制度进行比较，确定是否一致，是否符合一贯性原则。

14.6.1.3 存货总体分析

相关底稿

存货分析表。

程序说明

存货分析主要从总体上对存货进行分析，检查有无异常，包括：存货周转率分析，存货构成分析，各月存货余额、存货借方发生额与应交税金——进项税额发生额、应付账款和预付账款贷方发生额核对。

程序执行情况

（1）存货周转率。

伍德股份公司审计小组经过对存货周转率进行分析，发现 2014 年、2015 年、2016 年的存货周转率分别是 4 次、4.4 次、5.1 次，也就是说，存货周转呈现加快的趋势。审计人员访谈了财务管理人员，得到的解释是伍德股份公司为了提高周转率、降低资金占用成本，理顺了业务流程，并与供应商协调，根据订单制定生产计划，根据生产计划进行材料采购，所以周转率逐年提高。这与前期了解的情况相符，审计人员韩丽未发现异常。

（2）存货构成分析。

存货构成分析主要分析比较连续几个年度各类存货的金额及结构比率。审计人员发现伍德股份公司 2016 年末库存商品在存货总额中的比例远低于 2014 年和 2015 年，伍德股份公司有关人员的解释是伍德公司在 2016 年不断理顺业务流程，缩减营运成本，根据客户订单组织生产，生产结束后及时发货，产成品几乎不占库存，所以库存商品余额小于以前年度。审计人员韩丽认为以上说法没有问题。

（3）各月存货余额分析。

各月存货余额分析的主要内容是比较 12 个月的期初余额、当月增加、减少、期末余额，通过 12 个月的对比看看有无异常波动。经对比，发现伍德公司 12 个月的存货发生额、余额波动都很大，12 月末的余额最小、发生额最大。相关人员解释，发生额、余额波动大的主要原因是因为 C 系列产品销售不均衡，伍德股份公司的主要产品包括成熟产品 A、B 系列和新产品 C 系列，A、B 系列市场发展成熟，销售相对稳定，而 C 系列属于新研发产品，单位价值大，有的月份有销售，有时连续几个月没有销售；关于年终存货发生额大、余额小，主要原因是由于临近年终，有些客户在年终前集中采购或者结算，故 12 月收入确认、成本结转都相应高于其他月份。

以上说法与对收入波动的解释基本一致，审计人员进而分析了 A、B、C 三个系列的产成品，发现 A、B 系列各月的发生额以及余额都相对稳定，而 C 系列各月的销售是不均衡的。

审计人员韩丽未发现异常。

关于分析性复核程序的作用

审计组长张明志分析认为，审计人员进行分析的目的是为了判断审计风险，并不代表相关人员的解释看似合理就认定没有异常。从以上三个指标来看，虽然相关人员的解释似乎没有破绽，但是这三个指标都有一个倾向，即这三个指标都指向期末存货余额趋势在变小，而 12 月份销售额高于其他月份，存在被审计单位虚列收入、虚转成本的风险。

经验分享

分析性复核的目的是为了判断审计风险，被审计单位相关人员的解释一般都看似合理，甚至天衣无缝，但对于审计风险，审计人员应该有自己的判断，并在后续的审计中，有针对性地制定审计计划，履行审计程序，以控制审计风险。

14.6.2 原材料实质性测试程序

14.6.2.1 账账、账表等核对

相关底稿

原材料明细表（金额）；原材料明细表（数量金额式）；原材料月发生额分析表；业务部门与财务部门原材料数量核对表明细表（按明细项目）。

程序说明

（1）获取或编制原材料的明细表，复核加计是否正确，并与总账数、明细账合计数核对是否相符。

（2）取得生产部门、仓储部门的材料收、发、存数量资料，与财务部门记录的数量核对是否相符。

（3）选取代表性样本，抽查原材料明细账、明细表的数量，与盘点记录的原材料数量核对是否相符，注意双向核对，即：从原材料明细账中选取具有代表性的样本，与盘点报告（记录）的数量核对；从盘点报告（记录）中抽取有代表性的样本，与原材料明细账的数量核对。

💡 经验分享

主要是对三个来源的数据进行核对，即财务账、仓储（和业务）、实际（盘点表）；如果以上三个数据核对没有异常，则账账相符，账实相符。

错误做法或观点

项目组成员韩丽取得了两个来源的明细表：一是财务账面导出的明细表，因为财务账直接导出，故与明细账、总账相符；二是各业务部门的数量单价金额式存货明细表，据相关业务部门认定，这也就是期末的盘点表。

经项目组长张明志复核，认为韩丽的这个审计程序严重不到位，主要存在以下问题：

（1）业务部门的明细表与财务账面分类的口径不一致，而且因为业务部门众多，从这些明细表上看不出来某种原材料是否相符。正确的做法是应该取得全部业务部门的存货明细表电子版，并经过排序、分类汇总等电子表格的加工，将同一原材料的数量、金额进行汇总，在此基础上与财务账面核对，确认是否相符。

（2）韩丽没有取得全部业务部门的存货明细表，还有一些部门因为相关人员不在等原因而未提供相关明细表，部分明细表是无法证明全部存货是否完整、正确的，也无法判断是否账实相符。所以审计程序没有效果，失去了意义。

💡 经验分享

实践中，很多审计人员存在本案例中的错误做法，即尽管取得被审计单位业务部门的明细表，却没有必要的分析对比程序，无法证明财务账面与其他资料、与实际是否账账相符，账实相符。

程序执行情况

在项目组长张明志的指导下，重新执行了以下相关的审计程序：

- 取得全部业务部门管理的存货明细表，经过分类汇总处理，与财务账面相应的存货项目对比，确认存货总额是否相符，抽查重要的存货项目是否相符；
- 取得仓储部门出具的存货明细表，核对总额是否正确，核对重要项目的数量、金额是否相符；
- 对于核对不符的项目，查明原因，并判断会计处理是否正确，视情况进行审计调整。

经以上程序后，发现如下异常：

（1）部分存货财务账面余额为负数。如铁芯 bf，财务账面余额为 -356 万元。经审计人员将财务账面与仓储部门明细账核对，发现这种材料已经入库，并领用出库，但财务部门因为没有收到发票而没有作购入账务处理，但是材料领用已经作出库处理，导致账面出现赤字，审计人员清理了全部赤字，在与仓库账核对清楚的情况下，按不含税价作了审计调整：

借：原材料（暂估入账）　　　　　　　　　　　　356 万元
　　贷：应付账款（暂估入账）　　　　　　　　　　356 万元

（2）部分存货财务账面数量大于仓库数量。经审计人员检查相关资料，并落实原因，主要原因如下：

一是财务部门已经取得发票，但是仓库尚未收到货物，这种情况涉及的金额达 1 000 万元，审计人员认为财务部门在验收部门未验收、仓库未收到存货的情况下，作存货以及应付账款的增加，导致账实不符，属于会计错误，应该进行审计调整：

借：原材料　　　　　　　　　　　　　　　　-1 000 万元
　　应交增值税——进项税　　　　　　　　　　-170 万元
　　贷：应付账款　　　　　　　　　　　　　　-1 170 万元

二是仓库已经发出材料，财务部门尚未记账，按照会计分期原则，既然仓库已经在 12 月 31 日发出，存货应该在 12 月 31 日之前记账。审计人员分析领料单主要有以下几个去向：

① 产品（材料）销售，应该进行如下账务处理：

借：主营业务成本（或者其他业务支出）
　　贷：库存商品
借：应收账款
　　贷：主营业务收入（或者其他业务收入）
　　　　应交增值税——销项税

② 车间领用材料，应该进行如下账务处理：

借：生产成本（某产品或者订单编号）
　　贷：原材料（或者辅助材料）

（3）部分存货财务账面数量小于仓库数量。经审计人员逐一落实相关原因，主要原因如下：

① 一些产品已经生产完毕并入库,但是财务账面尚未进行账务处理,应该进行审计调整:

借:库存商品
  贷:生产成本

② 一些外购材料已经入库,财务部门因为未收到发票,尚未进行账务处理,应该进行审计调整:

借:原材料(或库存商品、低值易耗品等)(暂估入账)
  贷:应付账款(暂估入账)

③ 一些商品已经销售,财务已经作销售收入实现,并结转了销售成本,但仓库尚未发货。对于这种情况,应该检查订单、合同等资料,对照伍德公司的收入确认会计制度,确认销售的真实性。对于这部分按伍德公司的会计制度,应该是商品发出,并且取得客户的验收单方可确认收入的实现,财务部门虽然收取货款,并取得发票,以及对方签字的销售合同,仍然不符合收入的确认条件,应该进行审计调整,这样的存货有 1 800 万元,账面作收入 2 000 万元,应该进行如下审计调整:

借:预收账款   -2 340 万元
  贷:主营业务收入   -2 000 万元
    应交增值税——销项税   -340 万元
借:主营业务成本   -1 800 万元
  贷:库存商品   -1 800 万元

经过以上调整后,财务账面数据与仓储部门、各业务部门材料明细相符。

14.6.2.2 原材料计价测试

相关底稿

原材料(按项目)发出计价测试表(加权平均法);材料成本差异结转测试表;测试表。

程序说明

(1) 检查原材料的计价方法前后期是否一致。

(2) 检查原材料的入账基础和计价方法是否正确,自原材料明细表中选取适量品种:

- 以实际成本计价时,将其单位成本与购货发票核对,并确认原材料成本中不包含增值税;
- 以计划成本计价时,将其单位成本与材料成本差异明细账及购货发票核对；同时关注被审计单位计划成本制定的合理性；

- 检查进口原材料的外币折算是否正确，检查相关的关税、增值税及消费税的会计处理是否正确。

（3）检查原材料发出计价的方法是否正确：

- 了解被审计单位原材料发出的计价方法，前后期是否一致，并抽取主要材料复核其计算是否正确；若原材料以计划成本计价，还应检查材料成本差异的发生和结转的金额是否正确。
- 编制本期发出材料汇总表，与相关科目勾稽核对，并复核发出材料汇总表的正确性。

（4）结合原材料的盘点检查，期末有无料到单未到情况，如有，应查明是否已暂估入账，其暂估价是否合理。

程序执行情况

审计人员对于采购原材料入账业务进行了检查，发现了如下问题：

（1）部分运输费、装卸费没有纳入采购成本。

假设伍德股份公司存货购入的计价方法实际成本法。伍德股份公司三个批次的材料采购，购买价款（含税价）分别为 A 材料 1 170 万元、B 材料 2 340 万元、C 材料 1 755 万元，账务处理为：

借：原材料 A	1 000 万元
原材料 B	2 000 万元
原材料 C	1 500 万元
应交增值税——进项税	765 万元
贷：应付账款	5 265 万元

审计人员文沆检查了相关凭证，凭证后附相关采购合同、发票、入库验收单据，认为没有异常。

项目组长张明志复核了测试资料，认为存在异常，从合同、发票上来看，供应商与伍德公司不在同一省市，这部分材料要运输到伍德公司，应该存在运输费、装卸费、保险费，而凭证中这三批存货的采购成本只有购买价款。张明志检查了相关合同，合同规定，相关运费、装卸费、保险费应该由伍德股份公司负担。

张明志向相关会计人员了解到，这部分费用在经营费用核算。审计人员认为，按会计准则相关规定，"外购存货的成本即存货的采购成本，指企业物资从采购到入库前所发生的全部支出，包括购买价款、相关税费、运输费、装卸费、保险费以及其他可归属于存货采购成本的费用"。这部分费用应该计入所购存货的成本，而不应该直接列入经营费用，建议进行审计调整，对于原材料已经投入生产并销售的部分，调整计入主营业务成本，对于投入生产、尚未销售的部分，调整相关在产品的成本，对于尚未领用的部分，应该调整相关存货的成本。经了解，A 材料已经投入生产，相关产品已经销售；B 材料已经领用，正在生产过程中；C 材料尚未领用。所以，应该进行如下审计调整：

借：主营业务成本　　　　　　　　　　10 万元（A 材料的运费）
　　在产品　　　　　　　　　　　　　20 万元（B 材料的运费）
　　原材料　　　　　　　　　　　　　15 万元（C 材料的运费）
　贷：营业费用　　　　　　　　　　　　　　　　　　　　45 万元

（2）存货发出计价错误（加权平均法）。

假设伍德股份公司存货发出的计价方法为加权平均法。审计人员选择原材料的主要构成项目进行了发出计价测试，发现以下问题：

1 月份，原材料 N 期初数量 100 吨，余额 1 000 万元，本期采购 300 吨，金额 3 050 万元，本期领用 300 吨，按加权平均法计算，发出成本以及结存应该如下：

加权平均成本 =（期初金额 + 本期采购金额）/（期初数量 + 本期采购数量）
　　　　　　 =（1 000 + 3 050）/（100 + 300）= 10.125（万元）
本期领用应结转成本 = 加权平均成本 × 本期领用数量
　　　　　　　　　 = 10.125 × 300 = 3 037.5（万元）
本期账面结存数量应为 = 100 + 300 − 300 = 100（吨）
本期账面应结存成本 = 结存数量 × 加权平均单价
　　　　　　　　　 = 100 × 10.125 = 1 012.50（万元）

而企业账面数量为 100 吨，余额为 1 500 万元，账面余额与审计人员检查结果相差 487.5 万元，也就是说，这部分原材料结转生产成本时，少转了 487.5 万元，相关产品已经销售，导致主营业务成本少转 487.5 万元，利润虚增 487.5 万元，存货虚增 487.5 万元。

审计人员检查发现，伍德公司多种原材料发出没有按加权平均法的计算结果结转，实际结转金额小于加权平均计算结果，因为被审计单位存在这种情况，而且方向是一致的，都是虚增利润，实际上是一种舞弊行为。所以，张明志决定对全部存货结转进行计价测试。测算完毕，共有 5 600 万元的计算错误，即：存货多计 5 600 万元，主营业务成本少计 5 600 万元。

经验分享

张明志的做法是对的。如果发现被审计单位有舞弊的迹象，应该重新进行风险评估，并调整审计程序以及范围，目标是控制审计风险，所以，若发现被审计单位在某种业务中存在舞弊迹象，应该对全部类似业务进行检查，并进而关注其他业务是否存在相同目的的舞弊。

(3) 存货发出计价错误（计划成本法）。

假设伍德股份公司存货核算采用计划成本法。

伍德股份公司按材料成本差异按存货类别进行明细核算，审计人员测算了材料成本差异的核算以及分摊，发现企业存在材料成本差异少结转的情况，计算过程如下：

月份	存货发生额			
	期初余额	本期购进	本期发出	期末余额
1	10 000.00	200 000.00	205 000.00	5 000.00
2	5 000.00	300 000.00	250 000.00	55 000.00

月份	材料成本差异						
	期初余额	本期转入	差异分摊率	本期应转出	期末应余	本期实际转出	差异
1	100.00	2 000.00	1.00%	2 050.00	50.00	50.00	2 000.00
2	50.00	3 000.00	1.00%	2 500.00	550.00	500.00	2 000.00

以1月份为例，伍德公司月初按计划成本计价的原材料成本为10 000万元，月初材料成本差异为借方100万元，本期购进200 000万元，本期转入材料成本差异2 000万元，本期发出材料计划成本为205 000万元，本期材料成本差异率为：

$$\text{本月材料成本差异率} = \frac{\text{月初结存材料的成本差异} + \text{本月验收入库材料的成本差异}}{\text{月初结存材料的计划成本} + \text{本月验收入库材料的计划成本}} \times 100\%$$

$$= (100 + 2\ 000) \div (10\ 000.00 + 200\ 000.00) \times 100\% = 1\%$$

$$\text{发出材料应负担的成本差异} = \text{发出材料的计划成本} \times \text{本月材料成本差异率}$$

$$= 205\ 000.00 \times 1\% = 2\ 050.00（万元）$$

而伍德公司账面只结转了50万元的材料成本差异，少结转2 000万元的材料成本差异；同样，2月份也少结转2 000万元的材料成本差异，导致生产成本少计4 000万元，该批产成品已经销售，导致主营业务成本少计4 000万元，利润虚增 4 000 万元，期末存货虚增 4 000 万元。

> **经验分享**
>
> 以上材料发出计价测试的案例是建立在假设伍德股份公司是上市公司，一般存在着高估利润的风险的基础之上。如果被审计单位是普通企业，也存在为少缴税款或者其他目的而多结转成本，或者多结转材料成本差异，从而提高主营业务成本、降低利润的情况。

14.6.3 生产成本实质性测试程序

14.6.3.1 账账、账表等核对

程序说明

获取或编制生产成本的明细表，复核加计是否正确，并与总账数、明细账合计数核对是否相符。

相关底稿

生产成本明细表。

14.6.3.2 生产成本分析程序

程序说明

（1）针对已识别需要运用分析程序的有关项目，注册会计师基于对被审计单位及其环境的了解，通过进行以下比较，并考虑有关数据间关系的影响，以建立注册会计师有关数据的期望值。

- 对生产成本进行分析性复核，检查各月及前后期同一产品的单位成本是否有异常波动，注意是否存在调节成本现象；
- 分别比较前后各期及本年度各个月份的生产成本项目，以确定成本项目是否有异常变动以及是否存在调节成本的现象；
- 比较当年度及以前年度直接材料、直接人工、制造费用占生产成本的比例，并查明异常情况的原因；
- 核对下列相互独立部门的数据，并查明异常情况的原因：仓库记录的材料领用量与生产部门记录的材料领用量；工资部门记录的人工成本与生产部门记录的工时和工资标准之积。

（2）确定可接受的差异额。

（3）将实际的情况与期望值相比较，识别需要进一步调查的差异。

（4）如果其差额超过可接受的差异额，调查并获取充分的解释和恰当的佐证审计证据（例如：通过检查相关的凭证）。

（5）评估分析程序的测试结果。

相关底稿

生产成本按月分析表；制造费用明细表及分析表；完工产品按年度分析表；完工产品单位成本按月分析表；成本计算单检查表。

错误做法或观点

审计人员文沅作了上述分析类底稿，经张明志检查后，认为存在如下问题：

（1）所有产品的成本填入一张表中，失去了分析的意义。

分析表的主要意义是分析，即通过对产品成本构成比例、不同月份、年度的变动趋势，分析有没有异常，而文沅将全年所有成本填入以上四张分析表中，而全年各类产品的成本构成比例不一，生产时间上也不均衡，特别是C类产品，成本大，产量少，在年度内不均衡，将所有产品的成本都填入这四张表中，各种比例以及趋势都是波动的，甚至有很大的波动，根本看不出来异常。这些底稿也就失去了意义。

（2）对于波动异常，没有分析原因。

对于各种比例、与上年的成本差异，没有原因分析，为填表而填表，失去了意义。

（3）局限于底稿模板，影响分析精度。

文沅的分析，只是将成本项目按底稿模板进行了归集，即直接材料、直接人工、制造费用三项，而伍德公司的三类产品的单位产品成本金额相对大，成本构成很复杂，比如原材料就存在多种，每种原材料或多或少，都是生产不可或缺的，都应该纳入分析范围。如果汇总分析，就看不出来个别成本项目的波动。

经验分享

所有底稿都应该服务于审计目的。审计目的决定底稿形式，而不要迷失于审计底稿的形式，忘了审计目的。

程序执行情况

在张明志的指导下，对上述工作底稿进行了重新编制，即重新执行了相关的分析程序，考虑到全部产品放在同一张表中分析没有意义，就分A、B、C三类产品进行分析，发现如下问题：

（1）生产成本按月分析表。

该分析表主要分析某产品各月份各成本项目的发生情况，以及与上年对比情况。

三类产品的分析都存在各月份原材料、人工成本、制造费用比例不一致的情况，财务人员解释，主要是该企业按订单生产，时间上是被动的，同类产品有的跨月份，有的不跨月，对于跨月份的产品，因为上月投入了部分材料人工等，本月的投入就会少些，对于不跨月产品，本月成本投入就会多些，主要原因还是时间上的不一致引起的。

审计人员检查了相应的生产通知单，验收财务人员说的时间上不均衡的问题确实存在的。三种产品的生产成本按月分析表都存在生产成本的贷方发生额，也就是本期减少远大于产成品借方发生额的问题，经分析，主要是由于这些产品都存在多个生产循环，即生产出来半成品，半成品入库，生产成本贷方结转，再领用，通过借方进入生产成本，导致借、贷同时增加，生产成本发生额出现重叠的情况，而产成品的生产成本等于最后一个工艺流程的领料成本加上相关制造费用、人工费用等。

审计人员检查相关生产成本结转半成品的凭证，以及领用半成品入生产成本的凭证，证明财务人员说明的情况确实存在的。

张明志认为，这也不是不可克服的。一般情况下，同种产品数量对应的所需要原材料、辅料，或者某种半成品，都应该是正比关系，检查生产过程中，构成产成品的这些材料是不是存在稳定的正比关系，也能达到分析的目的。

> 错误做法或观点

张明志对以上分析底稿进行了复核，发现直接材料中的包装物与上年对比，并没有与其他成本项目成比例波动，他认为这是异常。而文沅认为，包装物是金额较小的成本项目，远低于审计人员确定的重要性水平，可以不予考虑。

张明志认为，这是严重错误的想法，重要性的概念不应该这么理解。审计重要性是指被审计单位会计报表中错报或漏报的严重程度，这一严重程度在特定环境下可能影响会计报表使用者的判断或决策，其在量上表现为审计重要性水平。

但是，在审计分析中，对于金额小的项目，不应该忽略不计，比如包装物，作为生产、销售不可或缺的一部分，应该与生产的产品数量相同的。

经验分享

审计人员无论履行什么程序，都不要忘了行动目的。上述生产成本分析，主要是为了检查各成本要素有无异常波动，分析有无虚构成本或虚列成本侵占资产等行为，对于不可或缺的项目，特别是金额小的，往往也是被审计单位做假账时很可能忽略的，也应该是审计人员关注的。

在张明志的指点下，文沉对全部包装物领用凭证进行了统计，包括产品、包装的名称、数量，并与伍德公司全年产量对照，发现如下差异：A、B 系列产品，账面产量比包装物多出 18 台；C 类产品，账面产量比包装物多出 7 台。

审计人员判断，这说明被审计单位很可能存在虚构生产销售的问题。

而不久，通过访谈客户、实物盘点等审计程序，也确实发现被审计单位存在虚构生产、销售，从而虚构利润的问题（详见销售和收款循环案例）。

（2）制造费用明细表及分析表。

该分析表主要分析制造费用各项目 12 个月的发生情况，以及与上年度对比情况。

伍德股份公司的 A、B、C 类产品属于生产工艺完全不同的三类产品，分别核算制造费用，主要包括如下项目：车间管理人员工资、交通费、劳动保护费、折旧费、修理费、租赁费、物料消耗、低值易耗品摊销、生产用工具费、试验检验费、季节性修理期间的停工损失、取暖费、水电费、办公费、差旅费、运输费、保险费、技术组织措施费、其他制造费用。经分析，发现如下异常：

1）大修技改支出存在异常。

审计人员将上述费用 12 个月的数据进行了对比，并与上年度进行对比，发现 2016 年 12 月发生了大额修理费用，经了解相关情况，是伍德股份公司发生了技改和大修理支出，这些技改和大修理支出成为制造费用的主要组成部分，公司将这些费用有的直接在制造费用列支，有的通过预提费用过渡。

审计人员通过对产成品科目以及生产成本科目的发生额分析，发现全年 12 个月里 A 系列和 B 系列的生产都没有停顿过，在生产的同时进行大修，是无法操作的，认为这些支出存在异常，决定对相关支出进行重点关注，详细分析有关资料，视情况采取进一步的审计程序。后来，果然发现伍德股份公司存在虚列大修费用的情况（详细情况参见采购与付款案例中"虚列大修费用、虚列技改支出"相关内容）。

经验分享

分析程序的范围，不局限于会计信息之间，也适用非会计信息之间，如以上的大修和生产不能同时进行，存在时间上矛盾。所以，审计人员应该保持职业的警惕性，结合实际情况和常理，判断存在矛盾的地方，也就是审计风险的高发领域。

2）租赁费支出存在异常。

租赁费支出 12 个月基本均衡，但是审计人员与上年对比发现，租赁费支出远高于上年。审计人员检查了相关租赁合同，发现租赁费的主要内容是 G 设备，进而又发现相关租赁合同内容单调简单，只有标的、合同价款，其他的权利责任、违约条款、诉讼条款几乎没有。

审计人员上网搜索了该设备的情况，发现该设备市场价只有 200 万元左右，但是伍德股份公司每台的年租金是 510 万元，也就是一年的租金至少可以买两台设备，伍德公司不购买而是以两倍多的价钱租入设备，可以说是咄咄怪事。

审计人员进而搜索合同对方的消息，名称为某经贸公司，注册资金 50 万元，法人为张某华，作为伍德股份公司这种科技水平以及规模的大型公司却到一个注册资本为 50 万元的小公司租设备，令人不解。

审计人员继续搜索合同对方签字人张某华的信息，发现其姓名也出现在伍德公司的员工名册上，而且姓名、身份证号都一致，也就是说，这个人是伍德股份公司的员工。

审计人员找到该员工，询问其租赁合同一事，结果该员工表示不知道自己是某经贸公司法定代表人的事，一直在伍德股份公司任职，没有开过公司。

以上情况说明，伍德股份公司有使用员工身份证注册公司，并虚构与这些公司交易、转移资金的情况。

3）存在虚假注册公司并签订虚假合同套取资金的情况。

审计人员决定修改审计计划，将成本费用中所有有合同的支出都进行详细分析：一是分析成本费用与公司业务的相关性；二是分析公司的资质；三是分析对方法定代表人是否是伍德公司的员工。

通过分析，又发现多份类似的合同，除了租赁合同外，还有劳务合同、服务合同等，经统计，支出金额达到 3 450 万元。在确凿的审计证据面前，合同对方的法定代表人是公司员工，相关员工并不知道有这些公司的存在，以及其他不合理的情况，被审计单位无法抵赖，只好承认在员工不知情的情况下，用员工的身份证注册公司，通过虚假交易转移资金，主要用于员工福利等支出的事实。

经验分享

这个案例涉及多种程序的组合运用：一是分析合同的形式与内容，实践中很多几十万元上百万元的合同似是而非，简单粗陋，往往提示对交易的真实性存疑；二是分析合同的情理，一年的租赁费超过购买两台设备价款，如果不是出于舞弊的需要，是不可能签订的；三是注意合同对方的资质；四是注意合同对方的法定代表人和签字人与公司员工之间的关系。一旦发现舞弊行为，就应该扩大检查范围，将类似支出全部纳入检查范围。

14.6.3.3 完工产品成本按年度分析、完工产品单位成本按月分析

完工产品总成本按年度分析、完工产品单位成本按月分析往往比按月分析生产成本更深入、精细地揭示完工产品的总成本和单位成本的真实情况，可以将当年 12 个月完工产品总成本、单位成本的数据进行对比，并与上年度对比。

审计人员将 A 系列、B 系列、C 系列完工产品分别进行了对比分析，按前期了解的情况，C 系列存货按客户要求，工艺差别很大，生产成本以及售价也不相同，存在波动是正常的，所以审计人员更多关注对 A、B 系列产品的分析。

为发现完工产品成本明细构成有无异常，审计人员在底稿模板的基础上，将生产成本拆分得更明细，特别关注那些生产销售不可缺少但是金额较小、容易被忽略的成本项目，详细地分析了各成本项目各月份的变化情况以及与上年的对比情况。通过分析，发现包装物平均成本、耗量各月差异很大，与上年比也降低了很大幅度。一般同种产品的包装物耗用量不可能有太大的变化，如果变化了，只能得出一个结论，那就是存在虚构生产、销售的情况。

> **经验分享**

从后来的审计结果来看，被审计单位存在虚构生产、销售的问题，但是通过以上诸多分析，除了包装物存在异常外，其他要素并无异常，说明被审计单位财务人员如果在完备的内部控制指导下作假，审计人员通过一些常规的审计程序不容易发现异常，所以，不能轻易下被审计单位相关业务没有问题的结论。未发现异常和没有异常，是两个完全不同的概念。

除包装物存在异常外，还发现如下问题：

（1）生产损失处理错误。

审计人员发现 A 产品 8 月份成本偏高，B 产品 6、7 月份成本偏高；进而检查成本计算单、领料单汇总表等，发现 A 产品 8 月份的一批产品所用的材料 NO～1 单位消耗数量高于其他月份，B 产品所用的材料 NO～4 单位消耗数量也高于其他月份。

审计人员通过询问相关人员了解到，单耗过高是由于新员工违反操作流程，造成生产损失，共多消耗 NO～1 材料 1 500 万元、NO～4 材料 700 万元；并了解到，这种损失并不经常发生。

审计人员认为，按照企业会计准则相关规定，"下列费用应当在发生时确认

为当期损益，不计入存货成本：（1）非正常消耗的直接材料、直接人工和制造费用；（2）仓储费用（不包括在生产过程中为达到下一个生产阶段所必需的费用）；（3）不能归属于存货达到目前场所和状态的其他支出。"以上生产损失不应该列入生产成本，而应该转入管理费用，列入当期损益。

以上 A 系列产品已经销售，相关损失也已转入主营业务成本，对损益没有影响；而 B 系列尚未销售，应该审计调整，即：调整减少存货 700 万元，增加管理费用 700 万元。

（2）企业废旧物资收入、罚款收入形成账外资金。

审计人员文沉通过与企业沟通，对以上生产损失的处理达成一致意见。但张明志复核相关工作成果，认为文沉对该事项考虑不够全面，他还应该关注该生产损失事项按照伍德公司相关管理制度规定有无赔偿金收入和废旧物资收入。

经验分享

审计应该有发散的思维、普遍联系的思维，审计中发现一个问题，不要只处理一个问题，要想想还有没有其他相关的问题。

为此，审计人员检查相关账簿，并没有发现员工赔偿收入以及废旧物资收入。继而又查阅相关管理制度，按制度的规定，主要责任人以及相关管理人员应该有罚款以及赔偿，也就是企业账内应该有来自责任人的罚款及赔偿收入。查阅有关财务管理制度，发现并没有废旧物资相关的管理制度。张明志按经验分析，这部分废旧物资收入很可能成为账外资金，进入了小金库。为了审计程序的不可预见性，防止被审计单位相关人员有准备，审计人员并没有就此事询问相关财务会计人员。

张明志要求查看生产现场，观察生产管理过程。于是，从投料开始，按生产工艺流程，逐步了解到哪个环节能够形成废料、废料的整理收集过程、各环节的责任人、最终管理废料的岗位、管理方式等，了解到车间对于材料边角料、生产损失等形成的废旧物资，都有专门的岗位管理，有专门场所存储。审计人员找到废旧物资的负责人员，并取得了废旧物资的处置台账，从台账上来看，伍德股份公司有案可查的废旧物资收入累计达到 8 567 万元，2016 年度 3 028 万元。审计人员再查阅伍德公司的财务账，发现这些收入一直就没有纳入财务账内核算。审计人员此时拿着这些资料再询问伍德股份公司财务人员，财务人员无奈承认这些废旧物资收入都形成了账外资金。

对于生产损失的罚金问题，审计人员走访了相关生产工人，了解到相关生产工人已经按制度规定交纳了罚款。审计人员形成了访谈笔录，并请相关人员签字。经与财务人员了解，这部分罚款收入也没有在账内核算，形成了账外资金。

审计人员要求对以上账外资金进行审计调整，分别不同情况处理：现存货币资金，纳入财务账内核算；对于违规发放给个人的，建议收回，并列入其他应收款；属于费用性支出的，调整相关成本费用；属于2016年当年的废旧收入，调增2016年营业外收入；属于以前年度的废旧收入，调增未分配利润，并调整所得税科目。

14.6.3.4 生产成本计价方法测试

相关底稿

成本计算单检查表。

程序说明

（1）了解被审计单位的生产工艺流程和成本核算方法，检查成本核算方法与生产工艺流程是否匹配，前后期是否一致并做出记录；

（2）抽查成本计算单，检查直接材料、直接人工及制造费用的计算和分配是否正确，并与有关佐证文件（如领料记录、生产工时记录、材料费用分配汇总表、人工费用分配汇总表等）核对；

- 获取并复核生产成本明细表、汇总表的正确性，将直接材料与材料耗用汇总表、直接人工与职工薪酬分配表、制造费用总额与制造费用明细表及相关账项的明细表核对，并作交叉索引；
- 检查车间在产品盘存资料，与成本核算资料核对；检查车间月末余料是否办理假退料手续；
- 获取直接材料、直接人工和制造费用的分配标准和计算方法，评价其是否合理和适当，以确认在产品所含的直接材料、直接人工和制造费用是合理的。

（3）获取完工产品与在产品生产成本分配标准和计算方法，检查生产成本在完工产品与在产品之间、以及完工产品之间的分配是否正确，分配标准和方法是否适当，与前期比较是否存在重大变化，该变化是否合理；

（4）对采用标准成本或定额成本核算的，检查标准成本或定额成本在本期有无重大变动，分析其是否合理；检查本期材料成本差异的计算、分配和会计处理是否正确，库存商品期末余额是否已按实际成本进行调整。

程序执行情况

发现已经领用未使用材料没有退料手续。

审计组成员文沉取得了各月的生产通知单、领料单、生产记录、成本计算资料、分配资料等，并进行核对，未发现异常，且编制了底稿。

但是，张明志复核后，发现成本计算单存在问题。因为张明志在观察生产现场过程中发现生产现场堆积大量材料，经了解，那是一个批次的产品生产完工后尚未使用的材料。而成本计算单及附件并没有退料手续，从相关材料来看，领用的材料已全部计入生产成本。这会导致生产成本虚增，尚未使用的材料成为账外资产。

审计人员与生产人员共同清理了尚未使用的材料，这些材料因为日久没有管理，已经分不清是哪个批次的产品剩余的材料，无法计算应冲减主营业务成本和产成品成本的金额，考虑到大部分产品都已销售，全部冲减主营业务成本，即按这些剩余材料的数量乘以账面成本单价，调整增加存货，调整减少主营业务成本，金额共890万元。

14.6.3.5 凭证测试

相关底稿

凭证测试表。

程序说明

凭证测试是最基本的审计程序，工作对象是企业生产经营过程中形成的各种资料。与上述各种分析类底稿不同，分析类底稿是分析财务数据是否存在异常，落实分析程序发现的异常是否是实质性的问题，最终要通过检查凭证、检查相关的基础资料来实现。

凭证抽查关注的主要内容如下：

（1）直接材料测试。

- 材料耗用量与材料领料单汇总表核对是否相符。
- 材料分配汇总表中该产品分配的直接材料成本与材料耗用量核对是否相符。
- 材料成本在不同产品间的分配标准与计算方法是否合理和适当。
- 材料成本在某产品完工产品和在产品中的分配标准和计算方法是否合理和适当。
- 采用标准成本或定额成本的标准材料成本或定额成本的确定是否合理，材料成本差异的计算和分配是否正确。
- 直接材料的定额成本或标准成本本期有无变化。

（2）直接人工测试。

- 直接人工汇总表与应付职工薪酬、人事部门工时记录等核对是否相符。

- 直接人工汇总表中的人工成本是否包括五险一金（养老、医疗、失业、工伤、生育险及住房公积金）及两费（工会经费及教育经费）。
- 直接人工成本分配表与直接人工汇总表核对是否相符。
- 直接人工成本在不同产品间的分配标准与计算方法是否合理和适当。
- 直接人工成本在某产品完工产品和在产品中的分配标准和计算方法是否合理和适当。
- 采用标准成本或定额成本的标准人工成本或定额成本的确定是否合理，直接人工成本差异的计算和分配是否正确。
- 直接人工标准成本或定额成本本年度有无重大变化。

（3）制造费用测试。

- 核算制造费用的内容及范围是否正确。
- 制造费用汇总表与相关费用项目（如折旧费用）等核对是否相符。
- 制造费用在不同产品间的分配标准与计算方法是否合理和适当。
- 制造费用在某产品完工产品和在产品中的分配标准和计算方法是否合理和适当。
- 采用标准成本的制造费用的确定是否合理，制造费用差异的计算和分配是否正确。
- 标准制造费用本年度有无重大变化。
- 是否存在异常会计事项。

错误做法或观点

审计组成员文沆按以上要求抽样检查了生产成本相关的凭证，经张明志复核后，认为存在如下问题：

（1）抽样没有选择。没有按风险评估和前面各种分析程序发现的风险领域选择样本，风险评估和分析程序失去意义，审计没有质量和效率。

（2）样本量过少。生产流程是企业的核心业务，抽查的凭证仅不足10笔，不能控制审计风险。

（3）只抽查金额大的材料费，没有兼顾性质不同的其他金额相对小的成本项目。

（4）对于付现的费用支出项目，只抽查转账凭证，没有对资金支出环节进行关注，无法确认支出是否合法合规。

（5）对非经常性的支出没有关注。

程序执行情况

在张明志的指导下，项目组成员重新执行了凭证测试程序。发现如下问题：

（1）生产领用材料列入基建成本。

审计人员将生产成本中的原材料与仓库编制的材料费用分配汇总表核对，发现 C 系列的生产成本中的材料成本小于分配汇总表中分配给 C 系列产品的材料金额，但是原材料明细账的减少总额与材料分配汇总表的总金额相符。经审计人员逐项核对，发现材料分析汇总表中 C 系列的领用材料金额与 C 系列的生产成本中的材料成本的差额被列入了基建成本，也就是说，伍德股份公司将应该由生产成本负担的材料费用列入基建成本。经审计人员统计，全年列入基建成本的生产领用材料共计 10 000 万元，导致在建工程虚增 10 000 万元，主营业务成本少计 7 000 万元，存货少计 3 000 万元，利润多计 7 000 万元。

（2）制造费用列入基建成本。

审计人员在检查 C 系列产品相关的制造费用时，发现 C 系列产品所包含的制造费用只有生产期间所发生的管理人员工资、水电费、其他费用等，但是 C 产品生产在各月是不均衡的，尽管有时连续几个月没有生产，但也会产生管理人员工资、设备维护保养费用、折旧费用等，这部分费用最终在哪里核算呢？审计人员检查了制造费用明细账，发现这些制造费用被转入了在建工程。

审计人员询问伍德股份公司财务人员这么做的理由，他们的解释是这部分费用本就是基建费用，为基建项目服务的。审计人员现场察看了基建项目，发现基建项目与 C 系列产品生产车间相距甚远，有独立的水电等计量设备，不可能在水电费用上分不清，而且基建项目有专门的团队管理，也不可能与生产人员存在兼职的可能，所以，伍德股份公司有关人员的解释是说不过去的。经审计人员统计，在 C 系列产品的生产车间发生并被转入工程成本的制造费用达 2 340 万元。考虑到按伍德股份公司的会计制度，停工期间的制造费用应该由开工后的产品成本负担，而伍德股份公司 2016 年 12 月有 C 系列产品的生产和销售，也就是说，C 系列车间停工期间的制造费用应该全部转入生产成本，并结转入主营业务成本，而伍德股份公司将这部分制造费用转入在建工程，导致在建工程虚增 2 340 万元，主营业务成本少列 2 340 万元，利润虚增 2 340 万元。

经验分享

本案例建立在伍德股份公司是上市公司，有虚增利润的需要的假设上，审计实践中也发现，一些国有非上市公司为了调减利润而将基建费用调入生产成本的情况，如将基建用材料转入"生产成本——原材料"，或者将基建管理费用列入

"制造费用"等。

（3）管理用固定资产的折旧费用列入制造费用。

审计人员检查折旧费用分配以及相关基础资料，发现办公大楼、管理用汽车等折旧费用列入了制造费用，计入了生产成本，已经销售的产品的相关折旧费用随同产成品成本转入主营业务成本，未销售的产品的相关折旧费用体现在期末存货余额中。经审计人员计算，管理用固定资产列入制造费用的累计折旧全年共计2 000万元，其中，1 600万元已经随产品销售列入主营业务成本，400万元体现在期末存货余额中，导致本年利润虚增400万元，应该调整增加管理费用2 000万元，调整减少主营业务成本1 600万元，调整减少存货400万元。

审计人员在抽查凭证过程中，对前述分析程序中发现的包装物异常的生产批次的生产成本进行了重点关注。

审计人员对全部没有包装物费用发生的生产成本凭证进行了检查，并与包装物正常的生产成本凭证进行对比，发现没有包装物支出的生产成本和有包装物支出的生产成本，在凭证上看不出来有什么区别，具体表现为：都有生产通知单；所有领料单都有生产主管、仓库管理员的签字；所有人工成本都有工资费用分配汇总表，都有考勤记录；都有生产记录；都有入库记录；都有质检记录；所有单证都连续编号。

经验分享

从销售收款循环来看，伍德公司存在虚构生产、销售的问题，但是，只是检查相关会计凭证并不能发现异常。审计实践中，被审计单位在完备的内部控制流程指导下，真实业务和虚构业务的凭证从表面上，看不出什么区别，从而给控制审计风险带来了难度。但是，并不代表凭证抽查就没有意义，毕竟做假账难保没有破绽，控制审计风险的关键就是找到这些破绽。

本案例设定伍德股份公司做假账的水平相对较高，从真假凭证形式上看没有区别。当然，实践中也有很多假账的凭证破绽百出，比如，没有生产通知单，或者生产通知单、领料单等没有相关人员签字，产成品没有入库单，等等，将这些异常凭证与正常凭证对照，就可以发现很多问题。当然，这需要分析测试足够数量的凭证才能发现异常。

14.6.3.6 截止测试

程序说明

生产与存货循环的截止测试主要关注生产要素的流动是否计入恰当的会计期

间，有无模糊截止时点调节利润的情况。

程序执行情况

经审计人员关注 12 月 31 日前后的原材料出库、半成品出入库、产成品出入库等，发现如下问题：

（1）半成品出入库问题。

生产 C 系列产品所用的配件 CCV 为伍德股份公司自产，审计人员检查 2017 年年初配件 CCV 的借方、贷方凭证，发现一凭证对应的出入库凭证日期都为 2016 年 12 月 28 日，该批配件金额 340 万元，审计人员追查 12 月生产的 C 系列产品，发现该批次的产品已销售，相关的产品成本已转入主营业务成本，也就是说，由于截止错误，导致该批配件的成本没有列入相应批次产品的成本，也没有转入主营业务成本，使主营业务成本少计 340 万元，利润多计 340 万元。

（2）年终奖问题。

审计人员发现 2017 年 1 月的生产成本有大额人工成本发生，检查相关凭证，确认是 2016 年的年终奖，在 2017 年初完成年度考核后发放，伍德股份公司将这些年终奖分别列入 2017 年的生产成本以及各项费用。

审计人员认为，2016 年的年终奖，按配比原则，应该属于 2016 年的人工成本，应该调整列入 2016 年的成本费用。经计算，应该调整增加 2016 年度主营业务成本 2 040 万元，管理费用 200 万元，营业费用 200 万元，在建工程 100 万元，存货 50 万元。

（3）服务费用问题。

审计人员发现制造费用中分摊了某软件公司的信息系统建设服务费用 2 000 万元，经检查相关资料，发现相关合同于 2016 年年初签订，规定的服务期间是 2016 年度，合同内容包括信息系统开发、维护、人员培训等项目，其中，人员培训费根据培训的人次结算。2017 年 1 月 5 日，伍德股份公司与该公司进行了结算，合同总额 2 000 万元。审计人员认为，虽然该合同是 2017 年结算，且在 2017 年付款，但是服务内容属于 2016 年度，按配比原则，应该列入 2016 年的成本费用。审计人员按该软件公司的服务内容分配服务费用，其中管理费用 1 000 万元、制造费用 1 000 万元，制造费用考虑到制造费用大部分已经转入主营业务成本，分配入存货期末余额的部分金额较小，1 000 万元全部调整增加主营业务成本。

第 15 章
投资与筹资循环审计案例分析

2017年1月15日，ZTH会计师事务所有限公司受中雄集团审计部委托派出审计组对伍德股份公司进行2016年度报表审计，其中，宇文宁、段飞负责筹资和投资循环审计。审计人员先了解了被审计单位与筹资和投资循环相关的内部控制制度，然后对内部控制制度的设计合理以及执行有效性进行了符合性测试，再根据符合性测试的结果，评估了审计风险，实施了实质性测试。

15.1 了解与筹资和投资循环相关的内部控制制度

ZTH会计师事务所有限公司审计人员通过访谈有关人员，以及取得并研究有关内部控制制度的方式，了解了伍德股份公司与投资和筹资循环有关的内部控制度，具体情况如下：

(1) 筹资有计划，额度经审批。

每年由伍德股份公司总部、子公司财务部门根据公司的实际运营情况及资金需求，制定出本年的筹资计划（包含在年度预算中），提交伍德股份公司审批，根据额度不同，分别由总经理、总经理办公会或者董事会审批（以下简称审批机构）。股份公司相关人员审阅批准后，由相关银行总行与股份公司签订授信合同。

(2) 每笔贷款经过适当审批。

进行贷款前，财务部填写借款申请单，写明借款原因、用途等信息；财务总监、总经理对借款申请单进行审核并签字批准，由公司出具自有资金证明和银行贷款意向性承诺函，并将这些材料提交相应审批机构进行批复。相应审批机构批准借款额度，向意向借款银行提供最高额担保并签订合同，再由该银行和公司签订授信额度协议。担保书出具之后，董事会发布担保公告。之后由银行和公司签订借款合同，该合同的签订经过公司法人代表审核并签字。

子公司申请担保时，将申请担保的原因、目的、金额和期限上交给总公司，总公司董事会审核后做出批复。对于金额巨大的，如超过母公司净资产约30%以上，需上报伍德股份公司股东会投票通过。

(3) 贷款合同的签订经过适当的审批。

公司按照批准的筹资方案及金额，由财务部相关人员与批准的金融机构进行洽谈，明确借款规模、利率、期限、担保、还款安排、相关的义务和违约责任等内容。双方达成一致意见后，签署借款合同。借款合同须经过公司财务部负责人、监审处及总经理审批。

(4) 贷款按照正确的会计规定进行账务处理，并经过适当的审核。

财务部门相关人员核对借款合同及银行回单金额，按照公司会计制度规定对贷款进行账务处理，并由财务部负责人进行审核。

(5) 贷款利息账务处理经过适当审核。

财务部资金会计按照贷款合同约定的本金、利率、期限、汇率及币种，计算应付利息，分类别编制利息测算表，与银行核对无误后按期支付贷款利息并进行账务处理，由财务部负责人进行审核。

(6) 利息资本化按照正确的会计规定进行账务处理。

财务部工程核算岗负责计算符合资本化的利息，并编制《利息资本化统计表》，经财务部门经理审批记账。

(7) 确保企业按期准确偿还贷款。

每月，银行会计根据贷款合同到期日及银行的贷款到期通知编制还款统计表，提交公司总经理、分管经营的副总和财务处处长，由他们在每月的资金平衡会上进行讨论，确定还款计划。在接到财务处处长的付款通知后，编制付款凭证，经由财务处处长签字确认后由出纳付款。

(8) 投资、投资处置经过适当的授权审批。

每年年末，投资管理经理制订下一年度投资预算，经预算管理部门审批后，报总经理办公会和董事会审批。

(9) 确保投资记录的准确性。

对投资项目，投资记账员根据经批准的长期股权投资、可供出售金融资产、持有至到期投资、交易性金融资产等付款申请单，编制付款凭证，并附相关单证，提交会计主管审批。在完成对付款凭证及相关单证的复核后，会计主管在付款凭证上签字，作为复核证据，并在所有单证上加盖"核销"印戳。

(10) 确保投资记录的完整性。

投资管理员根据交易流水单，对每笔投资交易记录进行核对、存档，并在交易结束后一个工作日内将交易凭证交投资记账员。

(11) 确保投资计价的准确性。

投资记账员根据经批准的长期投资付款申请单，编制付款凭证，并附相关单证，提交会计主管审批。

(12) 确保投资交易截止期间正确。

每周末，投资管理员与投资记账员就投资类别、资金统计进行核对，并编制核对表，分别由投资管理经理、财务经理复核并签字。如有差异，将立即调查。每月结束后一周内，投资管理经理编写上月交易性金融资产报告，报总经理和董事会。

(13) 确保投资收益计算的准确性及截止期间正确。

年终了后30日内，投资管理员取得联营公司经审计的财务报表等资料。投资记账员复核被投资公司的财务信息，按权益法计算投资收益，经会计主管复核后进行账务处理。投资管理员根据交易流水单，对每笔投资交易记录进行核对、存档，并在交易结束后一个工作日内将交易凭证交投资记账员。

15.2 穿行测试及符合性测试

筹资与投资事项都是资金量大但又不经常发生的项目，审计人员审计期间并没有筹资与投资事项发生，所以审计人员无法进行穿行测试；关于符合性测试，审计人员查阅了以往投资、筹资事项的相关文件，未发现有违内部控制制度的事项，未发现异常。考虑到投资、筹资事项的重要性，审计人员计划不考虑符合性测试结果，而是对全部投资、筹资事项进行实质性测试。

15.3 实质性测试程序

相对于日常业务来说，伍德股份公司投资、处置投资业务笔数不多，但是，金额重大，审计人员认为不必进行穿行测试、控制测试，计划在了解有关内部控制制度的基础上，直接进行实质性测试，而且是对全部投资、融资进行详细审计，同时了解内部控制制度的执行情况，评价内部控制制度设计是否设计合理，执行有效。

15.3.1 以公允价值计量且其变动计入当期损益的金融资产

15.3.1.1 账账、账表核对

获取或编制以公允价值计量且其变动计入当期损益的金融资产明细表，进行如下测试：

（1）复核加计正确，并与报表数、总账数和明细账合计数核对是否相符；

（2）检查非记账本位币以公允价值计量且其变动计入当期损益的金融资产的折算汇率及折算是否正确；

（3）与被审计单位讨论，以确定划分为以公允价值计量且其变动计入当期损益的金融资产是否符合企业会计准则的规定。

15.3.1.2 确定以公允价值计量且其变动计入当期损益的金融资产余额正确及存在

（1）获取股票、债券、基金等账户对账单，与明细账余额核对，做出记录或进行适当调整。

（2）让被审计单位人员盘点以公允价值计量且其变动计入当期损益的金融资产，编制以公允价值计量且其变动计入当期损益的金融资产盘点表，审计人员实施监盘并检查以公允价值计量且其变动计入当期损益的金融资产名称、数量、票面价值、票面利率等内容，同时与相关账户余额进行核对；如有差异，查明原因，做记录或进行适当调整。

（3）如以公允价值计量且其变动计入当期损益的金融资产在审计工作日已售出或兑换，则追查其相关原始凭证，以确认其在资产负债表日存在。

（4）在外保管的以公允价值计量且其变动计入当期损益的金融资产等应查阅有关保管的文件，必要时可向保管人函证，复核并记录函证结果。了解在外保管的以公允价值计量且其变动计入当期损益的金融资产实质上是否为委托理财，如是，则应详细记录，分析资金的安全性和可收回性，提请被审计单位重新分类，并充分披露。

15.3.1.3 确定会计记录是否正确，以及拥有所有权

确定以公允价值计量且其变动计入当期损益的金融资产的会计记录是否完整，并确定所购入以公允价值计量且其变动计入当期损益的金融资产归被审计单位所拥有：

（1）取得有关账户流水单，对照检查账面记录是否完整；检查购入以公允价值计量且其变动计入当期损益的金融资产是否为被审计单位拥有。

（2）向相关机构发函，并确定是否存在变现限制，同时记录函证过程。

15.3.1.4 确定以公允价值计量且其变动计入当期损益的金融资产的计价是否正确

（1）复核以公允价值计量且其变动计入当期损益的金融资产计价方法，检查其是否按公允价值计量，前后期是否一致。

（2）复核公允价值取得依据是否充分；公允价值与账面价值的差额是否计入公允价值变动损益科目。

15.3.1.5 检查相关变动的凭证是否合法，会计处理是否正确

抽取以公允价值计量且其变动计入当期损益的金融资产增减变动的相关凭证，检查其原始凭证是否完整合法，会计处理是否正确：

（1）抽取以公允价值计量且其变动计入当期损益的金融资产增加的记账凭证，注意其原始凭证是否完整合法，成本、交易费用和相关利息或股利的会计处理是否符合规定。

（2）抽取以公允价值计量且其变动计入当期损益的金融资产减少的记账凭证，检查其原始凭证是否完整合法，会计处理是否正确，注意出售以公允价值计量且其变动计入当期损益的金融资产时其成本结转是否正确。

15.3.1.6 其他必要的审计程序

（1）检查有无变现存在重大限制的以公允价值计量且其变动计入当期损益的金融资产，如有，则查明情况，并做适当调整。

（2）针对识别的舞弊风险等因素增加的其他审计程序。

（3）检查以公允价值计量且其变动计入当期损益的金融资产是否已按照企业会计准则的规定在财务报表中做出恰当列报。

> 程序执行情况

审计人员段飞按以上审计工作底稿模板中约定的审计程序，编制了以公允价值计量且其变动计入当期损益的金融资产明细表，账表核对相符。

伍德股份公司的以公允价值计量且其变动计入当期损益的金融资产主要为若干股票，段飞取得了各股票的交易流水单，核对期末数量、股价，并向证券公司函证了期末数量、单价，经计算，与伍德股份公司账面公允价格核对相符。

> 错误做法或观点

但经宇文宁复核，认为段飞的审计程序存在如下问题：

- 没有将交易流水单与公司账面逐笔核对，只关注余额，不关注发生额，

无法对股票持有过程中损益完整性进行核实。
- 个别股票没有函证。段飞以为，某股票于 2016 年 12 月 28、29 日购入，已经检查了相关原始凭证，由于购入日期与审计截止日间隔很短，可以按购入价格确定期末余额。再者，这个股票与其他股票不在同一证券公司开户，函证会多费时间成本，而且被审计单位财务人员以忙为由不肯配合一起去函证。

宇文宁认为，时间、成本不是审计人员满足于说服力不足的审计证据的理由，购买股票的原始凭证，只能证明购买时的情况，证明不了审计截止日这些股票的客观存在以及公允价值。在宇文宁的指导下，段飞又将年内的证券流水与账面资料一一核对，并对未函证的股票进行了函证，结果发现如下问题：

- 交易费用处理错误。段飞检查了伍德股份公司账面现存的全部以公允价值计量且其变动计入当期损益的金融资产，发现这些金融资产购入时的交易费用没有在购买时按规定直接计入当期损失，而是计入这些金融资产的初始确认成本，虽然期末对这些资产以市场公允价值调整，对本年利润没有影响，但是影响了费用分类的正确。经统计，2016 年交易费用合计 150 万元，处理错误导致投资收益多计 150 万元，公允价值变动损益少计 150 万元。
- 对已宣告尚未发放的股利没有单独确认为应收项目。针对伍德股份公司的股票 B，段飞到有关网站上查阅相关信息，发现在伍德股份公司购入该股票时，存在着已宣告尚未发入的股利，经计算应为 200 万元，但是伍德股份公司并没有按相关会计制度的规定将其确认为应收股利，而是全部纳入了初始投资成本，在期末按该股票的市场价格调整后，这部分分红对应的成本减少被列入了公允价值变动损失。后段飞检查相关交易流水，发现分红款已入伍德股份公司账户，并被转入李琴账户，没有在账面核算，即该分红款又被贪污了。
- 分红未入账。某股票 A，从交易流水上来看，年度中间分红 300 万元，但伍德股份公司账面没有核算该分红。经查相关银行对账单，与该日期对应的 300 万元转入后，又在同一天转出，对方账户为出纳李琴的个人账户，而公司银行日记账面没有记录，存在个人侵吞公款的问题。
- 股票销售不入账以转移资金。2016 年 12 月 31 日，以公允价值计量变动计入当期损益科目中的 B 股票，是 2016 年 12 月 28 日购入的股票，经查对账单，发现已于 2016 年 12 月 29 日售出，相关资金回到伍德股份公司账户后又被转出，经审计人员查验，对方收款人为 NHD 公司。伍德股份公司对股份的卖出、资金转出等都没有入账，所以截至 12 月 31 日，账面存在的 B 股票实际上已经不存在了。

后来，查出 NHD 公司是伍德股份公司有关管理人员亲属开的小公司，伍德股份公司用这些小公司的账户虚构采购、销售等业务。这笔卖股份资金实际上是被转移到 NHD 公司，以销售款的形式收到伍德股份公司账内，以美化资金流量。

- 公允价值变动没有计入当期损益。伍德股份公司于 2016 年 12 月 29 日购入的 G 股票，在 2016 年 12 月 31 日，由于市场价格波动，每股降价 20 元，伍德股份公司购入 20 万股，公允价值变动 400 万元，但是，伍德股份公司没有将这两天的跌价进行账务处理，计入公允价值变动损益，导致本年利润虚增 400 万元。
- 公允价值变动核算错误，调节利润。审计人员检查相关凭证，发现伍德股份公司对于以公允价值计量变动计入当期损益的金融资产的会计核算不符合会计制度的规定，有些公允价值的变动计入"公允价值变动损益"，有些变动计入"其他综合收益"。审计人员再进行细致分析发现，凡公允价值增长的，都计入"公允价值变动损益"，从而当期利润增加；而公允价值下跌的，都计入了"其他综合收益"，不影响当期利润。以上做法，导致伍德股份公司多计"公允价值变动损益"1 000 万元，"其他综合收益"少计 1 000 万元。

15.3.2 可供出售金融资产

15.3.2.1 账账、账表核对

获取或编制可供出售金融资产明细表，具体测试程序如下：

（1）复核加计是否正确，并与总账数和明细账合计数核对是否相符；结合可供出售金融资产减值准备科目与报表数核对是否相符；

（2）与被审计单位讨论，以确定划分为可供出售金融资产的金融资产是否符合会计准则的规定；根据被审计单位管理层的意图和能力，判断可供出售金融资产的分类是否正确。

15.3.2.2 确定可供出售金融资产的余额正确并存在

（1）对于没有划分为以公允价值计量且其变动记入当期损益的金融资产，获取股票、债券、基金等账户对账单，与明细账余额核对，需要时，向证券登记公司等发函询证，以确认其存在。如有差异，查明原因，做出记录或进行适当

调整。

（2）被审计单位的主管会计人员盘点库存可供出售金融资产，编制可供出售金融资产盘点表，注册会计师实施监盘并检查可供出售金融资产名称、数量、票面价值、票面利率等内容，并与相关账户余额进行核对；如有差异，查明原因，做出记录或进行适当调整。

（3）如可供出售金融资产在审计工作日已售出或兑换，则追查至相关原始凭证，以确认其在审计截止日存在。

（4）对在外保管的可供出售金融资产等，应查阅有关保管的文件，必要时可向保管人函证，复核并记录函证结果。了解在外保管的可供出售金融资产是否实质上为委托理财，如是，则应详细记录，分析资金的安全性和可收回性，提请被审计单位重新分类，并充分披露。

15.3.2.3 确定可供出售金融资产的会计记录完整，由被审计单位拥有

（1）对于本期增加、本期减少的可供出售金融资产，追查至原始凭证，检查其是否经授权批准，确认有关可供出售金融资产的购入、售出、兑换及投资收益金额正确，记录完整；并确认所购入可供出售金融资产归被审计单位拥有。

（2）检查可供出售金融资产的处置时，是否将原直接计入资本公积的公允价值变动累计额对应处置部分的金额转出，计入投资收益。

15.3.2.4 确定可供出售金融资产的计价正确

（1）复核可供出售金融资产的计价方法，检查其是否按公允价值计量，前后期是否一致，公允价值取得依据是否充分。

（2）与被审计单位讨论，以确定实际利率确定依据是否充分，对非本期新增投资，复核实际利率是否与前期一致。

（3）重新计算持有期间的利息收入和投资收益。按票面利率计算确定当期应收利息，按可供出售金融资产摊余成本和实际利率计算确定当期投资收益，差额作为利息调整。与应收利息和投资收益中的相应数字核对无误。

（4）复核可供出售金融资产的期末价值计量是否正确，会计处理是否正确。可供出售金融资产期末公允价值变动应计入其他综合收益。但应关注按实际利率法计算确定的利息、减值损失、外币货币性金融资产形成的汇兑损益应确认为当期损益，与财务费用、资产减值损失等科目中的相应数字核对无误。

15.3.2.5 检查确定是否发生减值

期末对可供出售金融资产进行如下逐项检查，以确定可供出售金融资产是否已经发生减值：

（1）核对可供出售金融资产减值准备本期计提方法是否与以前年度一致，如有差异，查明政策调整的原因，并确定政策变更对本期损益的影响，提请被审计单位做适当披露。

（2）期末，对可供出售金融资产逐项进行检查，以确定是否已经发生减值。如果可供出售金融资产的公允价值发生较大幅度下降，或在综合考虑各种相关因素后，预期这种下降趋势属于非暂时性的，可认定该项可供出售金融资产已发生减值，应当确认减值损失，并与被审计单位已计提数相核对，如有差异，查明原因。

（3）将本期减值准备计提（或转回）金额与利润表资产减值损失中的相应数字核对无误。

（4）可供出售金融资产减值准备按单项资产（或包括在具有类似信用风险特征的金融资产组）计提，计提依据充分，得到适当批准。

15.3.2.6 其他必要审计程序

（1）检查非货币性资产交换、债务重组的会计处理是否正确。

（2）结合银行借款等的检查，了解可供出售金融资产是否存在质押、担保的情况。如有，则应详细记录，并提请被审计单位进行充分披露。

（3）针对识别的舞弊风险等因素增加的审计程序。

（4）检查可供出售金融资产的列报是否恰当，包括：

- 各类可供出售金融资产期初、期末价值；
- 确定可供出售金融资产的依据；
- 可供出售金融资产利得和损失的计量基础；
- 可供出售金融资产减值的判定依据。

程序执行情况

通过一个阶段的现场审计工作，审计人员评估伍德股份公司审计风险较高，所以，对可供出售金融资产全部进行了函证，并取得了对账单、交易流水等凭证，与账面核对，取得2016年12月31日市场价值等信息，对账面记录的公允价值进行了确认；对全部购入、售出相关凭证进行了检查。

经审计，发现如下问题：

（1）公允价值变动处理错误。

伍德股份公司的可供出售金融资产与以公允价值计量且其变动计入当期损益金融资产存在着相同偏向的错误，即：公允价值上涨时，公允价值变动计入"公允价值变动损益"，使当期利润得以增加；公允价值下跌时，公允价值变动计入"其他综合收益"，使当期利润不受影响。而按会计准则相关规定，作为可供出售金融资产，无论涨跌，公允价值的变动都应该计入"其他综合收益核算"。伍德股份公司对公允价值变动的处理方式，导致公允价值变动损失以及本年利润虚增 500 万元，其他综合收益虚减 500 万元。

> 💡 **经验分享**
>
> 交易性金融资产审计关注的其他重点很多与以公允价值计量且其变动计入当期损益金融资产相似，如：盘点、函证等证明其客观存在以及所有权；关注购入时有无已宣告尚未分配股利，是否纳入应收项目；关注持有过程中是否分红，分红是否入账；公允价值计量依据是否充分；会计核算是否正确，等等，核心是确认资产是否安全、损益是否完整。

（2）未考虑资产减值事项。

伍德股份公司 2016 年 8 月对 H 乳业公司投资 2 000 万元，没有控制、共同控制、重大影响。2016 年 9 月，H 乳业公司爆发污染事件，国内多名幼童因食用该公司奶制品出现健康问题，2016 年 12 月 31 日，H 乳业公司全面停产，2017 年 1 月，当地法院正式对 H 乳业公司发出破产裁定书，宣布其破产。但是伍德股份公司并没有对这部分投资考虑计提减值准备，理由是截至 2016 年 12 月 31 日，法院尚未宣告 H 乳业公司破产。

审计人员认为，截至 2016 年 12 月 31 日，H 乳业公司已经爆出污染导致幼儿健康的群体事件，该公司已经全面停产，伍德股份公司对 H 乳业公司的投资必然存在减值的事实，而 2017 年 1 月，法院的破产裁定对 2016 年这部分投资减值提供了进一步的确凿证据，破产是污染的结果，污染是破产的原因，所以，截至 2016 年 12 月 31 日的减值事项是客观存在的，虽然判决发生在 2017 年 1 月，按会计准则规定，对于 2016 年的报表来说，是资产负债表日后事项中的调整事项，应该调整 2016 年末的会计报表。

审计人员在公开渠道取得 H 乳业公司的报表，从该报表上来看，存货占资产总额的 70%，污染的存货很难变现，因为污染原因，应收账款回收也存在困难，再考虑按破产相关政策，应付职工薪酬应该优先偿还，分析下来，H 乳业公司存在资不抵债的风险，伍德股份公司的 2 000 万元股权投资很可能全部难以收回，应该全额计提减值准备，并计入当期损益。

15.3.3 长期股权投资

15.3.3.1 账账、账表等核对

获取或编制长期股权投资明细表，复核加计是否正确，并与总账数和明细账

合计数核对是否相符;结合长期股权投资减值准备科目与报表数核对是否相符。

15.3.3.2 实质性分析程序

(1)比较当年度及以前年度投资余额、收购及转让投资的增减变动,并对异常情况做出解释。

(2)比较当年度及以前年度股利收入及按持股比例计算投资收益的增减变动,并对异常情况做出解释。

(3)比较被审计单位当年度、以前年度及市场的平均投资收益率。

15.3.3.3 检查会计核算是否正确

检查对长期投资的核算是否按规定采用权益法或成本法,对于采用权益法的,应取得被投资单位业经审计的年度会计报表,必要时可向审计该报表的会计师事务所发出调查问卷。如果未经审计,则应考虑是否对被投资单位的会计报表实施适当的审计或审阅程序。

15.3.3.4 检查存在及所有权

确定长期股权投资是否存在,并归被审计单位所有;根据管理层的意图和能力,分类是否正确;针对各分类其计价方法、期末余额是否正确:

(1)根据有关合同和文件,确认长期股权投资的股权比例和时间,检查长期股权投资核算方法是否正确;取得被投资单位章程、营业执照、组织机构代码证等资料。

(2)分析被审计单位管理层的意图和能力,检查有关原始凭证,验证长期股权投资分类的正确性(分为对子公司、联营企业、合营企业的投资三类),是否不包括应由金融工具确认和计量准则核算的长期股权投资。

(3)对于应采用权益法核算的长期股权投资,获取被投资单位已经注册会计师审计的年度财务报表,如果未经注册会计师审计,则应考虑对被投资单位的财务报表实施适当的审计或审阅程序。

- 复核投资损益时,根据重要性原则,应以取得投资时被投资单位各项可辨认资产的公允价值为基础,对被投资单位的净损益进行调整后加以确认。被投资单位采用的会计政策及会计期间与被审计单位不一致的,应当按照被审计单位的会计政策及会计期间对被投资单位的财务报表进行调整,据以确认投资损益,并做出详细记录。
- 将重新计算的投资损益与被审计单位计算的投资损益相核对,如有重大差异,查明原因,并做适当调整。
- 关注被审计单位在其被投资单位发生净亏损或以后期间实现盈利时的会

计处理是否正确。
- 检查除净损益以外被投资单位所有者权益的其他变动，是否调整计入所有者权益。

（4）对于采用成本法核算的长期股权投资，检查股利分配的原始凭证及分配决议等资料，确定会计处理是否正确；对被审计单位实施控制而采用成本法核算的长期股权投资，比照权益法编制变动明细表，以备合并报表使用。

（5）对于成本法和权益法、以公允价值计量的金融工具相互转换的，检查其确认金额是否正确，转换方法是否恰当。

15.3.3.5 确定长期股权投资增减变动的记录是否完整

（1）检查本期增加的长期股权投资，追查至原始凭证及相关的文件或决议及被投资单位验资报告或财务资料等，确认长期股权投资是否符合投资合同、协议的规定，会计处理是否正确（根据企业合并形成、企业合并以外其他方式取得的长期股权投资分别确定初始投资成本）。

（2）检查本期减少的长期股权投资，追查至原始凭证，确认长期股权投资的处理是否有合理的理由及授权批准手续，会计处理是否正确。

15.3.3.6 期末对长期股权投资进行逐项检查，以确定长期股权投资是否已经发生减值

（1）核对本期长期股权投资减值准备计提方法与以前年度是否一致，如有差异，查明会计政策调整的原因，并确定会计政策改变对本期损益的影响，提请被审计单位做适当披露。

（2）对长期股权投资进行逐项检查，根据被投资单位经营政策、法律环境、市场需求、行业及盈利能力等的各种变化判断长期股权投资是否存在减值迹象。当长期股权投资可收回金额低于账面价值时，应将可收回金额低于账面价值的差额作为长期股权投资减值准备予以计提，并应与被审计单位已计提数相核对，如有差异，查明原因。

（3）将本期减值准备计提金额与利润表资产减值损失（或投资收益）中的相应数字进行核对。

（4）长期股权投资减值准备按单项资产计提，计提依据是否充分，是否得到适当批准。

15.3.3.7 其他审计程序

（1）检查通过发行权益性证券、投资者投入、企业合并等方式取得的长期股权投资的会计处理是否正确。

(2) 结合银行借款等的检查，了解长期股权投资是否存在质押、担保情况。如有，则应详细记录，并提请被审计单位进行充分披露。

(3) 与被审计单位人员讨论确定是否存在被投资单位由于所在国家和地区及其他方面的影响，其向被审计单位转移资金的能力受到限制的情况。如存在，应详细记录受限情况，并提请被审计单位充分披露。

(4) 如有必要，可向被投资单位函证相关投资情况。

(5) 根据评估的舞弊风险等因素增加的审计程序。

(6) 检查长期股权投资的列报是否恰当：

- 子公司、合营企业和联营企业清单，包括企业名称、注册地、业务性质、投资企业的持股比例和表决权比例；
- 合营企业和联营企业当期的主要财务信息，包括资产、负债、收入、费用等的合计金额；
- 被投资单位向投资企业转移资金的能力受到严格限制的情况；
- 当期及累计未确认的投资损失金额；
- 与对子公司、合营企业及联营企业投资相关的或有负债。

【程序执行情况】

审计人员段飞按以上审计程序对伍德股份公司长期股权投资进行检查核对，发现如下问题：

(1) 存在与可出售金融资产科目的分类错误。

伍德股份公司对 ABV 科技有限公司投资 1 000 万元，持股比例为 10%，不存在控制、共同控制、重大影响关系。伍德股份公司将对 ABV 科技有限公司的投资在长期股权投资核算，不符合会计准则的相关规定。按会计准则的规定，只有对子公司、合营企业、联营企业的投资在长期股权投资核算，也就是说，只有属于控制、共同控制、重大影响的投资才在长期股权投资核算。审计人员提出应按照会计准则的有关规定，将对 ABV 科技有限公司的投资纳入可供出售金融资产科目核算。

(2) 存在未入账的投资收益。

审计人员取得了全部被投资单位的会计报表、审计报告、合同、协议、章程等，经检查这些被投资单位的报表、报表附注，发现 ABV 科技有限公司以及持股 25% 的 ABN 材料物资有限公司当年都有分红，但是伍德股份公司没有将分红入账。经审计人员按持股比例测算，伍德股份公司少计 ABV 科技公司分红 200 万元，少计 ABN 材料物资有限公司分红 500 万元。

（3）权益法调整基数错误。

伍德股份公司对 ABU 公司投资 20 000 万元，持股比例 20%，账面确认投资收益 2 000 万元，审计人员取得了 ABU 公司的审计报告，发现 ABU 公司经审计后的净利润为 1 000 万元，按 20% 计算，投资收益应该是 200 万元。经了解，伍德股份公司这 2 000 万元投资收益是根据 ABU 公司未经审计的快报确认的。

审计人员认为，快报是未经审计的报表，既然审计后的净利润数额与快报相比发生了变化，就应该按审计后净利润为基数计算投资收益，除非伍德股份公司有理由证明审计报告披露的净利润是错误的。伍德股份公司有关人员没有理由认定审计报告披露的净利润错误。审计人员认为，应该对长期股权投资以及投资收益进行审计调整，调减长期股权投资以及投资收益 1800 万元。

（4）没有关注减值迹象。

考虑到审计过程中发现的各种问题以及对伍德股份公司报表审计高风险的初步认定，审计人员对全部长期股权投资进行了函证，其中，ABI 公司一直没有回函。伍德股份公司对 ABI 公司的投资成本为 500 万元，损益调整 –230 万元，从历年的投资收益以及报表来看，ABI 公司一直亏损；审计人员现场考察 ABI 的经营情况发现，ABI 已经停产大半年，相关设备技术落伍，且一些设备处于锈蚀报废状态，经营场所为外部租赁，尚欠房东租赁费若干无法偿还，房东已经申请法院对 ABI 公司的设备进行资产保全，拍卖偿还所欠租赁费，从现场以及报表的情况来看，伍德股份公司对 ABI 公司的投资难以收回。审计人员认为应该对 ABI 公司账面长期股权投资 270 万元计提减值准备。

（5）疑似关联方交易调节利润。

审计人员段飞检查本期长期股权投资减少相关资料发现，伍德股份公司对民丰集团公司的投资在本期转让了，转让前持股比例 25%，账面成本 3 000 万元，长期投资——损益调整 3 400 万元，合计 6 400 万元，受让方为伍德股份公司的一个合营企业——民安投资开发有限公司（伍德股份公司对民安投资开发有限公司的持股比例为 20%），转让价款 10 000 万元，伍德股份公司确认股权转让投资收益 3 600 万元。经检查相关资料，段飞发现此交易存在如下问题：

- 对民丰集团公司的投资转让未经过民丰集团股东会决议。
- 未经工商变更登记。根据工商网查到的相关资料，到审计日（2017 年 2 月 15 日）尚未进行变更登记。
- 股权转让款尚未收取，而是挂在"其他应收款"。
- 从实质上，民丰集团董事会尚未改组，伍德股份公司派驻民丰集团的 2

名董事（民丰董事会共 9 名董事）还未撤回，说明对民丰集团还有重大影响。

　　上述问题说明与股权相关的主要风险和报酬尚未转移，在主要风险和报酬尚未转移的情况下，确认 3 600 万元的投资收益，导致母公司利润虚增；由于受让方民安投资开发公司是伍德股份公司的合营企业，并不纳入合并范围，这 3 600 万元的投资收益在合并报表层面不能抵销，从而合并报表也虚增利润 3 600 万元。

- 该股权转让未经过审计、评估作价，无法确认转让价格是否公允，无法确认是否存在调节利润或者输送利益的行为。
- 年末在确认对民安投资的投资收益时，没有对将民丰转移给民安产生的收益进行抵销，即对民安的投资收益应该调减 $3\,600 \times 20\% = 720$ 万元。
- 没有作为关联交易在报表附注中进行充分披露。

　　以上问题最关键的一点是无法确认转让交易的实现，所以，审计人员建议伍德股份公司将该交易冲回，如果确实计划将民丰公司转让，可以考虑在 2017 年按规范的操作流程，履行完备的转让程序，在满足转移的条件后，再将该长期股权投资在账面转销。否则，将对该事项在审计报告中保留意见。

　　(6) 提前确认企业合并调节利润。

　　伍德股份公司 2016 年 12 月 1 日，账面以 6 500 万元购入 ABZ 公司 65% 股权，并在 2016 年年末将 ABZ 公司纳入合并范围，因合并 ABZ 公司，伍德股份公司合并报表增加利润 1 000 万元，但是，审计人员检查合并过程，发现如下问题：

- 该合并于 2016 年 12 月 31 日之前完成合并方、被合并方各自决策机构审批、公告、监管部门审批。
- 董事会改组在 2017 年 1 月 5 日完成，相关资产交接手续在 2017 年 1 月 7 日完成。

　　以上说明，伍德股份公司是在 2017 年 1 月 5 日对 ABZ 公司取得实际控制权，在 2016 年 12 月 31 日并没有对 ABZ 公司取得控制权，不应该将 ABZ 公司纳入 2016 年末的合并报表。

　　(7) 对于境外投资，未取得经审计后的报表。

　　伍德股份公司在长期股权投资核算的对境外 BCN 公司投资成本 10 000 万元，截至 2016 年 12 月 31 日损益调整 2 560 万元，持股比例 25%。

　　审计人员请伍德股份公司提供 BCN 公司 2016 年的审计报告，但是伍德股份公司不能提供，称截至目前BCN公司的会计师事务所尚未出具审计报告。

审计人员就伍德股份公司对BCN公司的投资成本及持股比例向BCN公司发出询证函，由于相关人员联系不上，函证无法进行。

考虑到函证失败以及不能取得BCN公司的审计报告，伍德股份公司对BCN公司投资的存在性、所有权、计价都无法认定，审计人员决定针对此事项在审计报告中保留意见或者无法表示意见。到底采用哪种意见类型，要根据事项的影响大小确定。

第 16 章
工薪与人事循环审计案例分析

2017年1月18日,ZTH会计师事务所有限公司受中雄集团审计部委托派出审计组对伍德股份公司进行2016年度报表审计,其中,夏雷、王昭负责工薪与人事循环审计。审计人员先了解了被审计单位与工薪和人事循环相关的内部控制制度,然后对内部控制制度的设计合理性以及执行有效性进行了符合性测试,再根据符合性测试的结果,评估了审计风险,实施了实质性测试。

16.1 了解与工薪和人事循环相关的内部控制制度

ZTH会计师事务所有限公司审计人员通过访谈有关人员,以及取得并研究有关内部控制制度的方式,了解了与工薪与人事循环有关的内部控制制度,并完成了底稿《了解工薪与人事流程、执行穿行测试和控制测试汇总表》中了解描述内部控制相关的部分。

16.1.1 制定有关人力资源管理的相关制度

公司对员工招聘、培训、绩效考核、薪资及员工管理各环节均制定了相关制度。

16.1.2 新员工的招聘经过适当的审批

所有新员工录用都经过适当的审批程序。各业务部门根据业务需要,提出员工需求计划,填写员工需求表,说明计划招聘人数、岗位、应聘员工需具备的专业技能、学历与工作经验等,经人力资源部门审核后报总经理审批,经总经理报批后公布招聘信息,开始面试等环节;对于关键管理人员、技术人员的招聘,需要经过人事部门、主管部门副总、总公司人事部、总公司主管部门副总等四个面试环节，专业技术岗要进行技术笔试（面试）。

16.1.3 与新员工签订合同

公司与所有新进员工均签订劳务合同。新进人员进入公司后，由人力资源部统一组织报到、体检，各部门组织岗位技能及安全培训，然后进行入职前考试，考试合格后，与人力资源部签署劳动合同，部分岗位需要签订保密协议。临时用工也签订临时劳动合同。人力资源部由专人对所有员工的合同档案等进行统一保管。

16.1.4 编制职工考勤表

伍德股份公司日常考勤采取打卡制。各部门考勤员每月汇总员工考勤情况，经部门领导签字后于每月20日前上交人事部。

16.1.5 请假经过适当审批

如果员工需要请假，需要填写《请假申请表》，根据请假类别，设置不同的审批权限。婚嫁、探亲、年假需要经过部门领导、人力资源部和主管领导审批；三天以内事假、病假需要经过部门领导审批，三天以上事假、病假需要经过部门领导、人力资源部和主管领导审批。

16.1.6 加班需经过适当审批

各业务部门员工如果加班，需要填写《加班申请表》，经过部门领导的批准，并报人力资源部门，加班按国家统一规定比例支付加班费。加班时间会在每月考勤表中进行记录，以此计算加班工资。如果不支付加班工资，经部门领导批准可进行相应调休。

16.1.7 定期进行考核评价

定期对员工进行考核评价，评价标准要公允，评价结果公开。公司以部门为单位进行考核，考核结果报薪酬委员会审批，送交人事部门，根据业绩考核结果进行部门人员奖金计算与职位评定等。

16.1.8 员工离职及解职需要经过适当的审批

确保员工离职或解职经过适当的审批，人力资源处按国家规定，及时统计到期退休的员工，当员工达到退休年龄后，制作电子通知单通知员工办理离职手续,《职工退休待遇审批表》经人力资源处批准后,到社会保险局和劳动部门办理退休手续。

对于申请离职的人员,首先由员工本人提出辞职申请,用人部门提出初步意见,经人力资源处审核,报单位领导审批后办理离职交接手续,与离职的人员签订《解除、终止劳动合同书》。

对于重大违规违纪人员,经所属部门讨论决定对该员工进行辞退,在进行责任追究完成后办理离职手续。

16.1.9 薪资计算合理,并经过适当的审批

薪酬委员会授权人力资源部门对员工薪酬进行审核。人力资源部根据各部门统计人员提供的当月考勤记录、考核记录等编制本月的工资表,然后将各部门工资汇总表先与工资会计进行核对,工资会计针对个人所得税进行复核,核对无误后交由人力资源部部长进行审核,审核无误后上报总经理审批,审批后交由财务部发放工资并入账。

年终奖发放需经过审批。公司年终奖金额在次年经过一系列考核和讨论,最终由薪酬委员会表决确定。由人力资源部根据考核情况制作年终奖金表并经薪酬委员会批准,授权总经理执行、财务入账。

16.1.10 工资经适当审批、复核后发放、入账

人力资源部将总经理审批后的工资表交予财务部,财务部工资会计将审批后的工资表与之前核对过的工资表进行核对,核对无误后,出纳根据审核表开具支票,由财务部负责人签字后,出纳将支票送交银行,通过银行将员工的税后工资打到员工工资卡上。会计根据银行出账单入账。

16.1.11 及时保存和更新人力资源相关信息

人力资源模块对于人员的聘用、辞退及工时、请假等信息进行记录并实时更新。

16.2 穿行测试

为证实注册会计师对控制的了解、评价控制设计的有效性,审计组选择了正在入职员工,观察其入职流程,选择了当月工资发放,观察工资发放流程,进行工薪与人事循环的穿行测试,审计人员将穿行测试的情况编制了穿行测试底稿。

通过穿行测试，审计人员更直观地了解了企业工薪与人事循环业务流程及内部控制关键点、相关凭证及信息系统的处理过程，确认被审计单位的业务流程及控制与已经了解的内部控制制度相符，未发现内部控制设计存在缺陷。

16.3 符合性测试

审计组在对被审计单位内部控制进行初步评价的基础上，为证实该控制是否在实际工作中得以贯彻执行，贯彻执行的实际效果是否符合设立该控制的初衷，对伍德股份公司工薪与人事循环进行了符合性测试，并编制了相关工作底稿《控制测试—工薪与人事循环控制测试测试表》，包括人事招聘测试、员工考勤记录测试、人事解聘（离职）测试、工资计算和记录测试、工资支付测试、工资档案维护等环节。

经过符合性测试，发现伍德股份公司工薪与人事循环相关的内部控制制度均得到执行，内部控制制度运行有效。

16.3.1 招聘环节

（1）被审计单位新增职工真实；

（2）员工招聘业经管理层审批；

（3）对拟录用员工进行考评；

（4）管理层审批拟录用员工考核表；

（5）对经管理层核准录用的员工发放录用通知；

（6）对录用的员工确定工资标准；

（7）试用期考核表业经管理层审批；

（8）对管理层核准正式录用员工签订劳动合同；

（9）人力资源系统更新记录。

16.3.2 员工考勤记录测试

（1）检查实际工时统计记录与员工个人钟点卡（或产量记录）是否相符；

（2）检查员工加班业经管理层核准；

（3）检查员工请假业经管理层核准。

16.3.3 人事解聘（离职）测试

（1）被审计单位职工解聘（离职）真实；

（2）解聘员工业经管理层核准；

（3）管理层核准离职审批表；

（4）离职手续办理表业经管理层核准；

（5）人力资源下发工资停发通知书；

（6）对解聘（离职）的员工出具离职证明；

（7）人力资源系统更新记录；

（8）向各部门下发员工解聘通知（离职通知）；

（9）与解聘（离职）员工签订劳动解除合同。

16.3.4 检查个人工资计算

（1）员工工资卡或人事档案，确保工资发放有依据；

（2）实际工时统计记录与员工个人钟点卡（或产量记录）相符；

（3）员工请假业经管理层核准；

（4）员工加班业经管理层核准；

（5）员工工资标准与工资卡记录一致；

（6）员工应发工资计算准确；

（7）员工扣款计算正确；

（8）员工工资签收无误。

16.3.5 工资计算和记录测试

（1）被审计单位职工人数真实并且正确；

（2）考勤记录（工时或产量记录）完整且真实；

（3）工资表的编制、复核、审批以及工资发放职责相互分离；

（4）工资变动通知业经管理层核准；

（5）职工休假记录业经管理层核准；

（6）加班记录汇总表业经管理层核准；

（7）工资汇总表业经管理层核准；

（8）应发工资计算准确；

（9）代扣款项计算准确；

（10）人工费用被恰当地分配到相关账户中。

16.3.6 工资支付测试

（1）实发工资总额与银行付款凭单及银行存款对账单相符；

（2）被审计单位职工均进行了签收；

（3）实地抽查部分员工，证明其确在被审计单位工作。

16.3.7 工资档案维护

（1）有效的工资变更已计入工资档案；

（2）工资档案的变更是准确的；

（3）所有工资扣款表的有效变更都已输入及处理；

（4）工资扣款表的变更已及时处理；

（5）所有工资档案的有效变更都已输入及处理；

（6）工资档案的变更已及时处理；

（7）工资扣款表的变更是准确的；

（8）法定的扣款表符合法例规定的要求。

16.4　实质性测试程序

16.4.1　应付职工薪酬

16.4.1.1　账账、账表核对

获取或编制应付职工薪酬明细表，复核加计是否正确，并与报表数、总账数和明细账合计数核对是否相符。

相关底稿

应付职工薪酬明细表。

16.4.1.2　实质性分析程序

计划的审计程序

（1）针对已识别需要运用分析程序的有关项目，并基于对被审计单位及其环境的了解，通过进行以下比较，同时考虑有关数据间关系的影响，以建立有关数据的期望值：

- 比较被审计单位员工人数的变动情况，检查被审计单位各部门各月工资费用的发生额是否有异常波动，若有，则查明波动原因是否合理。
- 比较本期与上期工资费用总额，要求被审计单位解释其增减变动的原因，或取得公司管理当局关于员工工资标准的决议。
- 结合员工社保缴纳情况，明确被审计单位员工范围，检查是否与关联公

司员工工资混淆列支。
- 核对下列相互独立部门的相关数据：工资部门记录的工资支出与出纳记录的工资支付数；工资部门记录的工时与生产部门记录的工时。
- 比较本期应付职工薪酬余额与上期应付职工薪酬余额，是否有异常变动。

（2）确定可接受的差异额。

（3）将实际的情况与期望值相比较，识别需要进一步调查的差异。

（4）如果其差额超过可接受的差异额，调查并获取充分的解释和恰当的佐证审计证据（如通过检查相关的凭证）。

（5）评估分析程序的测试结果。

|相关底稿|

应付职工薪酬分配检查情况表；应付职工薪酬计提检查情况表；应付职工薪酬工资分析对比表；应付职工薪酬－指标分析与独立部门（如人力资源部门）数据核对表。

|程序执行情况|

（1）审计人员通过以上分析，发现工资总额的增长幅度基本与当期产量、在建工程本期增加额成比例增加，未发现比例关系异常；

（2）将工资部门、生产部门的工时记录抽查核对，未发现异常；

（3）将工资部门记录的工资总额与出纳记录的工资总额相核对，未发现异常；

（4）年初、年末计提数以及发放数都高于其他月份，是因为发放年终奖的原因，也未发现异常。

经验分享

本案例假设伍德股份公司管理层凌驾于控制之上进行有组织的舞弊，管理流程各环节之间相互印证，所以，分析程序未发现异常。

审计实践中，也存在一些造假过程简单粗暴的情况，这种情形下往往各环节可能不能相互印证，存在不一致或者矛盾的情况，在分析程序环节就很容易发现异常。

16.4.1.3 检查工资、奖金、津贴和补贴

|计划的审计程序|

（1）计提是否正确，依据是否充分，将执行的工资标准与有关规定核对，并对工资总额进行测试；被审计单位如果实行工效挂钩，则应取得有关主管部门

确认的效益工资发放额认定证明，结合有关合同文件和实际完成的指标，检查其计提额是否正确，是否应作纳税调整；

（2）检查分配方法与上年是否一致，除因解除与职工的劳动关系给予的补偿直接计入管理费用外，被审计单位是否根据职工提供服务的受益对象，分别下列情况进行处理：

- 应由生产产品、提供劳务负担的职工薪酬，计入产品成本或劳务成本；
- 应由在建工程、无形资产负担的职工薪酬，计入建造固定资产或无形资产；
- 作为外商投资企业，按规定从净利润中提取的职工奖励及福利基金，是否相应计入"利润分配——提取的职工奖励及福利基金"科目；
- 其他职工薪酬，计入当期损益。

（3）检查发放金额是否正确，代扣的款项及其金额是否正确；
（4）检查是否存在属于拖欠性质的职工薪酬，并了解拖欠的原因。

程序执行情况

（1）截止错误导致本年工资性支出没有列入本年度成本费用。

审计人员进行截止测试，检查 2017 年 1、2、3 月的工资性支出，发现 2017 年 1 月工资计提远高于平均水平。审计人员检查相关凭证了解到，是 2016 年的部分年终奖 1 500 万元所致，因为在 2017 年 1 月末结算完毕，所以于 2017 年计提，列入了 2017 年 1 月成本费用。

审计人员认为，伍德股份公司的处理不符合权责发生制的原则，该奖金虽然是 2017 年 1 月结算完毕，但它是依据各部门 2016 年的业绩结算确定，属于 2016 年的成本费用，应该列入 2016 年的损益以及应付职工薪酬。审计人员认为应该将以上奖金支出进行审计调整，调增 2016 年的相关工程成本、直接人工成本、制造费用、管理费用、营业费用等，并调增应付职工薪酬、所得税费用、应交企业所得税和应交个人所得税。

（2）存在虚列工资支出的情况。

经审计人员分析，2016 年产销量比上年增加了 44%，人工成本比上年增加了 40%，职工人数、平均工资也都比上年有所增长，但是，审计人员在对车间进行现场观察时发现，生产现场的工人并不多。经与工人闲谈了解到，伍德股份公司的产量虽然逐年增长，但是因为技术进步、自动化水平提高，工人的人数逐年下降。这与审计人员在分析性程序中了解的信息不一致。审计人员立即取得 2017 年 1 月 1 日到 2017 年 2 月 15 日（审计人员正在审计日）的工人打卡记录，与当月人事部门的考勤记录对比,发现存在很大差异,比如,A车间打卡记录为50人,人事部门、财务部门的记录都是100人,其他各部门也都存在类似差异。而人事部门、财务部门的人员数量与2016年年末比,基本没有大的变化,这个异常说明伍德股份公司可能存在人数造假的风险。

审计人员在与工人闲聊的过程中还了解到,工人的平均工资水平都在2 000元左右,而企业账面记载的平均工资在4 000元左右,此异常说明伍德股份公司很可能存在工资虚列风险。

为取得伍德股份公司工资支出数字的确凿证据,审计人员到银行取得了公司2016年全年12个月的工资发放表,证实伍德股份公司虚列工资支出5 897万元。

审计人员王昭认为,伍德股份公司作为上市公司,只能存在高估利润、低估费用支出的风险,不可能存在高估支出的风险。

经与管理层沟通,工资虚列的原因主要因为伍德股份公司存在虚构销售收入的情况,其目的一是为与销售收入配比,二是为了消化虚构收入带来的虚资产,三是为了获得可支配的账外资金,不仅主营业务成本、生产成本、材料成本、人工成本配比虚列,甚至金额较小的电费、运输费都配比虚列。该案例中,假如审计人员只运用分析程序,分析的结果都是基本配比的,就很难发现异常。

经验分享

审计实践中还可能存在如下情况:

(1)虚列工资支出以达到如下目的:转移资金,形成账外资金;调节利润;偷逃税金。

(2)虚减工资支出以达到调节利润的目的。

调节手段包括:虚增或者虚减职工人数,相关工资支出纳入合并范围以外的关联单位列支,或者将关联单位职工工资纳入本企业列支;或者将职工实际工资支出以账外资金列支;或者虚增本企业现有员工账面工资支出等;或者虚列其他劳务支出等支出;或者通过截止日时间差提前或者推后入账日期调节利润,等等。

(3)混淆收益性支出与资本性支出调节利润。

审计人员检查工资分配情况发现,在建工程项目12月份的职工薪酬支出远高于以往月份。

审计人员检查工程部门人员工资表与工程部门考勤表,发现考勤人数远小于工资表人数,询问原因,工程管理人员笼统解释是阶段性施工导致工程用工增加,这个似是而非的解释并不能解释这些矛盾。

审计人员对于工资表中有而考勤表中没有的人员，检查其档案资料，发现这些人都是停产的老加工车间 A 的员工，因为相关产品停产，这部分员工尚未安置，伍德股份公司以这部分人员参与了相关项目的试运行为由，将其工资费用列入在建工程项目。经审计人员检查分析，这部分工人工资支出共计达 232 万元。

审计人员认为伍德股份公司的以上处理方式违反了会计准则，因为从考勤记录上来看，这些人员并没有实际参与相关工程的运行，与工程没有关系。而且从审计人员通过会议纪要等了解的情况来看，新的工程投产，对相关生产人员的技术水平有了更高的要求，伍德股份公司招聘了新的生产人员，而且按新的管理模式进行培训管理，并没有打算用停产项目的老员工。

审计人员为了取得更确凿的审计证据，到相关工程现场与相关工人访谈，并没有见到老加工车间 A 的员工。

此外，从时间上来看，在建工程项目已于 6 月份完工，并试运行结束，达到了预定可使用状态，除尚未结算的工程款之外，不应该再有新发生的支出，这部分人工成本也不应该再列入在建工程成本。

综上，这部分停产人员的工资支出不应该列入工程成本，而应列入管理费用。

经验分享

实践中，存在着工程超概算，为了与概算相符，将工程支出调节入生产支出的情况；也存在为了调节利润，将工程支出调节入生产支出或者将生产支出调入工程支出的情况。当企业想虚增利润粉饰报表时，会将部分生产工人的薪酬列入基建工程人员的薪酬，即将本应记入"生产成本"账户核算的职工薪酬列入"在建工程"账户核算，从而降低当期成本费用，达到增加盈利的目的；当企业想虚减利润少缴税金时，就会将部分基建工程人员的薪酬（计入在建工程）列入生产工人的薪酬（计入生产成本），从而实现增加当期成本费用，达到适当降低盈利的目的。

16.4.1.4　检查社会保险统筹情况

检查社会保险费（包括医疗、养老、失业、工伤、生育保险费）、住房公积金、工会经费和职工教育经费等计提（分配）和支付（或使用）的会计处理是否正确，依据是否充分。

16.4.1.5 检查辞退福利项目

计划的审计程序

（1）对于职工没有选择权的辞退计划，检查按辞退职工数量、辞退补偿标准计提辞退福利负债金额是否正确；

（2）对于自愿接受裁减的建议，检查按接受裁减建议的预计职工数量、辞退补偿标准（该标准确定）等计提辞退福利负债金额是否正确；

（3）检查实质性辞退工作在一年内完成，但付款时间超过一年的辞退福利，是否按折现后的金额计量，折现率的选择是否合理；

（4）检查计提辞退福利负债的会计处理是否正确，是否将计提金额计入当期管理费用；

（5）检查辞退福利支付凭证是否真实正确。

（6）如果有劳务派遣的情况，应对劳务派遣人员的工资和福利费进行以下分析：

- 了解被审计单位劳务派遣的情况，包括但不限于派遣方基本情况、总人数、工资水平、派遣合同签署情况、派遣方为劳务派遣员工支付工资及缴纳社保和公积金情况、被审计单位支付派遣费用情况等信息。
- 比较历年间支付的劳务派遣员工人均费用是否存在异常波动。
- 比较劳务派遣员工的人均费用与可比岗位正式员工的薪资水平是否存在重大差异。

程序执行情况

通过执行以上审计程序，发现伍德股份公司存在没有及时确认辞退福利的情况。

审计人员就前述停产老加工车间 A 的人员安置情况询问伍德股份公司相关人员，回复是老加工车间 A 已经停产，自 2017 年开始不再给这部分员工支付工资。

审计人员索取与老加工车间 A 停产相关的决议、批文、会议纪要等，了解到老加工车间 A 停产已经经过董事会、股东会、职工代表大会审议通过，对于老加工车间 A 的员工已经出台补偿计划，针对不同工龄、级别的职工制定了不同的补偿标准，合计补偿人数 145 人，合计补偿金额 1 540 万元。并已公告，拟于 2017 年 6 月 30 日之前支付完毕。

从取得的文件签发时间来看，最晚的文件补偿公告的签发时间为 2016 年 12 月 5 日，所以审计人员认为，以上辞退福利至少在 2016 年 12 月 5 日满足负债的确认条件，应该按准则的规定计入当期费用，并确认职工薪酬负债，即：增加 2016 年的管理费用 1 540 万元，增加应付职工薪酬 1 540 万元。

经验分享

需提请注意：如果企业存在调节利润的故意，类似重组、辞退等事项，有时需要审计人员自己观察发现，被审计单位人员可能不会主动提供相关资料。当然，企业为了调节利润，也有可能将解除劳动关系的补偿提前入账。

16.4.1.6 检查非货币性福利

（1）检查以自产产品发放给职工的非货币性福利，是否根据受益对象，按照该产品的公允价值，计入相关资产成本或当期损益，同时确认应付职工薪酬；对于难以认定受益对象的非货币性福利，是否直接计入当期损益和应付职工薪酬。

（2）检查无偿向职工提供住房的非货币性福利，是否根据受益对象，将该住房每期应计提的折旧计入相关资产成本或当期损益，同时确认应付职工薪酬；对于难以认定受益对象的非货币性福利，是否直接计入当期损益和应付职工薪酬。

（3）检查租赁住房等资产供职工无偿使用的非货币性福利，是否根据受益对象，将每期应付的租金计入相关资产成本或当期损益，并确认应付职工薪酬；对于难以认定受益对象的非货币性福利，是否直接计入当期损益和应付职工薪酬。

16.4.1.7 检查以现金与职工结算的股份支付

（1）检查授予后立即可行权的以现金结算的股份支付，是否在授予日以承担负债的公允价值计入相关成本或费用。

（2）检查完成等待期内的服务或达到规定业绩条件以后才可行权的以现金结算的股份支付，在等待期内的每个资产负债表日，是否以可行权情况的最佳估计为基础，按照承担负债的公允价值金额，将当期取得的服务计入成本或费用；在资产负债表日，后续信息表明当期承担债务的公允价值与以前估计不同的，是否进行调整，并在可行权日，调整至实际可行权水平。

（3）检查可行权日之后，以现金结算的股份支付当期公允价值的变动金额，是否借记或贷记"公允价值变动损益"。

（4）检查在可行权日，实际以现金结算的股份支付金额是否正确，会计处理是否恰当。

16.4.1.8 检查应付职工薪酬的期后付款

检查应付职工薪酬的期后付款情况,并关注在资产负债表日至财务报表批准报出日之间,是否有确凿证据表明需要调整资产负债表日原确认的应付职工薪酬事项。

16.4.1.9 检查累积带薪缺勤情况

(1)项目组应当获取被审计单位的累计带薪缺勤费用计算表,了解被审计单位的员工具体休假管理情况和各部门人员休假统计情况,与被审计单位的休假制度核对,复核被审计单位的员工累积未使用休假计算是否正确;获取被审计单位员工的工资表,复核累计带薪缺勤费用计算表中列示的工资是否存在重大差异。

(2)分析被审计单位累积带薪缺勤费用分配情况,是否恰当计入成本、费用项目。

(3)检查累积带薪缺勤的会计处理是否恰当。

16.4.1.10 检查利润分享计划

检查利润分享计划,了解被审计单位的利润分享计划是否经过适当授权,以及与相关职工的具体签订情况;记录利润分享计划的具体内容,包括但不限于考核对象、考核条件及相应的分享方法等;检查利润分享计划的本期执行情况,例如相关考核指标是否达成等;根据被审计单位的利润分享计划的具体内容和实际执行情况,测算其利润分享计划确认的职工薪酬金额的准确性;被审计单位在计算利润分享计划的应付金额时应用到会计估计的,应编制"24102410 会计估计和会计估计重大交易类别"工作底稿。检查利润分享计划是否经过恰当会计处理,尤其是计提相关负债和确认相关成本/费用的期间是否恰当、金额是否合理,期末确认的相关负债是否符合职工薪酬准则规定的确认条件。

16.4.1.11 检查设定提存计划

检查被审计单位的设定提存计划的审批程序;结合被审计单位的设定提存计划内容设计并执行检查、重新计算等审计程序。

设定受益计划的会计处理和审计系利用精算机构工作的,应执行利用专家工作的相关审计程序。

16.4.1.12 检查应付职工薪酬列报

检查应付职工薪酬是否已按照企业会计准则的规定在财务报表中做出恰当的列报:

(1) 检查是否在附注中披露与职工薪酬有关的下列信息：

- 短期薪酬。包括：应当支付给职工的工资、奖金、津贴和补贴，及其期末应付未付金额；应当为职工缴纳的医疗、失业、工伤和生育等社会保险费，及其期末应付未付金额；应当为职工缴存的住房公积金，及其期末应付未付金额；为职工提供的非货币性福利，及其计算依据；短期带薪缺勤；短期利润分享计划。
- 离职后福利的披露情况，应当支付的基本养老保险、失业保险、企业年金缴费等，设定受益计划义务现值，计划资产公允价值的期初期末变动情况，设定受益计划所依赖的重大精算假设及有关敏感性分析情况。
- 辞退福利的披露，应当支付的因解除劳动关系给予的补偿，及其期末应付未付金额。
- 其他长期职工福利。

(2) 检查因自愿接受裁减建议的职工数量、补偿标准等不确定而产生的预计负债（应付职工薪酬），是否按照《企业会计准则第 13 号——或有事项》进行披露。

(3) 检查超过一年的应付职工薪酬是否分类计入"其他非流动资产/负债"。

16.4.2 长期应付职工薪酬

16.4.2.1 账账、账表核对

获取或编制长期应付职工薪酬明细表，复核加计是否正确，并与报表数、总账数和明细账合计数核对是否相符。

16.4.2.2 检查长期辞退福利项目

(1) 对于职工没有选择权的辞退计划，检查按辞退职工数量、辞退补偿标准计提辞退福利负债金额是否正确；

(2) 对于自愿接受裁减的建议，检查按接受裁减建议的预计职工数量、辞退补偿标准（该标准确定）等计提辞退福利负债金额是否正确；

(3) 检查实质性辞退工作在一年内完成，但付款时间超过一年的辞退福利，是否按折现后的金额计量，折现率的选择是否合理；

(4) 检查计提辞退福利负债的会计处理是否正确，是否将计提金额计入当期管理费用；

(5) 检查辞退福利支付凭证是否真实正确。

16.4.2.3 根据评估的舞弊风险等因素增加的其他审计程序

设定受益计划的会计处理和审计系利用精算机构工作的，应执行利用专家工作的相关审计程序。

16.4.2.4 检查长期应付职工薪酬列报

检查长期应付职工薪酬是否已按照企业会计准则的规定在财务报表中做出恰当的列报：

（1）离职后福利的披露情况，应当支付的基本养老保险、失业保险、企业年金缴费等，设定受益计划义务现值，计划资产公允价值的期初期末变动情况，设定受益计划所依赖的重大精算假设及有关敏感性分析情况。

（2）辞退福利的披露，应当支付的因解除劳动关系给予的补偿，及其期末应付未付金额。

（3）检查因自愿接受裁减建议的职工数量、补偿标准等不确定而产生的预计负债（应付职工薪酬），是否按照《企业会计准则第13号——或有事项》进行披露。

（4）检查超过一年的应付职工薪酬是否分类计入"其他非流动资产/负债"。

第17章 在建工程与固定资产循环审计案例分析

2017年1月18日,ZTH会计师事务所有限公司受中雄集团审计部委托派出审计组对伍德股份公司进行2016年度报表审计,其中,于正暄、文翊负责在建工程、固定资产循环审计。审计人员先了解了被审计单位与在建工程、固定资产循环相关的内部控制制度,然后对内部控制制度的设计合理以及执行有效性进行了符合性测试,再根据符合性测试的结果,评估了审计风险,实施了实质性测试。

17.1 了解与在建工程和固定资产循环相关的内部控制制度

ZTH会计师事务所有限公司审计人员通过访谈有关人员,以及取得并研究有关内部控制制度的方式,了解了在建工程与固定资产循环有关的内部控制制度,并完成了底稿《了解在建工程与固定资产、执行穿行测试和控制测试汇总表》中了解描述内部控制相关的部分。

17.1.1 了解与工程项目相关的内部控制制度

17.1.1.1 建立了系统的工程项目管理制度

工程项目管理制度规定主要包括以下内容:开工、停工、复工、竣工报审制度;工程项目财务管理制度;工程项目资金管理制度;工程物资管理制度;工程结算、工程款支付管理制度;设计变更管理制度;现场经济签证管理规定;工程进度控制与现场协调会议制度;工程施工招标管理制度;工程承包合同管理办法;物资采购管理规定以及其他现场管理制度等。

17.1.1.2　不相容职务分离

公司制定了工程项目管理规定，明确了工程项目相关部门和岗位的职责权限，确保办理采购业务的不相容岗位相互分离、制约和监督。

17.1.1.3　投资计划经过适当的审批

每年科技规划处依据公司实际情况，编制年度投资计划，提交董事会审批。

17.1.1.4　工程立项经过适当的讨论、调研及审批

（1）技术改造工程项目（主要指厂房、设备的维修和技术更新等）。由生产部门提出申请，规划处组织工程、技术、财会等部门相关人员对项目进行调研讨论，形成立项报告，得出评审意见，报公司分管负责人审批。

（2）基本建设工程项目（主要指列入省、国家基本建设计划的工业建设项目）。规划处组织项目组及评估咨询单位对项目可行性进行研究讨论和评估，形成可行性研究报告，由董事会审核后，由规划处向省发展改革委员会提交申请备案请示，省发展改革委员会出具评审意见。

17.1.1.5　工程概预算经过适当的审批

（1）技术技改工程项目。项目预算由计划部门编制，依次经公司监理部门、公司分管负责人审批。

（2）基本建设工程项目。基本建设工程项目的概预算由外聘的设计公司编制，报工程部、科技规划处及董事会审批。

17.1.1.6　建立工程项目概预算管理制度

工程部门及时监控工程进度，费用监控部门对实际工程支出与预算进行比较，发现差异及时分析原因并采取控制措施。

17.1.1.7　工程招标经过适当的流程和审批

公司制定《招标评标评委管理办法》规范公司招投标活动。管理办法规定：企业按规定组建评委专家库，评标专家库由企业的代表和有关技术、经济方面的专家组成，评标专家应当客观、公正地履行职务，遵守职业道德，对所提出的评审意见承担责任。评标专家应当按照招标文件确定的标准和方法，对投标文件进行评审和比较，择优选择中标候选人。

17.1.1.8　工程合同的签订经过适当的审批

（1）通过招标的方式进行的项目，定标后，由费控部向中标人发出中标通知书，并联系项目部相关人员与中标人签订合同。合同经过分管部门、项目部、施工部、控制处及财务处领导会签审批，并经过监审部门审核签字。

(2）通过比价方式进行的项目，比价议标申请单经相关部门审批后，由项目部相关人员与施工方签订合同。合同经过分管部门、项目部、施工部、控制处及财务处领导会签审批，并经过监审部门审核签字。

17.1.1.9　建立项目变更的相关控制制度

一般由公司提出变更要求。项目如有变更，由工程处提交《项目修改通知单》，说明修改内容，报工程处处长审批。施工单位根据批准的变更单编制预算文件，填报《费用申请表》，费用申请表经过相关人员审核。价款经审核后，由工程处召集工程管理部门、施工单位、费控部门及监审部门代表参加工程变更预算审查会，对工程变更签证进行审批。重大项目变更须委托第三方造价公司进行重新评估，并向公司请示，公司针对该事宜召开会议形成处理意见及书面内部签报文件。

17.1.1.10　工程物资的采购、领用经审批

工程处根据工程实施计划，在施工前制定采购计划，经项目负责人签字确认后，报经营办组织招投标，由供应处负责采购。

领料前，施工单位材料员持工程处签批的领料单到物流中心仓库办理领料手续。领取物资、材料时，由工程处现场工程师和处长批准签字后，物流中心仓库方准发货。工程处负责监督施工单位用料。

工程物资的保管由物流中心仓库按仓管管理相关规定执行，并按照存货管理的相关规定，定期予以盘点。

17.1.1.11　建立工程进度价款支付环节的控制制度，确保价款支付及时、正确

工程价款支付前，需要经过项目小组对工程进度及支付比例进行确认和审核。项目小组由安全部、监理工程师、施工经理、费用工程师及费控部门相关人员构成。安全部门人员保证项目的安全性，确认是否存在罚款或违约情况；监理工程师审核完工工程量及施工质量，对承包单位在施工质量、工期、进度、安全和资金使用等方面实施监督；费用工程师审核付款进度；费控部门负责汇总的核对工作，并向财务部门提交付款申请。

17.1.1.12　确保利息资本化按照正确的会计规定进行账务处理

财务部资金会计按照贷款用途区分专项借款和一般化借款，在利息测算表中分别列示计算，对专项借款对应的利息，根据工程进度和完工状况，予以资本化处理；对一般借款利息，按借款费用准则规定，对工程项目占用借款资金相关利息费用资本化，其他非工程占用借款资金的利息费用化。

17.1.1.13 确保试生产收入成本正确核算

试生产车间的成本费用由 SAP 系统按车间归集，生产出的产品单独标识，试生产产品出售时确认相应的主营业务收入、成本，月末时由成本会计将差额部分调整至在建工程。

17.1.1.14 企业及时组织竣工决算审计

（1）技术改造工程项目，由工程部、费控部组织相关人员对工程费用进行汇总审核，相关财务结算报告包含在验收报告中，报相关人员审批。

（2）基本建设工程项目，由公司委托外部会计师事务所对项目进行工程结算审计、竣工决算审计，出具工程结算审核报告、竣工决算审核报告，报公司审核，并以通知的形式下发。

17.1.1.15 及时办理工程项目竣工验收手续，确保工程质量符合设计要求

办理竣工验收时，施工单位向公司工程部提交验收申请，工程部组织工程监理、设计、监审、接收等相关部门对工程实体和竣工资料进行验收。

监理人员对工程进度和质量进行复核，如发现工程施工不符合设计要求、施工技术标准和合同约定的，要求承包单位改正；发现工程设计不符合建筑工程质量标准或者合同约定的质量要求的，要求设计单位改正。

施工单位或设计单位对提出的问题整改合格后，工程部向科技规划处提交工程验收报告。验收报告由项目负责人、主管分厂厂长、信息中心负责人、财务处负责人、科技规划处负责人、监理工程师及总工程师签字确认。

17.1.1.16 验收合格的项目及时转固

项目验收后，公司组织施工、监理、工程管理部门和保管使用部门的交接，各部门在竣工验收报告上签字确认后转财务部入账。财务部负责人员核对相关资料，对在建工程进行转固处理。财务部据此确认固定资产，相关固定资产的管理与外购固定资产一致，详见固定资产流程。

17.1.1.17 企业应建立项目后评估制度，对项目的经济目标进行对比分析

项目组针对已完工程进行后评价及分析，根据可行性研究报告、初步设计、工程建设标准、工程概况、建设工期、建设地点及条件分析其技术及经济指标，作为研究工程造价变化规律和审查预（结）算的基础资料，对后建工程的编制标底和投标报价及固定资产投资计划起指导作用。

17.1.1.18 关注在建项目减值迹象

年末管理层根据实际情况评估在建项目是否有减值迹象，如有减值迹象，计提相应的减值准备，经财务负责人审批后进行账务处理。

17.1.2 了解与固定资产循环相关的内部控制制度

17.1.2.1 建立系统的固定资产管理制度

伍德股份公司建立了系统的固定资产管理制度，涵盖管理职责、购置、折旧、内部调拨、停用、报废、出售和盘点、日常管理等方面。

17.1.2.2 固定资产实行预算管理制度

各主要职能部门每年制定总体预算，其中包括固定资产购置的预算。

如需要采购，由使用部门于本月提请采购预算，经过固定资产专门部门审核后，于下个月资金计划中体现该预算，并进行采购。

17.1.2.3 固定资产采购经审批

预算内固定资产的购置需经相应部门领导的审批；预算外固定资产的购置根据金额不同，需要总经理、总经理办公会、董事会等审批。

17.1.2.4 固定资产经验收入库

为保证固定资产质量，购置的固定资产经过适当人员的验收，并进行固定资产投保。

由采购部、机动处、物流中心和使用单位共同办理验收入库，对设备名称、型号规格、合同号、数量和单价等进行检验核实。验收合格的固定资产，需填写固定资产验收单办理入库；验收不合格的，安排退货。

17.1.2.5 固定资产及时入账

固定资产到货验收后，机动处领导、采购部经办人、财务的固定资产会计以及使用部门的主管领导分别在固定资产调拨单上审核签字。财务固定资产会计根据采购发票、入库单或固定资产调拨单进行财务入账。使用部门填写资产接收单后由资产管理部人员建立固定资产编号并设定固定资产信息。

17.1.2.6 付款

收到采购固定资产的发票后，财务部门将发票和入库单核对一致，制作应付账款记账凭证。到合同规定的付款日期，供应部门填写付款申请单经财务部核定后，到资金部申请付款，资金部凭财务部审核签字付款。

17.1.2.7 固定资产折旧及减值计算

固定资产购买后，会在信息系统中生成唯一的固定资产编号，并归入相应类别，信息系统根据固定资产的类别自动确定其折旧年限、残值率、折旧率等。资产开始使用后，信息系统从下个月起自动计算折旧，生成会计凭证。

财务部门每年末运用适当方法对固定资产进行减值测试,如资产发生减值,计提减值准备经负责人审核后入账。

17.1.2.8 大修理

大修理纳入公司预算管理。机械动力处组织全公司层面的固定资产维护、大修及技改升级。需要大修理时,由车间设备员填制设备大修申请表,依次由车间主任、主管副总、总经理审批后进行修理。

17.1.2.9 资产处置

所有固定资产出售、清理和转移须经过管理层的批准。固定资产使用部门根据实际情况提出报废、处置申请,根据固定资产原值大小,分别由主管副总、总经理、总经理办公会审批后,按照《废旧物资外售处理公开竞标办法》对废旧物资进行处理。

17.1.2.10 固定资产盘点

定期对固定资产进行盘点。

固定资产管理部门定期组织固定资产盘点,由固定资产使用部门配合、财务部门监督,结果记录在固定资产盘点表中;对盘点出现的差异,落实原因,根据相关制度规定提出处理意见,报相关领导审批后,进行账务处理。

17.1.2.11 固定资产出租或出借

固定资产对外出租,由经营办进行市场询价后,以市场价格为参考,确定出租价格,提交申请并报经总经理审批。

17.2 实质性测试程序

在了解伍德股份公司在建工程项目、固定资产方面的内部控制制度后,审计人员认为伍德股份公司内部控制制度设计完善,未发现异常。考虑到在建工程、固定资产投资项目金额大,项目立项、可行性研究等相对于日常的产供销业务来讲,不经常发生,无法进行穿行测试,拟直接进行实质性测试,并在实质性测试过程中关注内部控制制度的设计合理性和执行有效性。

17.2.1 在建工程

17.2.1.1 账账、账表核对

获取或编制在建工程明细表,复核加计是否正确,并与总账数和明细账合计数核对,查验是否相符,结合在建工程减值准备科目和报表数核对是否相符。

17.2.1.2 检查工程项目相关决策文件、年度预算等文件

计划的审计程序

取得全部期初存在、本期新增项目的决策文件，包括立项文件、可行性研究报告、初步设计审批文件、概算审批文件、土地使用许可、市政规划文件、开工许可证、年度预算等，检查项目前期决策是否规范；同时，分析建设项目与被审计单位主营业务是否相关。

程序执行情况

审计人员取得相关资料，逐项分析建设内容。从建设内容上来看，都是与伍德股份公司相关的项目，未发现异常。

17.2.1.3 检查在建工程的本期增减

计划的审计程序

（1）检查在建工程的本期增加：

- 询问管理层当年在建工程的增加情况，并与获取或编制的在建工程的明细表进行核对；
- 查阅公司资本支出预算、公司相关会议决议等，检查本期度增加的在建工程是否全部得到记录；
- 检查本期度增加的在建工程的原始凭证是否完整，如立项申请、工程借款合同、施工合同、发票、工程物资请购申请、付款单据、施工合同、运单、验收报告等是否完整，计价是否正确。

（2）检查在建工程的本期减少：

- 了解在建工程结转固定资产的政策，并结合固定资产审计，检查在建工程转销额是否正确，是否存在将已交付使用的固定资产挂账在建工程而少计折旧的情形；
- 检查在建工程其他减少的情况，入账依据是否齐全，会计处理是否正确。

程序执行情况

检查在建工程项目成本发生情况，发现如下问题：

（1）存在没有纳入账面核算的工程项目。

审计人员通过前期检查伍德股份公司的会议纪要发现，伍德股份公司管理人员多次商讨一个名为"伍德花园"的项目，从会议纪要上的内容分析，这个伍德花园是一个高级休闲会所性质，"主要用于伍德股份公司高管人员休闲娱乐以

及接待重要客户",并且主体已经完工,正在进行内外装修。

在与伍德股份公司人员闲聊过程中,审计人员也听到有关人员谈到这个项目,但是伍德股份公司在建工程明细表、明细账并没有这个项目。从收集到的建设项目建议书、立项批文、可研报告等资料中也没有找到这个"伍德花园"项目相关信息。

审计人员就此事询问伍德股份公司管理层有关人员,相关人员不承认有这个项目存在。

考虑到除了会议纪要外,审计人员并不能取得其他资料证明该项目是否存在、造价多少等,审计人员对此事将视同审计范围受限而在审计报告中发表保留意见。

（2）施工方没有资质,虚列工程支出。

审计人员检查每个在建项目的前10个建筑商、设备供应商相关招投标资料,发现部分建筑商没有提供资质证书,审计人员到相关网站搜集这些没有资质证书的建筑商的资料,发现一些建筑商的营业范围就没有施工一项。如科研中心项目的总承包商NHE公司,按科研中心初步设计的工程规模,包括地上24层、地下3层,概算5.8亿元。总承包商应该有施工总承包二级资质,注册资本不低于1亿元。但是,NHE公司营业执照载明的注册资本仅200万元,且没有工程施工总承包资质。

审计人员检查了科研中心项目总承包招投标文件,发现存在虚假招标的情况,五家投标单位的联系人、联系电话都是同一个人。

经审计人员检查,初步发现类似NHE公司这样不具备资质或者招投标手续有问题的建筑商、设备供应商共有10个,涉及工程承包合同以及设备采购合同10单,金额合计51 400万元。

为了确定这部分支出的真实性,审计人员又履行了如下审计程序:

- 访谈施工管理部门。经访谈施工管理部门,对于那些没有资质的施工单位,工程管理人员并不知道有这个单位的存在。
- 现场察看建筑项目。发现有的建筑项目并不存在,比如科研中心项目,只是一片空地,并没有施工;有的建筑项目存在,但审计人员通过察看工程现场后凭经验判断,很可能达不到账面记载的金额。
- 访谈供应商。经审计人员对这些建筑商、供应商进行现场访谈,发现有的建筑商、供应商没有相应的办公场所和人员,实际是伍德股份公司虚假注册的公司,并不能实际承担建筑业务。

- 造价咨询。对于工程项目实际存在，但工程造价真实性无法确定的，请 ZTH 造价咨询公司造价工程师提供造价咨询意见，经工程师现场察看，并与工程施工合同、施工图、现场工程量等资料对比，发现有的工程实际工程量远小于合同规定的工程量，且结算单价远高于当地定额，有 8 单合同没有实际执行。工程师对整个建筑项目进行造价评估，评估价远小于账面价值。

综上，伍德股份公司存在通过在建项目虚列工程成本、套取资金的情况。随着审计的进行，发现伍德股份公司还存在虚增收入的情况。最后，在确凿的证据面前，伍德股份公司相关人员承认通过工程支出将资金转出账外，再以销售收入的形式转入账内，在报表上实现了收入、成本、利润的虚增以及报表的平衡。

（3）已完工项目不及时转固，调节利润。

审计人员分析 2016 年各项目账面成本，发现 C 系列产品联合工房项目自 2015 年 12 月以后没有工程支出发生，但 2015 年 12 月以后到 2017 年 1 月间列入大量的办公费、差旅费、人员工资和利息支出。

没有工程支出表明工程很可能已经完工，且 C 系列产品已经投产两年，表明联合工房早已经达到预定的可使用状态。但截至 2017 年 2 月 16 日审计人员审计的时点，这个项目还在在建工程核算，没有按会计准则规定暂估转固或者转入固定资产核算。

审计人员现场察看了 C 系列产品联合工房项目，发现现场并没有施工人员及施工活动，生产工人正在生产，相关生产线正在运行。

审计人员通过访谈现场车间管理人员，了解到 C 系列产品联合工房项目实际上于 2015 年 1 月已经投入使用，只是局部有需要修补完善之处。C 系列产品的存货、销售收入账面资料也表明 C 系列产品确实于 2015 年 1 月开始生产、销售，直接证明了联合工房项目在 2015 年 1 月达到预定可使用状态。

按借款费用准则的相关规定，购建或者生产的符合资本化条件的资产达到预定可使用或者可销售状态时，借款费用应该停止资本化。对于 C 系列产品联合工房项目，由于 2015 年 1 月投入使用，故相关借款费用应该停止资本化。

按固定资产准则的相关规定，自行建造固定资产的成本，由建造该项资产达到预定可使用状态前所发生的必要支出构成。审计人员分析 2015 年 1 月以后在 C 系列联合工房项目列支的人员工资、差旅费等费用，发现这些费用都是应该列入管理费用核算、计入当期损益的管理支出，不应该纳入工程支出核算。

综上，C 系列产品联合工房项目，自 2015 年 1 月就应该转入固定资产，并计提折旧，2015年1月至2017年2月发生的支出不属于与联合工房建造有关的支出，应该调入2015年、2016年、2017年的管理费用等；2015年1月以后的利息支出，应该费用化。

经审计人员分析测算，伍德股份公司不按会计准则规定及时转固，导致固定资产原值少计110 000万元，在建工程多计124 800万元；累计折旧少计11 458万元，2015年、2016年主营业务成本少计5 500万元，2017年1月制造费用少计458万元；2015年、2016年、2017年1月管理费用分别少计4 500万元、4 000万元、500万元；2015年、2016年资本化利息分别多计2 900万元、2 900万元，财务费用分别少计2 900万元、2 900万元；2015年、2016年分别多计企业所得税3 225万元、3 100万元，多计净利润9 675万元、9 300万元。

17.2.1.4 检查利息资本化是否正确

审计人员全面复核计算建设项目资本化利息的借款费用、资本化率、实际支出数以及资本化的开始和停止时间，发现伍德股份公司除了存在类似C系列产品联合工房项目没有正确停止借款利息资本化的情况外，还存在以下多计资本化利息的问题：

（1）借款费用开始资本化的时点错误。

锻压工房项目，2014年1月签订土地出让协议，取得土地使用权；2016年7月1日发生第一笔工程支出，开工许可证以及施工合同记载的日期都是2016年7月1日，但是审计人员发现该项目从2014年1月就开始借款利息资本化。伍德股份公司相关人员给出的理由是锻压工房项目的土地使用权是专项贷款购置，所以应该在取得土地使用权后就开始资本化。

审计人员认为，按照借款费用准则的规定，借款费用开始资本化应该同时满足三项条件：一是资产支出已经发生；二是借款费用已经发生；三是为使资产达到预定可使用或者或可销售状态的必要的购建或者生产活动已经开始。而锻压工房项目自2014年1月取得土地使用权后，到2016年7月1日之前，并没有进行购建活动，只符合准则规定的前两项条件，不符合第三项条件，在2016年7月1日之前，不应该资本化，相关利息支出应该计入当期财务费用。

以上事项导致锻压工房多计资本化利息7 500万元，其中，2014年多计3 000万元，2015年多计3 000万元，2016年多计1 500万元；导致净利润以及所得税也相应多计（计算省略）。

（2）工程非正常中断，没有暂停资本化。

从账面上来看，机加工房项目自2016年4月1日至2016年8月31日没有施工成本发生，但是每月都有借款利息资本化。结合相关会议纪要，以及访谈工程管理人员，了解到因为伍德股份公司与总承包商发生纠纷，导致工程停工5个月，在法院调节下，双方就相关事项处理达成一致意见，机加工房工程于2016年9月1日重新开始。

审计人员认为，机加工房项目停工属于工程非正常中断，并且超过3个月，按借款费用准则的相关规定应该暂停借款费用资本化，该工程2016年4月1日至2016年8月31日期间发生的利息500万元应该列入当期财务费用，自2016年9月1日开始再发生的利息费用可以资本化。

17.2.1.5 在建工程实地检查

计划的审计程序

实施在建工程实地检查程序，是对项目进行现场察看，并对工程管理人员进行访谈，以确定相关工程是否存在及其在建状况、完工进度等，了解在建工程的管理情况，关注在建工程的进行情况，确定是否存在停建、缓建的在建工程等；关注本期新增的在建工程，关注盘点数和账面数是否存在差异及差异原因等。

如果实施实地检查程序确有困难，审计人员应考虑能否实施有效替代程序（包括利用专家的工作）以获取充分、适当的审计证据，否则，审计人员应考虑无法实地检查的情况对审计意见的影响。

检查在建工程保险情况，复核保险范围是否足够。检查在建工程的抵押、担保情况。结合对银行借款等的检查，了解在建工程是否存在重大的抵押、担保情况；如存在，应取证并做相应的记录，同时提请被审计单位做恰当披露。

程序执行情况

隐蔽工程的存在性难以证实。

审计人员对全部工程项目进行了现场察看，发现ERV工程账面成本6 000万元，但是现场除了几间平房外，看起来并没有价值6 000万元的工程。相关人员解释，平房并不属于ERV项目的建筑物，ERV项目是隐蔽工程，埋藏于地下。审计人员询问能否看到相关工程，陪同人员表示无能为力，除非将地面打开，那会破坏相关建筑。

审计人员取得了与工程相关的合同、验收资料等，但考虑到这些资料大部分都是内部资料，而从近期审计的情况来看，伍德股份公司造假的风险很高，这些资料不足以证实工程的客观存在。

基于以上原因，审计人员将就此事项视同审计范围受限，工程的客观存在无法确定，计划在审计报告中保留意见。

17.2.1.6 检查在建工程减值准备，关注停建工程

（1）检查在建工程是否出现减值情形，是否应计提减值准备；

（2）检查减值计提所依据的确定可收回金额的方法。对以市价确定可收回金额的在建工程，复核管理层使用的市价的取得方法是否合理；对以现值确定的可收回金额，复核计算现值的假设、方法是否合理。

17.2.1.7 其他审计程序

根据评估的舞弊风险等因素增加的审计程序。

检查在建工程是否已按照企业会计准则的规定在财务报表中做出恰当列报。

17.2.2 固定资产

17.2.2.1 账账、账表核对

获取或编制固定资产明细表，复核加计是否正确，并与总账数和明细账合计数核对是否相符，结合累计折旧和固定资产减值准备与报表数核对是否相符。

17.2.2.2 分析性程序

计划的审计程序

（1）基于对被审计单位及其环境的了解，并考虑有关数据间关系的影响，预估有关数据的期望值，进行以下比较，对于发现的异常波动，分析原因。

- 分类计算本期计提折旧额与固定资产原值的比率，并与上期比较；
- 计算固定资产修理及维护费用占固定资产原值的比例，并进行本期各月、本期与以前各期的比较。

（2）评估分析程序的测试结果。

（3）分析被审计单位固定资产的规模、分布、构成、技术性能、成新率等情况，是否符合行业特点，与被审计单位近三年实际产能、产量、经营规模的变化是否存在重大背离。

程序执行情况

审计人员履行了以上程序，发现如下问题：

（1）本期计提折旧额与固定资产原值的比率异常，发现应提未提折旧。

审计人员比较 2016 年、2015 年、2014 年三个年度计提折旧额与固定资产原值的比率，2016 年比率下降。

审计人员按生产单元分别计算计提折旧额与固定资产原值的比率，发现老加工车间 A 当年没有计提折旧。审计人员询问原因，了解到老车间 A 原生产的机

电产品已经被市场淘汰,所以 2016 年度停产,全部厂房、机器设备等停用,因为处于未使用、不需用状态,所以本期没有计提折旧。

审计人员认为,对未使用不需用固定资产不计提折旧做法,不符合会计准则规定。按会计准则的规定,应该对除提足折旧的固定资产、单独计价入账的土地之外的所有固定资产计提折旧,未使用、不需用的固定资产,也属于应该计提折旧资产范围。

经审计人员测算,老加工车间 A 全部资产 2016 年应提折旧 1 500 万元,考虑到这部分折旧费用与伍德股份公司正在生产的产品没有任何关系,该部分折旧应该列入 2016 年管理费用。

(2)未考虑资产减值损失。

审计组长于正暄复核了上述老车间 A 相关资产折旧事项的底稿后,认为只关注折旧还不够,这部分资产既然已经停产,则存在减值迹象,全部机器设备无法用于其他用途,厂房如果不进行改造,也无法用于其他用途,所以,应该考虑老车间可回收金额,确定资产减值损失。

经评估师对老车间 A 资产进行评估,估价可收回金额为 5 000 万元,账面价值 30 000 万元,应确认减值损失 25 000 万元。

(3)修理维护费用占固定资产原值比例异常,发现虚列大修理费用。

审计人员比较了 2016 年、2015 年、2014 年修理维护费用占固定资产原值的比例,发现 2016 年修理维护费用畸高。审计人员又将 2016 年 12 个月的修理维护费用进行了分析比较,发现 12 月份的修理维护费用最高,修理维护费用主要集中有 12 月份。

经检查凭证、询问、现场察看等审计程序,发现存在虚列修理费用的情况,详情见采购与付款循环案例。

17.2.2.3 盘点及实际检查固定资产

计划的审计程序

(1)对固定资产进行抽查盘点;

(2)实地检查重要固定资产(如为首次接受委托,应适当扩大检查范围),确定其是否存在,关注是否存在已报废但仍未核销的固定资产。

如果实施监盘程序确有困难,注册会计师应考虑能否实施有效替代程序以获取充分、适当的审计证据,否则注册会计师应考虑上述情况对审计意见的影响。

错误做法或观点

审计人员文翊负责固定资产抽查盘点,她取得伍德股份公司的固定资产明细表，选择了单位价值高的（如房屋建筑物、大型机器设备）、单价价值不是太高但数量多的、单位价值低但容易被侵占的资产进行抽查盘点，抽盘金额占到固定资产原值的 80% 以上。

经文翊抽查盘点，认为固定资产不存在异常。

审计组长于正暄复核了文翊的工作，认为文翊的审计程序存在如下问题：

（1）只关注账面资产是否存在，没有关注有无账外资产。文翊只是关注账面的资产实际是不是存在，而没有关注实际存在的资产是不是在账面核算。虽然是抽查盘点而对一些价值小数量多的资产无法做到双向对比，但对于大型的机器设备、房屋建筑物等应该关注。

（2）只关注资产数量是否账实相符，没有关注资产的使用状况、质量状况。

（3）对于数量较多的同类资产，只是查点了一部分，无法证明该类资产是否账实相符。如某电动葫芦 125 个，文翊只盘点了 20 个，无法证明 125 个电动葫芦全部存在。

（4）对于隐蔽工程形成的资产，没有替代的证据，无法证明该资产的存在以及造价。

> 程序执行情况

在于正暄的指导下，文翊对固定资产进行了重新盘点，发现了如下问题：

（1）发现账外资产。

文翊将伍德股份公司经营区内的全部房屋建筑物和大型设备与固定资产明细表进行了双向对比，发现一处房屋建筑物没有在账内核算，审计人员通过察看该建筑物的标牌以及与建筑物内的服务人员交谈，发现这就是前述工程审计程序中发现会议纪要中多次提到、而相关人员不承认其存在的"伍德花园"。伍德花园内的工作人员由伍德股份公司管理，是一处高档会所，属于账外资产。

（2）发现未入账租赁。

经审计人员现场察看，发现公司临街的商铺、门面房等出租给一些超市、理发厅等其他单位使用，审计人员一一记录了这些租户的单位名称，如盈佳超市、链家地产、我爱我家等。审计人员将了解到的情况与账面记录核对，发现伍德股份公司账内并没有这部分资产的出租收入。相关人员无奈承认，这部分出租收入没有入账核算，而是形成账外资金。审计人员索取相关合同统计后，发现这部分未入账收入达到 120 万元。

（3）发现未处理盘亏。

审计人员重新盘点了类似某电动葫芦的同质、数量多的资产，发现存在未入账盘亏，如上面提到的电动葫芦，账面 125 个，实际盘点只有 95 个。经了解，这种电动葫芦容易损坏，损坏后就购买新的，但是旧的并没有及时进行固定资产清理。

既然伍德股份公司存在这种情况，为了控制审计风险，审计组将全部类似性质的固定资产进行了盘点，统计盘亏资产账面价值合计 650 万元，假设不考虑残值，应该计入当期营业外支出 650 万元。

（4）对于无法取得证据的隐蔽工程，考虑非标准无保留意见。

盘点过程中，审计人员发现有些资产无法看到实物。有关陪同人员解释，这些资产是隐蔽工程，埋于地下。审计人员无法取得其他有说服力的证据证明其客观存在，决定就此事项在审计报告中保留意见。

17.2.2.4 检查固定资产的所有权或控制权、抵押担保情况

计划的审计程序

（1）对各类固定资产，收集不同的证据以确定其是否归被审计单位所有：对外购的机器设备等固定资产，审核采购发票、采购合同等；对房地产类固定资产，查阅有关的合同、产权证明、财产税单、抵押借款的还款凭据、保险单等书面文件；对融资租入的固定资产，检查有关融资租赁合同；对汽车等运输设备，检查有关运营证件等；对受留置权限制的固定资产，结合有关负债项目进行检查。

（2）对房屋及建筑物、交通工具、矿权等资产的监盘，审计人员除实地查看外，应同时查看资产权属证明原件，了解是否设定对外抵押，并取得复印件作为工作底稿；对于正在办理权属证明的大额资产，审计人员应了解权属证明办理情况，确认是否存在权属纠纷或实质性障碍。

（3）检查固定资产的抵押、担保情况。结合对银行借款等的检查，了解固定资产是否存在重大的抵押、担保情况。如存在，应取证，并做相应的记录，同时提请被审计单位做恰当披露。

错误观念或做法

审计人员文翊按以往的习惯，索取了伍德股份公司全部产权证，发现伍德股份公司相关人员已经准备好了全部房屋的产权证、土地使用证、车辆行驶证复印件。文翊很感激相关人员的高效配合。该人员解释，年年配合报表审计，知道审计人员要哪些东西，所以提前准备好了。

于正暄复核了文翊的工作底稿，认为存在如下问题：

（1）应该取得产权证原件，检查是否存在抵押担保的标记。如果被审计单位存在未入账的抵押贷款，或者为其他关联单位提供抵押担保，且被审计单位有

意隐瞒这些事项，只看产权证复印件可能发现不了问题。

（2）对于未取得产权证的项目，应该取得其他证据，证明被审计单位拥有产权。

程序执行情况

文翊在于正暄的指导下，重新索要这些产权证的原件，进行检查，发现有两份产权证果然存在抵押标识，对比以前取得的产权证复印件，该复印件果然没有抵押标识，由此判断，这些复印件可能是在抵押之前就复印好，准备应付审计人员。

（1）发现存在未入账的抵押贷款。

审计人员索取相关的担保合同，发现一份产权证进行了抵押贷款，但贷款没有入账。经调查，主要用于购买本公司产品，从而虚构收入。

（2）发现未披露的为关联方抵押担保。

检查发现一份合同为一个名为"嘉嘉乐联合超市"的公司提供抵押担保。经调查，该超市老板张梅为董事长李文辉的妻子。审计人员认为按企业会计准则规定的关联方判断标准，嘉嘉乐联合超市是伍德股份公司的关联方，应该作为关联方以及关联方交易进行披露。

审计人员认为对于未入账贷款以及虚构的收入，应进行审计调整，对于为嘉嘉乐联合超市进行的抵押担保，应该作为关联方及其交易、或有事项进行披露。

17.2.2.5 检查本期固定资产的增加

计划的审计程序

（假设因为初次接受委托已经对期初余额进行了审计确认）

（1）询问管理层当年固定资产的增加情况，并与获取或编制的固定资产明细表进行核对；

（2）检查本年度增加固定资产的计价是否正确，手续是否齐备，会计处理是否正确：

- 对于外购固定资产，通过核对采购合同、发票、保险单、发运凭证等资料，抽查测试其入账价值是否正确，授权批准手续是否齐备，会计处理是否正确；如果购买的是房屋建筑物，还应检查契税的会计处理是否正确；检查分期付款购买固定资产入账价值及会计处理是否正确。
- 对于在建工程转入的固定资产，应检查固定资产确认时点是否符合企业会计准则的规定，入账价值与在建工程的相关记录是否核对相符，是否与竣工决算、验收和移交报告等一致；对已经达到预定可使用状态，但尚未办理竣工决算手续的固定资产，检查其是否已按估计价值入账，并按规定计提折旧。
- 对于投资者投入的固定资产，检查投资者投入的固定资产是否按投资各方确认的价值入账，并检查确认价值是否公允，交接手续是否齐全；涉及国有资产的，检查是否有评估报告并经国有资产管理部门评审备案或核准确认。
- 对于更新改造增加的固定资产，检查通过更新改造而增加的固定资产增加的原值是否符合资本化条件，是否真实，会计处理是否正确；检查重新确定的折旧年限是否恰当。
- 对于融资租赁增加的固定资产，获取融资租入固定资产的相关证明文件，检查融资租赁合同的主要内容，并结合长期应付款、未确认融资费用科目检查相关的会计处理是否正确。
- 对于企业合并、债务重组和非货币性资产交换增加的固定资产，检查产权过户手续是否齐备，检查固定资产入账价值及确认的损益和负债是否符合规定。
- 如果被审计单位为外商投资企业，检查其采购国产设备退还增值税的会计处理是否正确。
- 对于通过其他途径增加的固定资产，应检查增加固定资产的原始凭证，核对其计价及会计处理是否正确，法律手续是否齐全。

（3）检查固定资产是否存在弃置费用；如果存在弃置费用，检查弃置费用的估计方法和弃置费用现值的计算是否合理，会计处理是否正确。

（4）检查本期是否存在超过正常信用条件购买固定资产的事项，如采用分期付款方式购买资产，且在合同中规定的付款期限比较长，超过了正常信用条件，通常在3年以上。在这种情况下，该类购货合同实质上具有融资租赁性质。检查对这类资产购置的会计处理是否符合融资租赁准则的相关规定。

|程序执行情况|

通过执行上述相关程序，发现伍德公司存在以下问题：

（1）存在弃置费用的资产，确定固定资产初始成本没有考虑弃置费用。

审计人员发现，对于存在弃置费用的资产，没有在确定初始购置成本时，考虑弃置费用。

某材料中心项目，按有关政府批文以及相关环境管理法规，企业应该在该项目期满后将其拆除，并对造成的污染进行整治。但是，伍德股份公司在确认固定资产初始成本时，只考虑了购置价、运杂费等合计6 000万元，没有考虑这部分弃置费用。

审计人员请相关专家预测弃置费用约为 2 000 万元，使用 40 年，按行业平均净资产报酬率 10%，应计算弃置费用的现值如下：

$$2\,000 \times (P/F, 10\%, 40) = 44.2（万元）$$

则该固定资产的成本应为 6 000 + 44.2 = 6 044.2（万元）。

(2) 资产购置价格远高于市价。

审计人员检查了本期新增设备的购买合同、发票、验收资料等，发现有 6 份合同内容简单、合同要素不全，合同价分别是 400 万元、500 万元、550 万元、700 万元、1 000 万元、1 340 万元的合同，合同全部文本只有三号字体稀疏的 A4 纸一页，没有作为合同要素的交货日期、违约条款、技术条款等，虽然验收资料、发票等一应俱全，但是感觉这几单采购异常。

审计人员现场检查了所采购的设备，将规格型号等与合同进行了对照，未发现异常；又对这几单合同对应的设备进行了网上询价，发现规格型号有差异的同种设备单价只有十几万元至多几十万元左右。

文翊认为可以将询价结果作为证据，定性伍德股份公司这几单合同为高价采购，虚列支出。

于正暄认为，目前只能说有高价采购虚列支出的嫌疑，要定性，证据还是不够充分，推理性的说辞不能作为有说服力的证据，毕竟询价的规格型号与伍德股份公司采购的设备规格型号存在差异。

为此，审计人员对几家供应商进行了走访，在供应商的销售场所取得了同型号设备的报价单，这些报价单的价位水平也在几十万元左右，说明伍德股份公司确实存在虚列支出的情况。

审计人员对几家供应商就销售给伍德股份公司设备的价格问题进行了访谈，但这几家供应商都以经手人不在等理由拒绝配合。

审计人员决定在审计报告中就此事进行保留意见，计划措辞如下："伍德股份公司本期采购设备（设备名称明细），采购价款合计 4 490 万元，但是，经审计人员与设备供应商询价，这些设备合计不超过 250 万元，采购价格超过市场价格的原因，因审计范围限制无法确定。"

17.2.2.6 检查本期固定资产的减少

计划的审计程序

(1) 结合固定资产清理科目，抽查固定资产账面转销额是否正确；

(2) 检查出售、盘亏、转让、报废或毁损的固定资产是否经授权批准，会计处理是否正确；

(3) 检查因修理、更新改造而停止使用的固定资产的会计处理是否正确；

(4) 检查投资转出固定资产的会计处理是否正确；

(5) 检查债务重组或非货币性资产交换转出固定资产的会计处理是否正确；

(6) 检查其他减少固定资产的会计处理是否正确。

程序执行情况

审计人员经检查发现存在固定资产清理没有及时入账的情况。

审计人员通过检查 2016 年 11 月的会议纪要了解到，伍德股份公司将一批技术落后、损坏没有修复价值的设备淘汰处理。从会议纪要上的信息来看，这些设备原值 6 000 万元，账面净值 3 000 万元，审计人员找到资产管理部门人员询问这批设备的情况了解到，这批设备已于 2016 年 11 月处理，审计人员又询问除了这批设备外，伍德股份公司还有没有其他的设备出售，并将了解到的情况与账面对比，发现除了 11 月净值为 3 000 万元的一批设备外，其他处理的设备均已入账。

审计人员找到财务人员了解到，这笔固定资产清理业务于 2017 年 1 月 15 日入账。审计人员检查相关合同、运输单证等发现，该批设备已于 2016 年 12 月 15 日办妥交接手续，2016 年 12 月 20 日收到对方单位价款 200 万元。从交易实质来看，这笔交易的实物转移、价款收取均于 2016 年结束，应该在 2016 年入账，而伍德股份公司没有在 2016 年入账，导致 2016 年营业外支出少列 2 800 万元、本年利润多计 2 800 万元。

17.2.2.7 检查固定资产的后续支出

计划的审计程序

检查固定资产有关的后续支出是否满足资产确认条件；如不满足，检查该支出是否在该后续支出发生时计入当期损益。

程序执行情况

审计人员发现伍德股份公司 2016 年对 A 生产线进行大修，发生大修支出 200 万元，伍德股份公司将该支出增加了该设备的成本。审计人员检查了相关合同，并访谈了大修负责部门以及人员，了解到该大修主要针对 A 生产线的磨损导致的局部损坏，为对该设备进行必要维护，以充分发挥其使用效能，并没有改变性能或者增加功能，按会计准则规定的"与资产相关的经济利益很可能流入企业"的资产确认标准来判断，该大修支出并不具备资本化的条件，应该列入当期费用。伍德股份公司将其列入固定资产成本，导致资产和利润都高估 200 万元。

17.2.2.8 检查固定资产的租赁

计划的审计程序

（1）检查固定资产的租赁是否签订合同、租约，手续是否完备，合同内容是否全面，是否经相关管理部门的审批。

（2）检查租入的固定资产是否确属企业必需，或出租的固定资产是否确属企业多余、闲置不用的资产。

（3）检查租金收取是否签有合同，有无多收、少收现象。

（4）检查租入固定资产有无久占不用、浪费损坏的现象；租出的固定资产有无长期不收租金、无人过问，是否有变相馈赠、转让等情况。

（5）检查租入固定资产是否已登记备查簿。

（6）如果被审计单位的固定资产中融资租赁占有相当大的比例，复核新增加资产的租赁协议，检查租赁是否符合融资租赁的条件、会计处理是否正确。重点检查以下内容：复核租赁的折现率是否合理；检查租赁相关税费、保险费、维修费等费用的会计处理是否符合企业会计准则的规定；检查融资租入固定资产的折旧方法是否合理；检查租赁付款情况；检查租入固定资产的成新程度。

（7）向出租人函证租赁合同及执行情况。

（8）检查租入固定资产改良支出的核算是否符合规定。

程序执行情况

审计人员通过执行上述审计程序，发现伍德公司存在以下问题：

（1）出租收入没有列入恰当的期间。

审计人员结合"其他业务收入"科目记录，了解到伍德商务中心出租给百家乐商务公司，年租金 2 400 万元，租期为 2016 年 12 月 1 日至 2017 年 11 月 30 日。伍德股份公司将出租收入 2 400 万全部列入 2016 年收入。

审计人员认为，伍德股份公司的做法不符合配比原则，不应该将全部 2 400 万元的租金都确认在 2016 年度，而应该按租赁期限平均分摊计入租期内各月收入，2016 年度租期只有一个月，只能确认 200 万元，其他 2 200 万元属于 2017 年的收入，应该作为递延收益，在 2017 年确认收入。

（2）关联交易没有披露。

审计人员对伍德商务中心的出租价格与该地段其他商业用房的租赁价格进行对比，发现该租赁价格远低于市场价格，如果按市场价格计算，伍德商务中心的年租金不应低于 5 000 万元。审计人员进一步搜集了百家乐商务公司的资料，发现该公司的主要股东还是伍德股份公司董事长李文辉的爱人张梅。

审计人员认为，按企业会计准则规定的关联方判断标准，百家乐商务公司是伍德股份公司的关联方，应该披露其交联方关系以及关联方交易，并说明关联方定价政策。

17.2.2.9 检查累计折旧

计划的审计程序

（1）获取或编制累计折旧分类汇总表，复核加计是否正确，并与总账数和明细账合计数核对。

（2）检查被审计单位的折旧政策和方法是否符合相关企业会计准则的规定，确定其所采用的折旧方法能否在固定资产预计使用寿命内合理分摊其成本，前后期是否一致，预计使用寿命和预计净残值是否合理。

（3）复核本期折旧费用的计提和分配，包括：

- 了解被审计单位计提折旧范围是否正确，确定的使用寿命、预计净残值和折旧方法是否合理；如采用加速折旧法，是否取得批准文件。
- 检查被审计单位折旧政策前后期是否一致。
- 复核本期折旧费用的计提是否正确，尤其关注已计提减值准备的固定资产的折旧。
- 检查折旧费用的分配方法是否合理，是否与上期一致；分配计入各项目的金额占本期全部折旧计提额的比例与上期比较是否有重大差异。
- 注意固定资产增减变动时，有关折旧的会计处理是否符合规定，查明通过更新改造、接受捐赠或融资租入而增加的固定资产的折旧费用计算是否正确。

（4）将"累计折旧"账户贷方的本期计提折旧额与相应的成本费用中的折旧费用明细账户的借方相比较，检查本期所计提折旧金额是否已全部摊入本期产品成本或费用。若存在差异，应追查原因，并考虑是否应做适当调整。

（5）检查累计折旧的减少是否合理、会计处理是否正确。

错误做法或观点

审计人员文翊对除前述停产导致未使用不需用资产之外的固定资产进行了测算，数据来源于伍德股份公司提供的固定资产台账，包括原值、折旧年限、残值率、减值准备等，文翊将这些数据导入电子表，并设置公式对全部固定资产累计折旧、当期折旧进行了测算，测算差异较小，只有不到2 450元，主要是由于计算尾差等原因，在审计人员可以接受的误差范围内，认为伍德股份公司的折旧不存在异常。

于正暄检查了文翊的工作底稿，认为文翊的工作存在问题，只进行了机械的数据计算，并没检查相关基数的正确性。在计算前，应该分大类检查折旧年限、残值率等是不是符合伍德股份公司的会计制度，是否与以前年度一致。

程序执行情况

审计人员文翊按于正暄的指导，对伍德股份公司提供的固定资产台账进行了重新分析，并与上年对比，发现存在如下问题：

（1）对 8 项单位价值比较大的固定资产折旧年限发生了变更，按伍德股份公司 2015 年披露的会计制度，折旧年限是 30 年，而 2016 年折旧年限变成了 40 年，且没有披露会计政策的变化以及原因和合理性。

（2）对固定资产残值率进行了变更，以前年度为 5%，2016 年为 3%，也没有披露会计政策的变更以及原因和合理性。

对以上折旧年限、残值率的变化，企业不能提供证据说明这些固定资产使用寿命、残值率发生变化的合理性。

以上事项导致 2016 年度伍德股份公司少提折旧 2 340 万元，利润多计 2 340 万元。

17.2.2.10　检查持有待售资产的处理

计划的审计程序

获取持有待售资产的相关证明文件并做相应记录，检查对其预计净残值调整是否正确、会计处理是否正确。

程序执行情况

审计人员在抽查盘点固定资产过程中发现 B 分厂没有生产活动，且机器设备蒙尘，车间上锁，经询问有关情况了解到 B 分厂将要出售。审计人员取得了相关资料，包括董事会决议、转让协议等，了解到因为产品的更新换代，B 分厂生产的产品没有发展前景，伍德股份公司计划停产 B 分厂生产的产品，并将 B 分厂的全部生产设备、车间厂房等转让，目前，已经完成了转让之前的审计、评估，转让合同于 2016 年 10 月签订，按合同规定，将要在 8 个月之内移交资产，办理资产转移手续。从账面看，这部分固定资产的净值为 25 000 万元，转让合同约定的转让价格为 20 000 万元，不考虑处置费用，预计净残值应为 20 000 万元，与原账面净值的差额 5 000 万元。

有关资产处置的决策在 2016 年 8 月做出，但这部分资产截至 2016 年 12 月 31 日还在伍德股份公司固定资产账内核算，没有作为持有待售资产进行处理。

按企业会计准则规定，满足持有待售条件的资产，应该纳入持有待售资产科目核算,并调整该项资产的净残值,使净残值体现该资产的公允价值减去处置费用。预计净残值低于该资产账面价值的差额,应该作为资产减值损失计入当期损益。

该部分资产没有按会计准则的规定处理,导致资产总额虚增 5 000 万元,利润虚增 5 000 万元,资产减值损失和资产减值准备少列 5 000 万元。

17.2.2.11 关注与固定资产有关的关联方交易

|计划的审计程序|

检查有无与关联方的固定资产购售活动,是否经适当授权,交易价格是否公允,关联交易披露是否充分。对于合并范围内的购售活动,记录应予合并抵销的金额。

|程序执行情况|

审计人员检查固定资产本期增减中与关联方的交易,关注到本期处理停产产品相关厂房、设备,其中部分处置给伍德网络公司,伍德网络公司是伍德股份公司的参股联营企业,伍德股份公司持有网络公司 20% 的股份,伍德股份公司处置给网络公司的这部分资产账面净值 20 万元,却以 1 020 万元的价格处理给网络公司。作为停产产品的设备,销售给其他公司一般都以远低于账面价值的价格处理,但处理给伍德网络公司却以远高于账面净值的价格成交,由此确认营业外收入 1 000 万元,虽然在权益法确认对网络公司的投资收益时考虑了这笔交易的抵减因素,对本期利润总额的影响还是 800 万元。

审计人员检查本期增加的固定资产,发现有从伍德网络公司购入的某设备 1 000 万元。销售给伍德网络公司旧设备导致资金净流入 1 000 万元,而从网络公司采购又将这 1 000 万元的资产返回给伍德网络公司,资金一进一出,伍德股份公司资产增加 1 000 万元,营业外收入增加 1 000 万元。

文翊认为,可以依此认定伍德股份公司调节报表虚构利润。于正暄认为,虽然实质上是这样的情况,但是要定性,还要有更确凿的审计证据。

审计人员继而检查了伍德股份公司自网络公司购入的设备,发现市场上存在多台与伍德股份公司购买的同型号的设备,账面单价都在 50 万元左右,与网络公司 1 000 万元的售价相差悬殊。

审计人员通过检查网络公司营业范围、生产经营场所发现,网络公司只是一家提供网络产品安装劳务的公司,营业范围没有设备销售,实际也没有负责销售业务的部门,更没有用于销售的库存商品。

审计人员察看了伍德股份公司销售给网络公司的设备,发现该批设备仍旧处于闲置状态，与网络公司的业务没有关系，网络公司实际用不上该批设备。虽然书面上与网络公司办理了交接手续，实际仍存放在伍德股份公司的经营场所内。

至此，审计人员认为以上购销交易实际没有发生，请伍德股份公司进行审计调整，但伍德股份公司拒绝。

针对以上情况，审计人员处理如下：

（1）要求伍德股份公司在报表附注关联交易部分披露上述情况；

（2）在审计报告中作为保留意见事项，因为：

- 网络公司营业范围和实际业务都没有销售设备业务，伍德股份公司自网络公司采购设备的真实性难以确定；
- 伍德股份公司自网络公司购买的设备与同种设备相比价格悬殊，没有商业理由，无法证明交易的真实性；
- 伍德股份公司销售给网络公司的设备也不是网络公司生产经营所需要，并且没有离开伍德股份公司生产经营场所。所以，对相关的销售、采购业务真实性无法确认。

17.2.2.12 关注计入固定资产价值的借款费用

对应计入固定资产价值的借款费用，应根据企业会计准则的规定，结合长短期借款、应付债券或长期应付款的审计，检查借款费用资本化的计算方法和资本化金额，以及会计处理是否正确。

17.2.2.13 检查固定资产的减值准备

（1）获取或编制固定资产减值准备明细表，复核加计正确，并与总账数和明细账合计数核对相符。

（2）检查被审计单位计提固定资产减值准备的依据是否充分，会计处理是否正确。

（3）检查资产组的认定是否恰当，计提固定资产减值准备的依据是否充分，会计处理是否正确。

（4）计算本期末固定资产减值准备占期末固定资产原值的比率，并与期初该比率比较，分析固定资产的质量状况。

（5）检查被审计单位处置固定资产时原计提的减值准备是否同时结转，会计处理是否正确。

（6）检查是否存在转回固定资产减值准备。

17.2.2.14 其他审计程序

（1）获取暂时闲置固定资产的相关证明文件，并观察其实际状况，检查是否已按规定计提折旧，相关的会计处理是否正确。

（2）获取已提足折旧仍继续使用固定资产的相关证明文件，并做相应记录。

（3）检查固定资产保险情况，复核保险范围是否足够。

（4）检查购置固定资产时是否存在与资本性支出有关的财务承诺。

（5）根据评估的舞弊风险等因素增加的审计程序。

17.2.2.15　检查固定资产是否已按照企业会计准则的规定在财务报表中做出恰当列报

重点检查固定资产以下财务处理环节：

（1）固定资产的确认条件、分类、计量基础和折旧方法。

（2）各类固定资产的使用寿命、预计净残值和折旧率。

（3）各类固定资产的期初和期末原价、累计折旧额及固定资产减值准备累计金额。

（4）当期确认的折旧费用。

（5）对固定资产所有权的限制及其金额和用于担保的固定资产账面价值。

（6）准备处置的固定资产名称、账面价值、公允价值、预计处置费用和预计处置时间等。

第 18 章
货币资金循环审计案例分析

2017年1月15日，ZTH会计师事务所有限公司受中雄集团审计部委托派出审计组对伍德股份公司进行2016年度报表审计，其中，李明泽、刘元负责货币资金循环审计。审计人员先了解了被审计单位与货币资金循环相关的内部控制制度，然后对内部控制制度的设计合理性以及执行有效性进行了符合性测试，再根据符合性测试的结果，评估了审计风险，实施了实质性测试。

18.1 了解与货币资金循环相关的内部控制制度

18.1.1 内部控制制度建立情况

审计人员检查了各种制度以及制度的修订时间，了解到股份公司建立了与货币资金循环相关的内部控制制度，包括《借款制度》《费用报销制度》《货币资金管理制度》等，并在实践过程中不断完善。

18.1.2 确保不相容职务适当分离，权限适当设置

在实际岗位职责描述中，将会计核算相关工作与出纳岗位分离。在设置出纳人员岗位职责时，确保出纳人员不得兼任稽核、会计档案保管和收入、支出、费用、债权债务账目的登记工作；将资金申请、审批、复核、账务处理、支票开具、印鉴分人管理等业务资金办理的全过程进行职责分离，办理每一项资金业务需要两人以上方可完成；出纳、银行存货调节表编制、审核岗位分离。

18.1.3 资金收支纳入预算管理，年度预算经过适当审批

（1）预算的编制。每年年底，公司成立由各部门负责人参加的预算管理委

员会,各部门安排本部门人员编制部门预算。采购部组织编制采购预算;生产部门组织编制生产预算;人力资源部编制人力成本预案;销售部门编制销售预算;利润、成本、损益、资本性收支、专项、现金流量和其他预算由财务部组织编制。公司采取自下而上、自上而下、上下结合、分级、逐级编制。

(2)审批。预算委员会负责组织对上报的各项预算进行审核,审核通过后形成预算草案,再经多次协商及会议讨论通过后,形成股份公司年度预算方案,报公司董事会和股东大会审议和批准。

18.1.4 资金收支计划管理,确保资金收支计划经过适当审批

每周一召开资金调度会,由财务总监牵头召集,参加人员包括总经理、常务副经理、主管经营副经理、销售公司经理、供应处经理、项目经理等主要负责人。供应处报原材料采购用款计划和设备零购用款计划,销售公司报产品销售回款计划等,汇总交会议讨论,确认资金收支计划,形成资金平衡汇总表,报财务处负责人及厂领导审批。

18.1.5 付款业务经过适当审批

业务部门经办人填写付款申请单/借款单,写明付款方式(支票、汇票、电汇等)、金额等信息;付款申请单/借款单交由部门主管及总经理签字确认;财务部门核对付款申请单上的金额是否与所附发票一致及是否经过部门主管/总经理签字,并交由财务处长签字批准;出纳审核付款申请单上是否有部门主管、总经理及财务处长签字,审核通过后按付款申请单上所载的方式与金额付款并记录,并经办人签字确认。

18.1.6 业务付款经过复核,确保会计入账及时、正确

会计人员对批准后的货币资金支付申请进行复核,主要复核货币资金支付申请的批准范围、权限、程序是否正确,手续及相关单证是否齐备,金额计算是否准确,支付方式、支付单位是否妥当,等等。复核无误后由会计人员编制付款凭证,交由出纳人员办理支付手续。

出纳人员根据复核无误的支付申请,按规定办理货币资金支付手续,及时登记现金日记账和银行存款日记账。出纳付款后将会计凭证交由会计人员,财务部负责人或授权财务检查人员对付款凭证进行复核,核对无误后在凭证上签字。

18.1.7 收款经过适当的审核确认,并经过适当的核对

银行会计每日从银行取回收款回单(电子汇划凭证、电子汇票等),销售会

计拿到收款回单根据客户名称找出对应客户代码,然后根据代码将收款情况入账并制作记账凭证。

(1)银行票据收款。一般在每月月底,由销售部门汇总提交给销售会计,销售会计先对实际收到的票据与汇总表进行核对,核对无误后在汇总表上签字返还给销售部门。销售会计进行账务处理后,将票据移交给银行会计,并需要银行会计签字确认。

(2)现金收款。如果客户交付现金,需给客户开具收据,并将收据作为入账凭证。

18.1.8 限定现金的限额、使用范围、盘点

公司根据实际情况确定现金库存限额,对当日超出库存限额的现金应及时存入银行。

《财务管理制度》规定,结合公司实际情况,确定现金的开支范围,低于1 000元的通过现金支付,1 000元以上的业务应当通过银行办理转账结算。

财务部门定期和不定期地进行现金盘点,确保现金账面余额与实际库存相符。发现不符,及时查明原因并做出处理。现金盘点时,由出纳和会计或者财务部负责人指定的人员共同参与,形成现金盘点表,并由相关责任人签字确认。

18.1.9 银行账户开户、销户经审批

银行账户的开立和注销由出纳根据实际需要向财务负责人、总经理申请,同意后报总公司进行审批。

18.1.10 确保银行账户及时维护及管理

每个月财务部、资金部经理会对银行账号的使用情况进行检查,从人民银行账户系统中打印出账户列表,编制《银行账户信息列表》,核对银行账号的变动情况与《账户开立/撤销联系单》是否一致,核对完毕后交由相关负责人审核并签字确认。

18.1.11 银行余额调节表及时编制并经过适当审核,保证银行余额表的准确性、完整性

资金核算会计岗位负责按月核对银行存款账目,准确编制银行对账余额调节表,使银行存款账面余额与银行对账单余额相符。财务处长复核余额调节表编制是否正确,大额调节项是否做出合理解释。

总公司对银行账户使用情况进行监督，要求每月上报各银行账户余额。

18.1.12 确保借款经适当审批

业务部门经办人填写借款申请单，写明付款方式（现金、转账支票、银行汇票等）、金额等信息；借款单根据金额不同交由部门主管、财务总监及总经理签字确认；出纳核对借款单金额及是否经审批，及时向报销人、借款人付款，报销人、借款人在凭证上签字确认。

18.1.13 会计入账及时、正确

会计核对付款申请单金额是否与所附凭证一致，是否经过部门主管及总经理签字；核对无误后，打印出制单凭证并交由财务总监复核批准。

18.1.14 确保员工备用金管理经过适当的授权和审批

员工借用备用金执行严格的审批流程，财务部定期核查备用金的使用和结存情况，年底采取发放通知的形式敦促员工及时申请费用报销，核销借用的备用金。

企业每年年末会对尚未报销的备用金进行清理，询查原因，如果原因不正常的进行追款，必要时通过监事处采取措施。

18.1.15 确保印章保管和使用经过适当的授权

财务专用章由出纳保管，法人章由费用会计保管，只有在加盖两章的情况下才可以办理费用报销。

需要使用印章时，严格履行审批手续。签章时，由使用印鉴部门使用人提出签章申请，说明签章用途，并由部门负责人审签后报总经理审批，印鉴保管部门方能签章。

18.1.16 确保票据的管理和使用经过适当的授权

资金核算岗位负责银行票据的管理，设立票据备查簿，将付款单位、付款时间、金额、票据号码、到期日、解汇进账时间或背书转让单位等事项逐笔逐项进行登记和勾对，防止过期或丢失。对于背书转让或者质押的票据，需要经过公司领导的审批，并要在应收票据备查簿中进行及时记录和勾兑。

18.1.17 确保网银密钥经适当保管、网上银行付款经复核

财务部出纳、会计经理和财务总监各自拥有单独的网上银行密钥，且各自的密

钥只有自己掌握。财务部出纳仅拥有在网上银行申请付款的权限，财务部会计经理仅拥有在网上银行一级审核的权限，财务总监仅拥有在网上银行二级审核的权限。通过网上银行付款，需一人先进行操作，然后另一人复核并确认才能付款。

18.2 穿行测试

为证实注册会计师对控制的了解及评价控制设计的有效性，审计组选择部分收款凭证、付款凭证进行货币资金循环穿行测试，审计人员将穿行测试的情况编制了穿行测试底稿。

通过穿行测试，审计人员更直观地了解了被审计单位的业务流程及内部控制关键点、相关凭证以及信息系统的处理过程，确认被审计单位的业务流程及控制与已经了解的内部控制制度相符，未发现内部控制设计存在缺陷。

18.3 符合性测试

审计组在对被审计单位内部控制进行初步评价的基础上，为证实该控制是否在实际工作中得以贯彻执行、贯彻执行的实际效果是否符合设立该控制的初衷，对伍德股份公司货币资金循环进行了符合性测试，并编制了相关工作底稿《控制测试——货币资金控制测试测试表》，具体包括付款测试、收款测试、银行账户管理测试等几个部分。

经过符合性测试，发现伍德股份公司货币资金循环相关的内部控制制度都得到了执行，内部控制制度运行有效。

18.4 实质性测试程序

18.4.1 库存现金

18.4.1.1 账账、账表核对

核对库存现金日记账与总账的金额是否相符，检查非记账本位币库存现金的折算汇率及折算金额是否正确。

18.4.1.2 监盘库存现金

相关底稿

现金盘点表。

计划的审计程序

(1) 制定监盘计划，确定监盘时间；

(2) 将盘点金额与现金日记账余额进行核对，如有差异，应要求被审计单位查明原因并作适当调整，如无法查明原因，应要求被审计单位按管理权限批准后做出调整；

(3) 在非资产负债表日进行盘点时，应将盘点日库存现金调整至资产负债表日的金额；

(4) 若有充抵库存现金的借条、未提现支票、未作报销的原始凭证，需在盘点表中注明，如有必要，应作调整，需要特别关注数家公司混用现金保险箱的情况。

错误做法或观点

审计人员刘元计划在 2017 年 2 月 18 日进行现金盘点，2 月 17 日下班之前，他要去伍德股份公司财务部门通知出纳人员，组长李明泽忙阻止。李明泽认为，履行审计程序，应该注意审计程序不可预见性，否则，被审计单位的出纳人员有了准备，审计人员的审计程序就失去了效果。如果计划 18 日盘点，就应该在 18 日当天，找一个适当的时间，也就是出纳、财务会计或者总监都在的时间通知要盘点，一旦通知后，就要确保出纳人员及其办公室、保险柜纳入审计人员的监控，防止他们有所"准备"，使盘点失去效果。

程序执行情况

2 月 18 日上午，刘元看到伍德股份公司出纳员李琴和财务总监都上班后，与李明泽两人一起要求盘点现金，并要求伍德股份公司财务总监陪同，出纳员李琴要求审计人员先回他们的办公室等待一会儿，她有事情要处理。李明泽向李琴表示："盘点现金的要求，就是在通知出纳人员后，不再离开出纳人员，以保证审计程序的效果，请予以理解。如果你有事情要处理，我们可以等待，但我们不能离开你的办公室。"李琴无奈，只好当审计人员的面全面清点保险柜里的现金以及其他物品。

经清点，发现保险柜里存在以下物品：

(1) 现金 154 666.00 元。

与现金日记账余额对比，多出 48 560 元，李琴将尚未记账的凭证记账后，多出 58 970 万元。李琴解释，这些钱是卖废纸、纸箱的收入，没有入财务账。审计人员认为，这部分钱应该纳入财务账内核算，作为营业外收入处理。

(2) 一张 1 000 万元的定期存单。

审计人员在编制银行存款明细表时，并未发现伍德股份公司账面有金额为

1 000 万元的定期存款。经了解，该笔存单也是账外资金。

（3）发现一本日记簿，里面以流水账的形式记载了一些资金收支。

审计人员将这个资金流水与伍德股份公司的财务账套对比，发现是账外账簿，这些资金收支并没有反映在财务账套内。这个账簿内记载的资金收入合计3 654 万元，支出 2 578 万元，余额 1 076 万元。

李琴反映，这是自己私人的账目，与公司无关。但审计人员很快就意识到，李琴作为出纳人员，工资收入不可能有这么高。

审计人员提出：这笔钱无论是谁的，都以一定的形式存在。如果是现金，审计人员要求看到这部分现金；如果是银行存款，审计人员要求李琴提供截至2017年 2 月 18 日的存折或者对账单，证明这资金是属于李琴个人。

李琴以个人隐私为由拒绝提供。

审计人员复印了这本日记流水账，向伍德股份公司相关人员表示，如果不能提供相关资料证明这部分资金的性质和归属，将就此事在审计报告中发表保留意见。

不久，审计人员进行银行存款函证，在银行询证函回函中，除审计人员在询证函上列明的账户外，银行强调公司还有一个账户，截至 2016 年 12 月 31 日，该账户余额为 1 076 万元。审计人员到银行取得了该账户的对账单，发现对账单上记录的收支明细与盘点时发现的日记流水账相符，证明这个账户属于伍德股份公司，是一个账外资金账户，而并非如李琴所说的私人账户。

在银行询证函面前，李琴以及财务负责人无话可说，只好按审计人员的要求提供有关收支对应的业务性质，根据不同业务性质，调整并入财务账内核算。

经验分享

盘点库存现金的审计程序如果操作严谨，会取得意想不到的成果。在笔者的审计经历中，曾经通过盘点库存现金发现过账外房产的产权证、账外投资的证券公司开户证明、未入账的定期存单以及远多于账面的库存现金等。

（4）发现白条抵库情况。

发现两张借款凭单。其中：伍德股份公司办公室主任江玉华借10 万元，已经超过 3 个月；副经理李文华借24 万元，借款超过了 4 个月，且没有任何审批手续。

审计人员追问这两笔借款的用途，出纳并不清楚。

审计人员又问：按伍德股份公司相关制度，资金支出应该有审批手续，这两笔借款没有审批手续，出纳为什么付款？出纳回答：本来要过审批手续，可是财务总监认为李文华、江玉华都是公司的高层领导,不会有问题的,当时急用钱,来不及履行审批手续,就让他们先写了借条将钱拿走了。

审计人员就此事处理情况

(1) 建议相关人员及时办理手续,如果是合法支出,及时按制度报销,如果与公司无关支出,有关人员及时还款,并应该按公司有关奖惩制度对有关人员进行纪律处罚。

(2) 计划就此事在管理建议书中提出相关管理建议。

(3) 通过以上白条抵库的情况,说明伍德股份公司设计完好的内部控制制度不一定有效运行;再者,通过这件事也说明伍德股份公司存在管理层凌驾于控制之上的风险。审计人员决定更多地依赖实质性审计程序,较少依赖或者不依赖伍德股份公司的控制测试结果。

(4) 在继续审计过程中,会根据伍德股份公司内部控制制度失效严重程度,判断审计风险是否可控;如果审计风险不可控,可以要求解除业务约定,或者出具无法表示意见审计报告。

经验分享

审计忌头痛医头,脚痛医脚,即不仅仅关注和处理审计发现的问题,还要进一步重新评估企业内部控制制度设计是否合理、执行是否有效,重新评估审计风险,考虑与发现事项相关的其他科目或者业务的审计风险等,应该建立普遍联系而不是孤立的审计思维。

18.4.1.3 检查现金收支凭证

程序说明

《会计监管风险提示第 4 号——首次公开发行股票公司审计》(证监办发〔2012〕89 号)特别要求:对于 IPO 业务,审计人员在对发行人大额现金收支交易进行审计时,应当:(1) 关注大额现金使用范围是否符合《现金管理暂行条例》的规定;(2) 以收取现金方式实现销售的,应核对付款方和付款金额与合同、订单、出库单是否一致,以确定款项确实由客户支付;(3) 必要时,向现金交易客户函证申报期内各期收入金额,以评估现金收入的发生和完整性认定是否恰当。

程序执行情况

考虑到现金盘点中发现的不明账簿以及没有在账内核算的定期存折等,评估伍德股份公司很可能存在虚假交易套取现金的情况，审计人员决定提高大额现金收支凭证的检查比例，初步确定凡支出超过1万元的现金支出凭证，全部检查。

审计人员刘元按以上金额限额，对现金支出进行了全面检查，发现如下问题：

（1）存在超过规范范围使用现金结算的情况，交易真实性无法确认。

比如，伍德股份公司支付给某软件公司技术服务费55万元，全部为现金支付。经审计人员检查统计，这样的支出共15笔，合计金额达到985万元。

这违反了《中华人民共和国现金管理条例》以及伍德股份公司有关现金使用范围的规定，"1. 给职工个人的工资、各项工资性补贴；2. 支付给个人的劳务报酬；3. 支付各种抚恤金、学生奖学金、丧葬补助费；4. 支付出差人员必须随身携带的差旅费；5. 根据国家规定颁发给个人的科学、技术、文化、教育、卫生、体育等各种奖金；6. 各种劳保、福利费用以及国家规定对个人的其他支出；7. 结算起点以下的零星支出，现行规定的结算起点为1000元；8. 中国人民银行确定需要支付现金的其他支出。"

（2）存在报销凭证不合法的情况。

1）存在假发票情况。支付给某劳务公司5.6万元，相关发票经税务相关网站查询是假发票；支付给A材料公司2.1万元，经查相关发票的领用单位是B物资公司。经统计，初步发现类似情况10笔，共计45万元。

2）存在白条支出。一些支出如招待费，有些没有发票，只有收据，还有些只是经手人随手写一个条子，列了一些费用清单。财务人员解释：确实是真实支出，只是由于收款方是个人或者对方没有发票。经统计，类似情况初步发现24笔，共计15万元。

3）发票真实，业务虚假。一是差旅费混乱，同一差旅费凭证，不同时间、地点的凭证混杂。如2016年6月付32号凭证，不同出差人、不同时间、不同地点的凭证无序混杂在一个凭证中，审计人员细心梳理该凭证所附原始凭证，其中有深圳的宾馆发票，但是没有相应的车票；有北京的宾馆发票，但是车票与宾馆发票在时间上冲突；还有的发票是2013年的过路过桥费。会计人员解释是业务人员不懂财务，不及时报销，或者一次的差旅费因为发票找不到而分两次以上报销。二是交通费明细中核算的汽油费不实。审计人员测算，按伍德股份公司现有全部车辆数量估算，即使一年365天、每天24小时不停地行驶，也不可能烧那么多的油费。经统计，类似情况初步发现57笔，共计380万元。

4）票据不完整。会议费支出原始凭证不完整，均无会议通知，未注明会议时间、地点、名称、内容、人数、费用标准、会议签到簿以及会议纪要等证明资料。

李明泽按经验判断，以上票据不规范的支出，可能不是真实的业务费用，而是员工为了偷逃个人所得税而找到一些与真实业务没有什么关系的发票，以报销费用的形式取得个人工资性支出。

后来在应付工资循环审计中，果然发现根据生产量计算的效益工资与账面实际计提、支付的工资不一致的情况。

18.4.2 银行存款

18.4.2.1 账账、账表核对

获取或编制银行存款余额明细表：
（1）复核加计是否正确，并与总账数和日记账合计数核对是否相符；
（2）检查非记账本位币银行存款的折算汇率及折算金额是否正确。

|相关底稿|

货币资金明细表；银行存款/其他货币资金审核表。

|审计程序说明|

货币资金明细表包括现金、银行存款、其他货币资金三部分，要审核这三部分合计是否与报表年初、年末金额相等。

如果没有外币，银行存款审核表中的银行日记账/其他货币资金原币应该与货币资金明细表中的银行存款/其他货币资金合计金额相等；如果有外币，银行存款审核表中的银行日记账/其他货币资金原币金额应该与货币资金明细表中的银行存款/其他货币资金逐账户核对相等。

银行存款审核表中调整后的银行日记账金额/其他货币资金，与调整后的银行对账单金额，应该逐户相等，合计相等。

|程序执行情况|

伍德股份公司银行存款账户很多，共计20个，有些银行账户余额为0，审计人员逐个了解了这些银行账户的用途，并记录于工作底稿，以备在后续的审计过程中与其他信息对照，判断有关收支的真实性。

18.4.2.2 检查银行存单

|相关底稿|

银行存单检查表。

|审计程序说明|

编制银行存单检查表，检查银行存单是否与账面记录金额一致，是否被质押

或限制使用，存单是否为被审计单位所拥有。

（1）对已质押的定期存款，应检查定期存单，并与相应的质押合同核对，同时关注定期存单对应的质押借款有无入账；

（2）对未质押的定期存款，应检查开户证实书原件；

（3）对审计外勤工作结束日前已提取的定期存款，应核对相应的兑付凭证、银行对账单和定期存款复印件。

错误做法或观点

伍德股份公司有4张定期存单，每张金额5亿元，合计20亿元。

审计人员刘元履行了以上审计程序，李明泽复核相关底稿后，认为刘元的审计程序存在如下严重失误：

（1）刘元只是取得了定期存单的复印件（出纳李琴认为审计人员年年都会要这些东西，早已准备好了），并没有检查原件，有可能存在定期存单被质押、取得借款不入账的情况，审计人员只看复印件，不与原件对比，是发现不了这种问题的。

（2）从定期存单的金额来看，有两张定期存单在2016年12月31日之前到期，按理早已入账，应该检查活期存款入账的相关资料，只是取得一个12月31日之前的存单复印件证明不了这笔钱在12月31日仍存在。

程序执行情况

刘元在李明泽的指导下，重新执行以上审计程序，对于已经到期的存单，要求检查相应活期存款入账的凭证；对于未到期的两张定期存单，要求检查定期存单原件。

经检查，2017年1月15日已经到期的两张存单已经入账，相关银行入账凭证、银行对账单核对相等；而仍未到期的两张存单，相关财务人员只提供了一张，另一张一直以相关人员请病假锁在柜子里取不出来为由不予提供。

审计人员与相关人员沟通：定期存单可以在到期前取现，如果不能提供原件，则无法证明该存单的资金是否还在，性质会很严重，审计报告会将该事项作为定期存单无法取证处理。

伍德股份公司相关人员无奈承认，该存单已经为董事长李文辉朋友的公司贷款提供了质押担保。审计人员要求提供相关的贷款合同、质押合同，发现该公司名称为兴旺能源公司。

后来的审计发现，兴旺能源公司、兴隆能源公司、兴盛能源公司、振兴能源公司都是以员工身份证注册的公司，主要是为了调整收入使用（详见销售与收款循环案例），这部分贷款实际上是纳入兴旺能源公司账内，为虚构收入使用，以收入的形式流入伍德股份公司账内。

经验分享

提取作为审计证据的定期存单原件，不能用复印件代替。因为可能存在以下一些定期存单相关交易，从复印件上是难以发现的。

（1）定期存单的存款期限跨越审计基准日。被审计单位先将定期存单复印留底，然后在定期存单到期之前，提前取现，用套取的货币资金虚增收入或挪用以及从事其他违规业务。

（2）定期存单作为质押物，作质押贷款。将定期存单复印留底，用质押贷款所得货币资金虚增收入或挪用以及从事其他违规业务。

（3）定期存单背书转让。将定期存单复印留底，用转让所得货币资金虚增收入或挪用以及从事其他违规业务。

18.4.2.3 银行存款分析

程序说明

计算银行存款累计余额应收利息收入，分析比较被审计单位银行存款应收利息收入与实际利息收入的差异是否恰当，评估利息收入的合理性，检查是否存在高息资金拆借，确认银行存款余额是否存在，利息收入是否已经完整记录。

程序执行情况

审计人员刘元将银行存款日记账导入电子表格，将每日的银行存款余额乘以活期存款利率除以 365 得出活期存款日利率，每日余额乘以日利率得出日利息，每季度日利息加总，起始时间点与银行同一口径，再与银行每季度结算的利息对照。

伍德股份公司共有 20 个银行账户，刘元逐一对这些账户进行利息测算，发现有两个账户存在如下问题：

（1）存在高息拆借情况。

审计发现公司在建行莲湖支行的账户的利息收入明显高于审计测算结果，差额高达 200 万元。审计人员检查了利息结算凭证，发现该账户的利息结算凭证不是全部来源于银行，部分利息来源于一个名为"八方财"的小额贷款公司。审计人员就此事询问财务人员，得到的解释是伍德股份公司为了取得高于银行活期存款的利息收入，将部分资金借给了了解底细、风险较小的八方财公司（据了解，该公司老板是董事长李文辉的朋友），利率为 10%。

但是，审计人员在账面上没有发现与八方财公司的往来科目或者短期投资、金融资产类科目。财务人员解释，在将本金转移给八方财公司和从八方财公司收回本金的过程中，都没有记账，所以账面上没有与八方财公司有关的会计科目。审计人员将这个账户的银行日记账和银行对账单进行逐笔对照，果然发现银行对账单收入、支出都未在银行存款日记账中核算。

审计人员取得了相关资料，并进行测算，发现该利息收入基本与测算差异相符。

审计人员认为，伍德股份公司虽然取得了高于活期存款利息的利息收入，但是，风险不可控，小额贷款公司的信用不可靠，有本金都收不回来的风险。

将临时闲余资金委托给小额贷款公司也不符合公司年度预算，说明预算制度没有得到严格执行。

该事件说明，伍德股份公司货币资金相关的内部控制制度存在严重缺陷，虽然通过前述穿行测试、符合性测试等审计程序，判断伍德股份公司内部设计合理，但从审计发现的以上问题来看，这些内部控制制度并没有得到有效执行。

（2）存在虚构银行存款收支的情况。

工商银行泫水支行账户，利息测算结果高于实际利息收入很多，差额高达350万元。

审计人员刘元对此不解，询问有关会计人员，会计人员支支吾吾，说可能是利息收入金额太小，忘了入账。

但是核对银行日记账与银行对账单，截至2016年12月31日，余额相等，如果存在未入账利息的情况，不可能余额相等。

组长李明泽判断，很可能存在虚构银行存款收支的情况。针对这种风险，李明泽令刘元将该账户的银行日记账与银行对账单逐笔核对。为保证银行对账单的真实性，审计人员要求出纳陪同，去银行打印了全年的银行对账单。

经逐笔核对银行日记账与对账单，发现果然存在虚构银行存款收支的情况，因为银行日记账虚构的借方金额和贷方金额相等，所以不影响余额，年末余额仍然是相符的。

审计人员逐笔检查了所有与银行对账单对不上的银行存款收付凭证，收付金额合计达到10.53亿元。这些收付款凭证，有的没有银行收付相关单据，有的有银行单据，但银行印章模糊，经与真实的银行印章核对，字迹有差异，说明银行的印章是伪造的。

后来，经审计发现伍德股份公司存在虚构收入成本情况（详见销售与收款循环案例），这些虚构的交易有的有真实的资金流，有的没有真实的资金流，对于没有真实资金流的收支，则通过虚构银行存款收支来达到账面与银行对账单金额相符、账务平衡。

（3）存在挪用银行存款的情况。

工行某账户，审计人员测算利息收入高于实际利息 30 万元，经与银行对账单核对，发现存在银行存款有收支而企业没有入账的情况，银行对账单上看，增、减金额相等，所以不影响期末余额与银行存款日记账相符。网银查看这些资金的来源去向，对方账户都是某证券公司营业部。经了解，是伍德股份公司公司财务人员挪用资金炒股票，赚钱后，本金收回，收益转入个人账户。

18.4.2.4 审核未达账项的真实性

程序说明

取得并检查银行存款余额调节表，具体步骤如下：

（1）取得被审计单位的银行存款余额对账单，并与银行询证函回函核对，确认是否一致；抽样核对账面记录的已付票据金额及存款金额是否与对账单记录一致。

（2）获取资产负债表日的银行存款余额调节表，检查调节表中加计数是否正确，调节后银行存款日记账余额与银行对账单余额是否一致。

（3）检查调节事项的性质和范围是否合理：

- 检查是否存在跨期收支和跨行转账的调节事项。编制跨行转账业务明细表，检查跨行转账业务是否同时对应转入和转出，未在同一期间完成的转账业务是否反映在银行存款余额调节表的调整事项中。
- 检查大额在途存款和未付票据：
  - ➢ 检查在途存款的日期，查明发生在途存款的具体原因，追查期后银行存款记账日期，确定被审计单位记账日期与银行记账时间差异是否合理，确定在资产负债表日是否需审计调整；
  - ➢ 检查被审计单位的未付票据明细清单，查明被审计单位未及时入账的原因，确定账簿记录时间晚于银行对账单的日期是否合理；
  - ➢ 检查被审计单位未付票据明细清单中有记录、但截止资产负债表日银行对账单无记录且金额较大的未付票据，获取票据领取人的书面说明，确认资产负债表日是否需要进行调整；
  - ➢ 检查资产负债表日后银行对账单是否完整地记录了调节事项中银行未付票据金额。

（4）检查是否存在未入账的利息收入和利息支出。

（5）检查是否存在其他跨期收支事项。

（6）（当未经授权或授权不清支付货币资金的现象比较突出时）检查银行存款余额调节表中支付异常的领款（包括没有载明收款人）、签字不全、收款地址不清、金额较大票据的调整事项，确认是否存在舞弊。

程序执行情况

通过逐一执行以上审计程序，发现伍德股份公司存在以下问题：

(1) 提前或推迟银行收支入账单调节报表及账目。

通过检查未达账项相关资料，发现伍德股份公司存在出于某种目的而提前或者推迟银行存款收支入账时间情况。

1）检查企业已收、银行未收的未达账项情况，存在以下问题：

- 企业已收、银行未收未达账项，存在销售收入提前入账的情况。审计人员检查银行账户1，截至2016年12月31日，企业账面2 000万元，银行对账单1 000万元。经检查，存在企业已入账、银行未入账的未达账项1笔，金额1 000万元。审计人员检查了企业入账相关凭证，发现该笔资金是材料销售收入，企业已作银行存款和其他业务收入的增加。审计人员继而检查相关资料，相关合同虽然于2016年12月29日签订，但是出库单、验收单等的日期均为2017年1月10日，银行进账单为2017年1月11日。按合同规定，经买方验收后，买方立即付款，双方可算是履约完毕，也就是说，买方验收才算是销售实现。所以，审计人员认为，该销售是在2017年实现的，不应该在2016年确认收入，应该进行审计调整。

经验分享

一些业务人员对未达账项一般只关注银行已达的情况，而对企业已达、银行未达的情况想当然地认为没有问题，这是不对的。对于企业已达的情况，也存在企业出于某种目的，不该入账时入账，没有"达"时"达"了的情况。

- 企业已收、银行未收，存在虚构应收账款回收、美化现金流量、少提坏账准备的情况。审计人员检查银行账户2，截至2016年12月31日，企业账面100 000万元，银行对账单80 000万元。经检查，存在企业已入账、银行未入账的未达账项5笔，合计20 000万元。审计人员检查相关凭证发现，这些都是应收账款回款，银行进账单时间为2017年1月11日，按支票10天的期限，伍德股份公司最早也是2017年1月2日取得相关支票。从业务发生时间来看，不应该计入2016年的银行存款增加，伍德股份公司将应收账款回款提前入账的做法，美化了伍德股份公司现金流量，提高了应收账款周转率；20 000 万元的应收账款减少，导致少提坏账准备。审计人员按伍德股份公司的会计政策测算，这 20 000 万元的应收账款少提坏账准备 2 000 万元，利润虚增 2 000 万元。

2）检查企业已付、银行未付的未达账项情况，存在企业已付、银行未付项目存在为粉饰项目进度提前入账的情况。

审计人员检查银行账户 3，截至 2016 年 12 月 31 日，银行存款日记账余额 2 000 万元，银行对账单 3 000 万元，存企业已付、银行未付未达账项 1 笔，金额 1 000 万元。审计人员检查相关资料发现，这笔款项是伍德股份公司在建项目的工程款支出，从原始凭证上来看，该笔款项验工计价完成时间为 2017 年 1 月 3 日，银行支出凭证的时间为 2017 年 1 月 4 日。审计人员检查相关合同，按合同规定，每月初对上月工程量由工程、计划、财务、内审等几个部门会同施工方进行审核，审核后，按核定的工程量付 80% 的工程款，并扣除相应预付款、代垫水电费等。从前述资料来看，无论按合同还是按实际付款，付款时间都是 2017 年 1 月，而不是 2016 年，将该笔支出列入 2016 年是不对的，审计人员建议进行审计调整。

后来，固定资产、在建工程审计小组了解到，伍德股份公司对工程部门有完工进度的考核要求，包括工程进度、工程付款等都要达到考核指标，才算是完成了年度考核任务。审计人员分析，是这个指标的压力导致了工程款提前入账。

3）检查银行已收、企业未收的未达账项情况，存在银行已收、企业未收存在为调减利润故意不入账的情况。

伍德股份公司下属子公司某网络公司，账面银行存款 2 300 万元，银行对账单 6 100 万元，存在银行已收、企业未收款项合计 9 笔，合计金额 3 800 万元。经审计人员检查次年入账的资料发现，这些款项都是网络公司的工程款收入，这些款项进网络公司银行账户的时间很多都在 2016 年 12 月 31 日之前。经了解，网络公司每年银行已收、企业未收的未达账项都很多，主要原因是网络公司为避免年度报表反映出来的业绩太好，母公司下年会下达更重的任务指标，对年末已收回的工程款不入账，不作收入，有些挂账预收账款，考虑到预收账款已经高于上年很多，有些连预收账款也不入了，直接反映在银行存款调节表的未达账项中。

审计人员认为，网络公司的报表由于未达账项的存在，没有真实地反映网络公司的财务状况和经营成果，同时也少计缴了流转税以及企业所得税，应该进行审计调整。

4）检查银行已付、企业未付的未达账项情况，存在以下问题：

- 银行已付、企业未付，存在为调节利润推迟费用入账的情况。

  伍德股份公司银行账户4，账面银行存款7 500万元，银行对账单6 000万元，存在银行已付、企业未付款未达账项一笔，金额1 500万元。审计人员检查期后入账情况，发现该笔款项是服务费支出，伍德股份公司借记"管理费用"，贷记"银行存款"。审计人员检查相关合同、发票、银行支出凭证等，发现该服务费规定的服务期间为2015年12月25日至2016年12月25日，服务期间应该为2016年度，合同规定的结算期间为2016年12月26日，规定的付款时间为2016年12月27日，银行付款凭证的时间为2016年12月27日。从相关凭证来看，无论按业务发生的时间，还是按付款的时间，都应该计入2016年的管理费用，而不是记入2017年的管理费用。如果记入2017年，会使2016年管理费用少记1 500万元，利润虚增1 500万元。

- 银行已付、企业未付款项存在长期未达账项，为非法挪用资金。

  审计人员关注到，银行存款账户5中，存在银行已付、企业未付未达账项一笔，金额200万元。审计人员通过银行对账单追踪这笔款项的付出时间，一直追踪到2015年5月，审计人员向财务总监追问这笔款项的用途，财务总监为2016年年末新上任并不了解是什么情况。审计人员到银行追查该笔款项的去向，发现该款项被打入某证券公司。而伍德股份公司账面并没有交易性金融资产，审计人员再就此事询问公司总经理，总经理亲自就此事调查才发现真相，原来是2015年股市行情良好，出纳李琴动了心思，决定暂时利用公司一小部分闲置资金买股票，待股票大涨后卖出，本金转回公司账户，收益取出几人平分。可是没有料到2015年7月发生股灾，这部分资金被套牢，至今未能解套，如果提前卖掉，这部分资金缺口无钱弥补，只能等着股票上涨回本。

以上事项说明伍德股份公司存在非法挪用资金的问题，审计人员进而对其内部控制提出质疑：

其一，按前面了解到的内部控制制度，财务部出纳、财务部会计经理和财务总监各自拥有单独的网上银行密钥，必须这三人同时审核通过，资金才能支出，而这起挪用资金事项中，李琴自己就能将资金转出，是什么原因？经调查了解到，虽然制度规定是三个人同时通过资金才能转出，可是李琴是总经理的亲妹妹，实际在财务室的权威和地位远高过财务总监，对于李琴的要求，有时财务总监也难以拒绝。

以上事项再次说明，伍德股份公司作为家族企业起家的上市公司，实质上管理并不规范，存在着内部人控制的问题。

其二，对于这种私自挪用资金不入账的问题，按伍德股份公司的相关制度规定，编制、复核银行存款余额调节表与出纳职责分开，应该是可以发现的，为什么此事过去了那么久，没有发现呢？得到的解释与质疑一样，李琴是总经理的亲妹妹，如果谁盯着这事不放，就是不想在财务处立足了。

其三，伍德股份公司内审部门每年的审计工作是怎样做的？为什么没有关注到这些问题？得到解释如下：内审部门是上市公司必须有的部门，但在实际工作中，伍德股份公司各管理层更重视业务收入，内部审计工作不受重视，人员少，业务部门配合难度大，内部审计工作实际并没有开展起来。

通过以上信息，审计人员重新评估了伍德股份公司的管理环境和审计风险，认为伍德股份公司的管理环境并不好，看似健全的内部控制制度，实际上存在没有执行的风险。综上，存在很高的审计风险。

18.4.2.5 银行存款函证

相关底稿

银行存款函证控制表。

程序说明

函证银行存款余额，编制银行函证结果汇总表，检查银行回函，具体包括：

（1）向被审计单位在本期存过款的银行发函，包括零账户和账户已结清的银行；

（2）确定被审计单位账面余额与银行函证结果的差异，对不符事项做出适当处理。

对于 IPO 项目，在进行银行函证时，关注是否存在受限货币资金。

错误做法或观点

审计人员刘元负责银行存款函证，在他填列完全部银行存款询证函，要将询证函交给伍德股份公司会计人员时，李明泽对询证函进行了复核，认为刘元的审计程序存在如下问题：

（1）没有对本期存过款的全部银行账户进行函证。

刘元认为，期末余额为 0 的账户，没有必要函证，再说，向银行函证，银行每个账户要收取 200 元的费用，已经为 0 的账户没有必要再付 200 元的费用了，这也是为企业节省考虑。

李明泽认为，不管余额为 0 还是不为 0，还是本期注销的账户，都应该纳入函证范围，因为审计人员关注的不只是银行存款，还要关注有没有未入账的银行存款账户、未入账的贷款账户，以及与银行的其他交易。

(2) 没有取得银行对账单，按对账单列明的期末余额进行函证。

刘元按企业账面银行存款日记账余额填列函证余额，因为未达账项的存在，银行存款日记账很可能与对账单金额不一致，而银行并不知道企业账面哪些未达账项存在，导致银行可能无法对企业银行存款日记账的余额做出认定。所以，询证函上关于银行存款的余额，应该是相应对账单的余额。

(3) 询证函只考虑了银行存款，没有考虑贷款、定期存款、银行承兑汇票以及其他可能与银行相关的交易。

除了银行存款外，与银行存款同时函证的还应该包括银行贷款、银行承兑汇票、其他货币资金、委托贷款以及其他全部与银行可能有的交易，这些交易体现在银行询证函的模板中，审计人员应该对照相关科目，考虑被审计单位是否有相关交易将询证函填列完整。

经验分享

一些审计人员在函证过程中，不对定期存款进行函证，认为定期存款已经查看了定期存单，而定期存单证明了该笔款项的存在，所以无需函证。这种想法是错误的。定期存单是在存款时取得的凭证，只能证明存款时的情况，不能保证审计截止日时确实还在，应该在函证过程中对其进行函证。

(4) 没有对本期注销的账户进行函证。

同余额为 0 的账户一样，银行存款函证关注的不只是银行存款，还应关注有无未入账的存款、贷款，以及其他与银行的交易，所以，对注销的账户也应该进行函证。

(5) 没有亲自去银行履行函证程序或者控制函证过程。

审计人员应该在会计人员陪同下，亲自去银行函证。如果银行在外地，应该控制函证过程，亲自收、发询证函，而不是交给会计人员，如果会计人员舞弊，伪造假的银行询证函，审计人员可能发现不了。

程序执行情况

(1) 通过函证发现账外资金。

在李明泽的指导下，刘元对照银行询证函模板，并询问有关财务人员，将当时了解的所有与银行有关的业务都进行了函证。全部回函收回后，发现招商银行的询证函回函内容与企业账面记录不符，其中一个银行账户，企业账面没有记录，即前述库存现金盘点环节发现的账外账户，余额为 1 076 万元。

前述审计人员盘点现金过程中发现的定期存单 1 000 万元，经过函证证明是伍德股份公司存款。

（2）通过函证发现账外贷款。

伍德股份公司账户 6 已经于 2016 年 11 月注销，按刘元的原计划，考虑已经注销的账户没有必要浪费费用函证，可是从银行回函上发现了 10 000 万元的银行贷款没有入账。

审计人员继续追踪这部分银行贷款的去向，发现这笔贷款转到了兴旺能源公司。后来的审计结果发现，兴旺能源公司等几家公司是伍德股份公司虚假注册的公司，伍德股份公司通过这几家公司虚构采购销售业务，这些贷款以收入的形式流回伍德股份公司账内。

（3）通过函证发现未入账应付银行承兑汇票。

经函证发现伍德股份公司账户 7 有存在该银行承兑汇票 3 亿元，而"银行承兑汇票"科目并没有核算这部分票据。从其他货币资金保证金科目来看，也应该有这笔银行承兑汇票。

审计人员要求伍德股份公司提供与这笔银行承兑汇票有关的资料，发现这笔银行承兑汇票依据的合同为物资采购合同，合同对方为华夏钢材公司，但是账面未见名为华夏钢材公司的供应商，显然，这个合同是为了取得银行承兑汇票虚构的。

审计人员设法联系到华夏钢材公司相关财务人员，了解到，伍德股份公司 2016 年 6 月自华夏钢材公司借资金 3 亿元，一个月后以银行承兑汇票偿还了该笔欠款。

审计人员查阅伍德股份公司相关账目，并没有与华夏钢材公司的往来款项。

有关人员在确凿的证据面前，无奈承认，这 3 亿元的借款主要用于虚构收入。伍德股份公司自华夏钢材借入资金 3 亿元，以收入的形式流入伍德股份公司公司账内，再以银行承兑汇票还给华厦钢材，借款和银行承兑汇票都不入账。

18.4.2.6 关注受限资金对现金流量表的影响

程序说明

对不符合现金及现金等价物条件的银行存款在审计工作底稿中予以列明，以考虑对现金流量表的影响。

程序执行情况

通过对受限资金的审查，发现受限资金在报表中的处理不规范。按伍德股份公司账面以及银行存款函证结果，伍德股份公司有定期存款 20 亿元、履约保函保证金 1 亿元、应付银行承兑汇票保证金 2 亿元，合计 23 亿元属于受限资金，这部分资金不应该包括在现流量表的"现金及现金等价物"中。但伍德股份公司的现金流量表期末现金及现金等价物仍然包括这部分资产，报表附注也没有对这部分资金进行说明。审计人员建议对报表及报表附注进行修改调整。

18.4.2.7 银行存款账面收付记录与银行对账单抽样核对

程序说明

（1）在银行日记账中抽取一定样本量的大额发生额与银行对账单核对，检查银行存款记录的完整性；

（2）在银行对账单中抽取一定样本量的大额发生额与银行日记账核对，检查银行存款记录的真实性。

错误做法或观点

以上审计程序由审计人员刘元执行，李明泽复核了刘元的工作，认为存在以下问题：

（1）没有亲自去银行取得全部账户的对账单，只是利用企业提供的对账单，如果企业银行对账单造假，审计难以发现；

（2）只核对了 2016 年 12 月 31 日的余额以及未达账项，没有对全年重要发生额进行核对；

（3）对于余额为 0 的账户没有进行核对；

（4）对于本年注销的账户没有进行核对。

程序执行情况

在李明泽的执导下，刘元在会计人员陪同下，到银行取得了伍德股份公司全部的对账单，考虑到前述发现伍德股份公司存在的诸多问题，评估的审计风险很高，针对这种高风险情况，决定设定 10 万元的限额，对金额大于 10 万元的银行存款收支，与银行对账单进行核对，除了前述银行存款分析部分发现的货币资金等额收支不入账、虚构等额银行存款收支的情况外，又发现了如下问题：

（1）挪用资金炒股谋私。

除了前述在审核银行存款未达账项中发现的财务人员挪用资金炒股的问题外，还有多笔资金流入股市、又从股市转回的情况。这些资金流入流出没有反映在银行存款日记账上，经了解，也是炒股挪用资金，不过没有亏损，对于炒股收益，则转入个人账户，因为在银行流入流出金额相等，所以对期末银行存款余额没有影响。

（2）出借银行账户。

发现银行对账单金额相等的收支，来自 A 公司，流向 B 公司。经了解，为帮助总经理的朋友洗钱，该资金只是从伍德股份公司账户走一下，对伍德股份公司没有影响。

（3）截留银行存款收入。

发现银行对账单中的一笔收入 1 000 万元，分 5 次、每次 200 万元转出，收入支出均未计账。经审计落实，该资金为销售车间生产过程中的边角余料收入，转出，纳入公司小金库账户。因为收支金额相等，所以不影响银行存款日记账与银行对账单期末金额相等。

（4）伪造银行对账单，掩盖舞弊事实。

审计人员在发现上述种种舞弊后，又检查原来伍德股份公司直接提供给审计组的银行对账单，将这些对账单与审计人员直接从银行取得的对账单对比，发现凡涉嫌舞弊的收支，这些对账单都没有体现，也就是说，这些对账单是假造的。审计人员由此更加认识到，审计过程中，直接从银行取得对账单的重要性。

18.4.2.8 凭证抽查

程序说明

抽查大额银行存款收支的原始凭证，检查原始凭证是否齐全、记账凭证与原始凭证是否相符、账务处理是否正确、是否记录于恰当的会计期间等项内容。检查是否存在非营业目的的大额货币资金转移，并核对相关账户的进账情况；如有与被审计单位生产经营无关的收支事项，应查明原因并作相应的记录。

《会计监管风险提示第 4 号——首次公开发行股票公司审计》（证监办发〔2012〕89 号）特别要求：对于 IPO 业务，审计人员应转变余额审计观念，重视核对发行人申报期内银行交易，应当：（1）设定重要性水平，分账户详细核对申报期内重要大额交易；（2）核对收付发生额时要高度谨慎，如高度重视长期未达账项，查看是否存在挪用资金等事项；（3）关注收付业务内容与公司日常收支的相关性，以识别发行人转移资金或者出借银行账户的情况；（4）结合应收应付账款科目审计，防止发行人粉饰现金流量；（5）核对会计核算系统发生额与网上银行流水。

参照证监会 4 号公告的配套底稿要求：选取资金流水或银行对账单中的大额资金进出（大额标准、抽查比例根据具体情况确定）与银行日记账核对，检查至原始凭证，检查资金进出、业务开展、财务入账的情况，如有异常，应查明原因。核查时可特别关注以下情况：

（1）存续期短、单笔交易额大的账户；

（2）在发行人无业务地点开设的账户；

（3）各报告期末最后一个月的大额交易；

（4）大额入账短期全部或大部分转出；

（5）频繁的、一一对应的转入转出；

（6）收付业务内容与公司日常收支的相关性。

核查应形成测试底稿，记录抽查到的项目的详细信息，分析各个项目是否具有真实、合理的交易背景，账务处理是否正确。

程序执行情况

通过执行凭证抽查程序，发现伍德股份公司存在以下问题：

（1）现金支票掩盖现金结算。

审计人员发现两个劳务费支出凭证，分别支付劳务费 20 万元、25 万元给某劳务公司，分录为借"制造费用"、贷"银行存款"，但是从相关支票存根上来看，都是现金支票，即实质上是现金结算，但伍德股份公司没有在现金科目核算，掩盖了超范围使用现金结算的情况。

同时，审计人员到相关网站查询劳务公司的信息，发现该劳务公司真实存在并正常营业，应该有银行存款结算的能力，而伍德股份公司没有使用银行存款结算，这笔交易的真实性存在问题。

（2）原始凭证不完整，资金去向不明。

伍德股份公司社保中心为独立账套，据伍德股份公司人员解释，主要核算为没有纳入社会养老保险统筹的退休人员发退休金。审计人员检查相关银行存款支出凭证，发现存在原始凭证与记账凭证金额不符的情况，如某月支出凭证发退休员工退休金 200 万元，但是后附工资表只有 18 万元。审计人员检查了全部相同业务凭证，发现 9 900 万元的支付没有原始单据，资金去向不明。

（3）出借银行账户。

审计人员发现 6 月 123 号凭证，收到 A 公司 1 230 万元，伍德股份公司记入其他应付款，凭证后附有借款协议，主要内容是伍德股份公司暂时拆借资金 1 230 万元。审计人员检查了"其他应付款——A 公司"，发现不到一月后，该其他应付款分 600 万元和 630 万元冲掉，资金转给了 B 公司。

审计人员分析，伍德股份公司作为一个资产总额几十亿元的公司，主要靠银行贷款、发行新股和债券等方式募集资金，向一个非金融机构的小公司借款的可能性不大，另外，还款不是还给 A 公司，而是还给了 B 公司，也不正常。经询问,该资金是帮助董事长的朋友转一笔钱,也就是说,是出借银行账户的行为。

(4) 虚假应收账款回收。

2016年年末,伍德股份公司集中多笔应收账款回收,审计人员检查有关收款凭证,发现如下问题:

- 存在银行回款单据付款方与债务人名称不一致的情况。应收 BNN 公司账款 3 000 万元,账龄三年以上,2016 年 12 月 10 日收回,但审计人员检查银行回单发现,银行回单的付款人为 BBB 公司。
- 存在账面、凭证记载的付款人与网银查核结果不一致的情况。应收 GRE 公司账款 7 900 万元,账龄一年以上,2016 年 12 月 20 日收回,从合同、发票、银行进账单据上看来,没有异常。但是,考虑到伍德股份公司已经有虚增收入的倾向,为了提高收益质量、美化资金流、减少应收账款余额、少提坏账准备等,很可能会编造虚假的货款回收。所以,审计人员让出纳等人打开公司网银,现场审核这笔银行存款收入的对方单位是否 GRE 公司。打开网银发现,这笔款项的对方单位根本不是 GRE 公司,而是公司出纳李琴。也就是说,收款凭证后的银行进账单据是假造的。

所以,审计人员决定将全部大额应收账款收款凭证,都与网银对照,共发现 56 700 万元的虚假应收账款回收。按账龄以及伍德股份公司的坏账准备计提政策测算,共少提坏账准备 24 600 万元。

经验分享

从企业造假案例来看,存在着将资金通过多个中间单位,多步骤倒出或者倒入,给审计增加了难度。比如雅百特造假案,雅百特为了造假,动用了 7 个国家和地区的 50 多家公司走账,通过 100 多个银行账户进行资金划转,而且经常通过银行票据和第三方支付划转,渠道非常复杂。

(5) 虚假工程款支付以转移资金。

审计人员考虑到伍德股份公司公司既然要假作应收账款回收,有大额资金流入,那么,这些资金从何而来?很可能有大额资金流出,所以对全部大额资金流出凭证进行了核查。经核查,发现虚假工程支出的问题。伍德股份公司 2016 年在建项目资金支出达到 20 亿元,审计人员请造价工程师对该工程项目进行造价评估,发现该项目根本不值那么多钱,至多 10 亿元。

审计人员对与工程相关的大额资金支出,继续与网银核对,发现有些款项的收款单位并不是账面记载的合同对方。后查明,这些公司的法定代表人是伍德股份公司的员工,这些公司纯属虚构。

审计人员又对工程预付款进行函证,没有收到对方回函。对于土地出让支出进行核查,发现网银的收款单位也不是账面记载的村委会等合同对方。审计人员访谈了土地出让合同对方的村委会,村委会相关人员根本不知道有土地出让一事。

在种种矛盾面前,被审计单位只好承认,以工程款支出等,将资金转移到账外,通过关联公司,以应收账款回款的形式转回账内,实现美化现金流量表、少提坏账准备的目的。